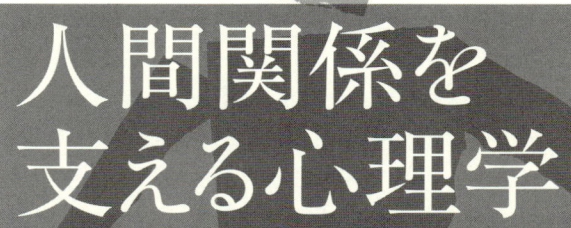

人間関係を支える心理学
● 心の理解と援助

上野徳美・岡本祐子・相川 充 編著

北大路書房

まえがき

　本書は,『人間関係の心理と臨床』を全面的に改訂し, 書名も改めた新書である。旧版は, 出版されてから20年近く経過しており, 編者や執筆者の世代交代も含め, 新しい知見やトピックスを取り入れた改訂新版の必要性が高まってきた。そこで, 岡本祐子氏と相川充氏を新たな編者に加え, 3人の協力とアイデアで今日の時代を反映した新しい内容の本を企画した。改訂内容について編者3名で議論を重ね, 旧版の内容を大幅に改訂した。編者3名はほぼ同じ時期に同じ心理学教室で同じ釜の飯の食った旧知の間柄である。そのため, 本書の企画や編集を進める際, 自由に議論を重ねることができた。

　本書の執筆者も新版にふさわしい少壮気鋭の新しい先生方に多数加わっていただいた。忙しい中, 各執筆者の方々には力作を寄せていただいた。お陰で, 今日的なテーマとニーズを取り入れた新版に仕上がっているのではないかと思う。

　本書は人間関係の諸問題について主に社会心理学と臨床心理学の観点からアプローチし, 人間関係のよりよい理解と構築, さらに改善・向上に役立つことを目指したものである。言い換えれば, 人間関係の理解と構築, 問題解決を志向した「臨床社会心理学」の入門書である。社会心理学と臨床心理学はいずれも, 対人関係や社会的な相互作用を問題にしており, 相互に深く関連し合う分野である。問題に対するアプローチや視点は異なっていても, 両者は深く結びつき, 補い合っている領域である。対人関係や対人コミュニケーションの基礎的な問題はもちろん, 対人関係の不適応やコミュニケーションの障害, 心理社会的問題の理解とアセスメントおよび援助, 訓練においても, それぞれの知識と技術はともに有用であろう。

　本書は, 旧版よりもさらに人間関係の臨床的問題や援助の問題に比重を置いた内容構成となっている。とりわけ, 第2部, 第3部で論じられているように, 現代社会では人間関係のストレスや不適応, 障害などが増加しており, それら

の理解と問題の改善・解決，援助へのニーズが一層強くなっているからである。そこで，自己と他者，対人コミュニケーション，家族や学校，職場，地域社会の人間関係といった基本的なテーマはもちろん，ストレスと健康，燃え尽き，ひきこもり，いじめ，虐待，抑うつ，自殺といったホットなトピックス，そして，臨床場面におけるアセスメントや心理療法における人間関係の問題，さらに人間関係のスキルと訓練法，地域の臨床的援助など，本書は今日的なテーマや問題を数多く取り扱っている。また編者を中心に最新の話題をアペンディクスとしていくつか用意してみた。

　人間関係の理解と構築，改善，そして臨床心理学や社会心理学に関心をお持ちの大学生や一般読者の皆さんに本書をぜひご一読いただきたいと願っている。編者たちのねらいが成功しているかどうかこころもとない面もあるが，ご一読いただいて少しでも役立ちそうな知識や技術，問題の改善や解決へのヒントなどがあれば幸いである。今回触れられなかったテーマについてはさらに改訂を行い，内容を一層充実させたいと考えている。読者の皆さんの忌憚のないご意見やご批判をお寄せいただきたい。

　本書の企画段階から出版まで辛抱強く編者や執筆者を支え，励ましてくださった北大路書房編集部の奥野浩之氏に深い謝意を表したい。最後に，旧版の監修者・編者である故・高橋正臣先生と秋山俊夫先生，鶴元春先生に感謝申し上げたい。

2013年6月

編者を代表して
上野徳美

目　次

まえがき ……………………………………………………………………… i

第1部　人間関係の基本

Chapter 1　自己と他者 ──────────────────── 2

❶ 対人関係と自己 …………………………………………………… 2
　　1. 自己認知 ………………………………………………………… 2
　　2. 自己評価 ………………………………………………………… 3
　　3. 自己評価の維持 ………………………………………………… 4
　　4. 自己認知の歪み ………………………………………………… 5

❷ 対人認知と他者理解 ……………………………………………… 7
　　1. 対人認知 ………………………………………………………… 7
　　2. ステレオタイプ ………………………………………………… 8
　　3. 対人認知の歪み ………………………………………………… 10

❸ 対人感情と共感 …………………………………………………… 12
　　1. 対人感情とその分類 …………………………………………… 12
　　2. 情緒の表出と認知 ……………………………………………… 13
　　3. 共感的理解 ……………………………………………………… 14

❹ 対人関係の発展 …………………………………………………… 15
　　1. 自己開示 ………………………………………………………… 15
　　2. 恋愛関係の深化 ………………………………………………… 16
　　3. 患者－看護師関係の変化 ……………………………………… 17

Chapter 2　対人コミュニケーション ─────────── 19

❶ 非言語的コミュニケーション …………………………………… 19
　　1. コミュニケーションとは ……………………………………… 19

  2．非言語的コミュニケーションとその役割 ……………………………… 19
  3．表情と視線 ………………………………………………………………… 21
  4．身体動作と身体接触，対人距離 ………………………………………… 23
 2 コミュニケーションと説得 …………………………………………………… 26
  1．説得的コミュニケーションとは ………………………………………… 26
  2．説得を成功させるためには ……………………………………………… 26
  3．望まない説得から身を守るには ………………………………………… 28
  4．説得に対する交互作用効果 ……………………………………………… 28
 3 ヘルスコミュニケーション …………………………………………………… 32
  1．ヘルスコミュニケーションとは ………………………………………… 32
  2．医療者－患者間コミュニケーション …………………………………… 33
  3．パブリック・ヘルスコミュニケーション ……………………………… 35

Chapter 3　人間関係の諸相 ———————————————— 38
 1 家族の人間関係 ………………………………………………………………… 38
  1．家族とは何か ……………………………………………………………… 38
  2．心理学における家族研究 ………………………………………………… 40
 2 学校の人間関係 ………………………………………………………………… 44
  1．教師期待効果とは ………………………………………………………… 44
  2．教師期待効果の生起過程 ………………………………………………… 46
  3．一般的行動における期待効果の生起過程 ……………………………… 48
 3 職場の人間関係 ………………………………………………………………… 49
  1．職場の人間関係の特質 …………………………………………………… 49
  2．職場の集団規範 …………………………………………………………… 50
  3．職場のリーダーシップ …………………………………………………… 52
  4．職場の対人葛藤 …………………………………………………………… 54
 4 地域社会の人間関係 …………………………………………………………… 56
  1．伝統的な近隣関係の特徴 ………………………………………………… 56
  2．ライフスタイルと近隣関係の変化 ……………………………………… 57
  3．近隣関係に関する意識とその問題 ……………………………………… 58

  4．コミュニティ作りの時代 ………………………………………………… 60
  5．コミュニティと人間関係 ………………………………………………… 61

第2部　人間関係の臨床的問題

Chapter 4　人間関係とストレス ———————————— 66
1 現代社会とストレス …………………………………………………………… 66
  1．現代人のストレス ………………………………………………………… 66
  2．現代社会のさまざまなストレス ………………………………………… 68
2 ストレスと健康 ………………………………………………………………… 70
  1．ストレスとは ……………………………………………………………… 70
  2．心身症 ……………………………………………………………………… 72
  3．不安障害，気分障害，行動的不適応 …………………………………… 73
  4．ストレスを測る …………………………………………………………… 74
  5．ストレスへの対処（コーピング） ……………………………………… 75
3 対人援助職のバーンアウト …………………………………………………… 77
  1．バーンアウトとは ………………………………………………………… 77
  2．バーンアウトの発生原因 ………………………………………………… 79
  3．バーンアウトの症状 ……………………………………………………… 80
  4．バーンアウトの対処法 …………………………………………………… 81
4 ストレスとソーシャルサポート ……………………………………………… 82
  1．ソーシャルサポートとは ………………………………………………… 82
  2．重要な他者と多様なサポート資源 ……………………………………… 84
  3．ソーシャルサポートと健康 ……………………………………………… 86
  4．ソーシャルサポートのストレス緩和効果 ……………………………… 87

Chapter 5　人間関係の不適応 ———————————— 90
1 不適応のとらえ方 ……………………………………………………………… 90
  1．「適応」と「不適応」 …………………………………………………… 90
  2．不適応の心理力動 ………………………………………………………… 91

  3．適応機制 …………………………………………………………… 93
  4．不適応に基づく障害 ………………………………………………… 94
  5．不適応への対応 ……………………………………………………… 95
2 ひきこもり …………………………………………………………… 96
  1．ひきこもりの現状 …………………………………………………… 96
  2．ひきこもり当事者の意識 …………………………………………… 99
  3．ひきこもりの心理・社会的背景 …………………………………… 99
  4．ひきこもりの支援 ………………………………………………… 102
  5．ひきこもりの課題 ………………………………………………… 104
3 いじめ ……………………………………………………………… 105
  1．なくならない「いじめ」 ………………………………………… 105
  2．「いじめ」という現象―いじめと非いじめの境界線― ……… 105
  3．いじめの現状 ……………………………………………………… 106
  4．いじめの特徴 ……………………………………………………… 107
  5．いじめの影響 ……………………………………………………… 108
  6．ネットいじめ ……………………………………………………… 111
  7．いじめの予防と対応 ……………………………………………… 112
  8．いじめと現代社会 ………………………………………………… 113
4 児童虐待 …………………………………………………………… 114
  1．虐待の分類 ………………………………………………………… 114
  2．虐待の統計 ………………………………………………………… 115
  3．虐待が生じる背景要因 …………………………………………… 116
  4．子どもの発達への影響 …………………………………………… 118
  5．虐待を受けた子どもと養育者への心理的アプローチ ………… 121
5 抑うつ ……………………………………………………………… 123
  1．抑うつとは ………………………………………………………… 123
  2．抑うつと関連する人間関係上の要因 …………………………… 125
  3．抑うつと自殺の問題 ……………………………………………… 128

第3部　人間関係の臨床的援助

Chapter 6　臨床場面の人間関係 ──────── 134

1 臨床場面におけるアセスメント ──────── 134
1. アセスメントとは ──────── 134
2. 面接によるアセスメント ──────── 136
3. 心理検査を用いたアセスメント ──────── 139
4. 発達のアセスメント ──────── 142
5. コミュニティのアセスメント ──────── 144

2 家族関係のアセスメント ──────── 145
1. アセスメントと家族 ──────── 145
2. 家族アセスメントの視点 ──────── 146
3. アセスメントの方法 ──────── 147
4. おわりに ──────── 156

3 心理臨床場面における人間関係 ──────── 157
1. 心理臨床場面における人間関係の特質と心理臨床面接 ──────── 157
2. 心理臨床面接の基本ルール ──────── 160
3. 心理臨床面接の基本的態度 ──────── 162

4 心理療法場面における関係性の実際 ──────── 164
1. 心理療法の関係性と治療構造 ──────── 164
2. 主な心理療法の技法と関係性 ──────── 166

Chapter 7　人間関係のスキルとトレーニング ──────── 175

1 人間関係のスキル ──────── 175
1. 人間関係をスキルでとらえる ──────── 175
2. ソーシャルスキルの定義と種類 ──────── 175
3. ソーシャルスキルで人間関係をとらえる意義 ──────── 177
4. ソーシャルスキルのアセスメント ──────── 177

2 人間関係のトレーニング法 ──────── 180
1. トレーニングの基本的な流れ ──────── 180

2. ソーシャルスキルが生起するまでの各過程のトレーニング ……… 183
　　3. トレーニングの形態 ……………………………………………… 186
　　4. トレーニング法の実際 …………………………………………… 187

Chapter 8　地域の臨床的援助 ……………………………………………… 189
１ コミュニティ援助とは何か ……………………………………………… 189
　　1. コミュニティ援助の視点 ………………………………………… 189
　　2. コミュニティ援助の定義と理念 ………………………………… 191
　　3. コミュニティ援助の目標と介入 ………………………………… 192
　　4. 個人臨床とコミュニティ援助の比較 …………………………… 193
　　5. 個人の理解に基づいたコミュニティ援助 ……………………… 194
　　6. コミュニティ援助の展開 ………………………………………… 195
２ コミュニティ援助の方法 ………………………………………………… 195
　　1. 危機介入 …………………………………………………………… 196
　　2. コンサルテーション ……………………………………………… 197
　　3. セルフヘルプグループ …………………………………………… 198
　　4. サポートネットワーク作り ……………………………………… 199
　　5. 予防教育 …………………………………………………………… 200
３ コミュニティ援助の実際 ………………………………………………… 201
　　1. MFの概要 ………………………………………………………… 201
　　2. 主な活動内容 ……………………………………………………… 202
　　3. コミュニティ援助の意義と課題 ………………………………… 203

Last Chapter　よりよい人間関係を目指して ……………………………… 208
１ 変貌する現代社会と人間関係 …………………………………………… 208
２ インターネット社会と人間関係 ………………………………………… 210
３ よりよい関係を培う条件 ………………………………………………… 212
　　1. 基本的な条件 ……………………………………………………… 212
　　2. 人間関係の基本ルール …………………………………………… 215
４ 人間関係と困難に対処する力 …………………………………………… 217

Appendix

1 教師期待効果—願いは叶えられる？— ………………………… 63
2 発達障害と人間関係 …………………………………………… 132
3 感謝すると健康と幸せが手に入る？ ………………………… 207
4 首尾一貫感覚は燃え尽きを予防・緩和する ………………… 221

引用文献 ……………………………………………………………… 222
索引（事項・人名）………………………………………………… 237

第1部
人間関係の基本

Chapter 1 ▶▶▶ 自己と他者

1 対人関係と自己

　自分自身がどのような人間なのかを理解する上で，他者の存在は欠かせない。また，自分がどのような人間なのかを他者に伝えることができなければ，他者と関わっていくことはできない。このように他者との関係の中から自己を理解しようという考えは，自己研究の創始者とされるジェームズ（James, 1890）以来，続いている。

　本節では，人が自己をどのようにとらえているのかについて述べていく。人は，自分に都合のよいように自分自身をとらえているが，それは，適応上，重要なことであるというのが，本節の結論である。

1．自己認知

　自分が100mを何秒で走ることができるのかを知りたければ，実際に100mのタイムを計測すればよい。このとき，他者が100mを何秒で走ることができるのかということは一切関係ないようだが，自分のタイムだけを見て，自分は「走るのが速い」と判断することはできない。

　このように，一見客観的な数値で示すことができる100m走のタイムでさえ，自分が走るのが速いかどうか判断を下すには，他者との比較が必要となる。まして，性格など明確に数値化できない側面については，人は他者との比較によって自分の特徴を理解しようとする。このような他者との比較を，フェスティンガー（Festinger, 1954）は，社会的比較と呼んでいる。

　私たちは，さまざまな側面から自己の姿を把握している。山本ら（1982）は，大学生644名を対象にした調査の結果から，表1-1に示した11の側面を抽出し，大学生がこれら11の側面の中のいくつかの側面を利用して，自己の姿を把握していることを示している。

表1-1　認知された自己の諸側面の構造 (山本ら，1982より作成)

自己認知の側面	具体的項目
社　　交	社交能力に自信がある，交際範囲が広い，など
スポーツ能力	体力・運動能力に自信がある，運動神経が発達している，など
知　　性	知的能力に自信がある，人よりいろいろなことを知っている，など
優 し さ	人に対して思いやりがある，人に対して寛大である，など
性	性的テクニックに自信がある，性的能力に自信がある，など
容　　貌	目鼻立ちが整っている，自分の外見に自信がある，など
生 き 方	自分の生き方に自信がある，個性的な生き方をしている，など
経 済 力	自由に使えるお金が多い，家庭が裕福である，など
趣味や特技	趣味・特技に自信がある，特技がある，など
まじめさ	きちょうめんな性格である，自分に厳しい，など
学校の評判	社会的に評判のよい大学に在籍している，出身校が有名である，など

　このような自己についての知識の構造を，マーカス (Markus, 1977) は，自己スキーマと呼んでいる。私たちは，自己についてさまざまな知識を持っているが，それらの知識はばらばらに記憶されているわけではない。特に，自分自身を特徴づけるために重要だと考えている側面についての知識は，互いに密接に結びついたネットワークとして記憶されている。そのために，①自己スキーマと関連した領域についての判断が速くなり，②自己スキーマと関連した自分の過去の行動の検索がたやすくなり，③自己スキーマと関連した領域についての将来の行動をたやすく予測し，④自己スキーマに反する情報に対して強く抵抗すると，マーカスは述べている。

2. 自己評価

　私たちは，自分のことを少なくとも生きていく価値のある存在であり，また，ある側面では，他者よりも優れていると感じている。しかしながら，このような自己に対する評価には個人差がある。
　自尊心とは，自己に対する全般的な評価のことである。ローゼンバーグ (Rosenberg, 1965) は，自尊心には，他者と比べて「非常によい (very good)」という側面と，自分自身について「これでよい (good enough)」という側面があると述べている。表1-2に，ローゼンバーグが作成した自尊心尺度を示したが，この尺度は，「これでよい」という側面についての自尊心の個人差を測

表1-2 自尊心尺度 (Rosenberg, 1965；訳は山本ら，1982より作成)

1. 少なくとも人並みには，価値のある人間である
2. 色々な良い素質をもっている
3. 敗北者だと思うことがよくある
4. 物事を人並みには，うまくやれる
5. 自分には，自慢できるところがあまりない
6. 自分に対して肯定的である
7. だいたいにおいて，自分に満足している
8. もっと自分自身を尊敬できるようになりたい
9. 自分は全くだめな人間だと思うことがよくある
10. 何かにつけて，自分は役に立たない人間だと思う

〔注〕項目3, 5, 8, 9, 10は逆転項目

定するための尺度である。

　自尊心尺度で測定される自尊心のように，1人1人の自尊心の違い，つまり，自尊心の個人差は，特性自尊心と呼ばれることもある。しかし，同じ1人の個人であっても，目標を達成したときの自己評価は高くなるだろうし，何かに失敗したときの自己評価は低くなるだろう。このように，状況によって変化する自尊心は，状態自尊心と呼ばれている。

　リアリー (Leary, 1999) のソシオメーター理論は，状態自尊心に着目した理論である。ソシオメーター理論では，自尊心とは，自分と他者との関係を常時モニターする心理的システムであり，主観的な自尊心とは，自分が他者からどの程度受け入れられているかを示すメーターであると考える。つまり，自尊心が高い状態とは，自分が他者から受け入れられている状態であり，自尊心が低い状態とは，自分が他者に認められていない状態なのである。

3. 自己評価の維持

　私たちは，自分自身の特徴を知るためだけでなく，自尊心を維持するためにも自分と他者とを比較する。テッサー (Tesser, 1988) の自己評価維持モデルは，他者のパフォーマンスレベル（ある課題に対する他者の成果は，自分と比べて優れているか劣っているか），課題の自己関連性（自分にとってその課題が重要かどうか），他者との心理的距離（比較している他者が自分とどの程度親しいか）の3つの要因を調整することにより，私たちが自己評価を維持しようと

していることを示している。

　たとえば，テニス部員であるあなたが，1年で一番重要な（自己関連性が高い）大会に出場したとき，あなたの親しい（心理的距離が近い）友人が，その大会で優勝した（あなたよりパフォーマンスレベルが高かった）としたら，あなたの自己評価は低下するだろう。このようなとき，あなたの自尊心を維持するためにはどうすればよいだろうか。次の機会には友人に勝てるよう一所懸命練習に励む（自分のパフォーマンスレベルを高める）という建設的な方法もあるが，あなたがいくら練習したとしても，友人に勝つことができない場合もある。そのような場合には，いつのまにか友人との関係が気まずくなったり（心理的距離が遠くなる），テニスに対する情熱が低くなったりする（課題の自己関連性が低くなる）かもしれない。このように，他者と自分とを対比してとらえるプロセスのことを比較過程という。

　この比較過程でなされる社会的比較には，ここにあげた例のように，自分よりも優秀な他者と自分とを比較する上方比較と，自分よりも優秀ではない他者と自分とを比較する下方比較がある。たとえば，テニス大会の例で自己評価を維持する最も簡単な方法は，自分よりも成績の悪かった別の友人との比較である。「今日は，Aさんが優勝したのに，自分は5位だった。たしかにAさんに勝てなかったのは残念だが，入賞もできなかったBさんと比べれば，入賞できた自分の方がまだましだろう」などと考えるのである。

　一方，自分にとって重要ではない領域において他者が優れたパフォーマンスを示した場合，その他者が自分にとって親しいほど，その人の成功を自分のことのようにうれしく感じることがある。このようなプロセスを反映過程という。たとえば，高校時代の友人がオリンピックに出場することになったとき，同級生が激励会を開くのは，当然，本人を激励する意味もあるだろうが，激励会に参加することによって，その友人との心理的距離を縮め，自分自身の自尊心を高める効果もある。

4. 自己認知の歪み

　私たちには，自分の成功は自分の能力や努力に（例：今期は頑張ったからよ

い成績がとれた），自分の失敗は運や課題の難しさに（例：あの先生は授業中に話さなかったことばかり出題するから，試験の結果は散々だった）その原因を求めることが知られている。このような原因帰属の歪みを自己奉仕的バイアス（Bradley, 1978）という。成功の原因は自分自身に，失敗の原因は自分以外にあると帰属することにより，私たちは，自尊心を維持し，高めようとしている。

　自尊心を高めたいという動機は自己高揚動機という。このような動機があるために，私たちは，自分自身のことをよい方向に歪めてとらえている。テイラーとブラウン（Taylor & Brown, 1988）は，人々が自分をよい方向に歪めて認知することをポジティブ幻想と呼んでいる。このポジティブ幻想には，①実際以上にポジティブな自己評価をすること（非現実なまでにポジティブな自己評価），②実際以上に自分の将来を楽観視すること（非現実的楽観主義），③世の中の出来事を実際以上に自分自身でコントロール可能であると思うこと（統制幻想）といった側面が含まれている。さらに，このような幻想を持つことは，他者を気にかける能力や幸せで満たされていると思う能力，生産的で創造的な仕事に従事する能力をも促進するので，個人の精神的健康にとって重要であると，テイラーとブラウンは述べている。

　私たちは，自分の正確な能力を知ることによって，たとえ自尊心が低下する可能性があったとしても，環境に効果的に対処するため，自分の能力の不確実性を低減できるような情報を知りたいという自己査定動機（Trope, 1975, 1983）も持っている。何らかの失敗をしたときに自己査定動機が働くと，私たちは失敗の真の原因を知りたいと思うのに対して，自己高揚動機が働くと，私たちは，失敗の原因は自分にはないことを示す情報を入手したいと考える。このように，自己査定動機が働くか，自己高揚動機が働くかによって，失敗時の情報収集行動は異なってくる。自己査定動機と自己高揚動機のいずれが働くのかについて，セディキデスとストルーブ（Sedikides & Strube, 1997）は，次のように述べている。自分にとって重要だと思われる性格特性が自分自身で修復可能だと思えるとき，目標があらかじめ設定されている課題に従事しているときや締切までの時間が短いとき，自己が脅威にさらされていないときには自己査定動機が，自分にとって重要な性格特性が自分自身で修正不可能だと思

えるとき，自分自身が計画した行動を実行するときやゴールまでの時間が長いとき，自己が脅威にさらされているときには自己高揚動機が働きやすい。

2 対人認知と他者理解

　本節では，人が他者をどのように見ているのかについて述べていく。基本的に，人は，自分の都合のよいように他者を見ているものであり，その傾向は自分に余裕がなくなるほど強くなる。だからこそ，他者を見るときには慎重になるべきであるということが，本節の結論である。

1．対人認知

　私たちは，他者がどのような人物なのかについて，さまざまな「ものさし」を用いて判断している。たとえば，ビーチとウェルトハイマー（Beach & Wertheimer, 1961）は，自由記述回答の結果を整理して，他者認知の次元（他者を見るときの「ものさし」の種類）を13カテゴリーに分類している（表1-3）。また，林（1978）は，人が他者のパーソナリティを認知する場合，あたたかさ，やさしさ，親しみやすさ，愛想のよさ，明朗さなどといった個人的親しみやすさ（その人物の社会・対人的評価側面における好感の判断次元），誠実性，道徳性，良心性，理知性，信頼性などといった社会的望ましさ（知的・課題関連的側面における尊敬の判断次元），外向性，社交性，積極性，自信の強さ，意欲，大胆さなどといった活動性という3次元を用いていると述べている。

　対人認知のプロセスを説明する代表的モデルであるブリューワー（Brewer, 1988）の2過程モデルや，フィスクとニューバーグ（Fiske & Neuberg, 1990）の連続体モデルでは，私たちが初対面の他者に出会ったとき，その人物が自分にとって重要であるかどうかによって，その人物に対する情報処理が大きく異なると仮定している。これらのモデルによると，出会った人物が自分にとって重要な人物であると判断した場合には，私たちは，その人物から得られる情報を詳細に検討するボトムアップ型の情報処理を行うが，その人物が重要ではないと判断した場合には，ステレオタイプなど，その人物のカテゴリー情報を用

表1-3 他者認知の次元 (Beach & Wertheimer, 1961より作成)

次元	カテゴリー	具体的内容
客観的情報	刺激人物の外見	体格, 容貌, 服装, 声質, など
	刺激人物の背景的情報	両親の職業, 家庭の地位と財産, 国籍, など
	一般的情報	職業, 出身校, 婚姻状態, など
社会的相互作用	「私」に対する刺激人物の行動	「彼はいつも私に親切だ」, など
	他の人々に対する刺激人物の行動	「彼は傲慢だ」, など
	他の人々の刺激人物に対する反応	「彼は人気者である」, など
	「私」の刺激人物に対する反応	「彼は私の一番の親友だ」, など
行動の一貫性	刺激人物の安定した性格特性	静かなタイプ, 社交的, 誠実, など
	刺激人物の情緒的適応や自己概念	劣等感をもっている, など
	刺激人物の価値観や理想	道徳観, 金銭観, 信仰心, など
行為と活動	刺激人物の能力	知的能力, 才能, 知識の範囲, など
	刺激人物の要求, 野心, 動機づけ	人生の目標, 引き受けた仕事への動機づけ, など
	刺激人物の興味	趣味, など

いたトップダウン型の情報処理を行っているのである。

　一般的に，ボトムアップ型の情報処理では，多くの情報を収集し，その1つ1つを検討していかなければならないので，非常に多くの労力（認知資源）を必要とする。一方，トップダウン型の情報処理は自動的になされるので，認知資源をほとんど必要としない。つまり，私たちは，自分にとって重要な他者に対する情報は，認知資源を費やして詳細に検討するのだが，自分にとって重要でない人物に対しては，省力的な情報処理を行っているのである。このように，相手や状況によって認知方略を巧みに変えている人間像を，フィスクとテイラー（Fiske & Taylor, 1991）は「動機づけられた戦術家」と呼んでいる。

2. ステレオタイプ

　ある集団に対して人々が持っている信念をステレオタイプという。フィスクら（Fiske, et al., 2002；Cuddy, et al., 2007）は，多くのステレオタイプは「温かさ（温かい－冷たい）」と「有能さ（有能－無能）」の2次元上に布置されるとするステレオタイプ内容モデル（図1-1）を提唱している。このモデルでは，ある集団の「温かさ」は，その集団が自分にとって味方（温かい）か敵（冷たい）かによって判断され，「有能さ」は，その集団の社会的地位が高い（有能）

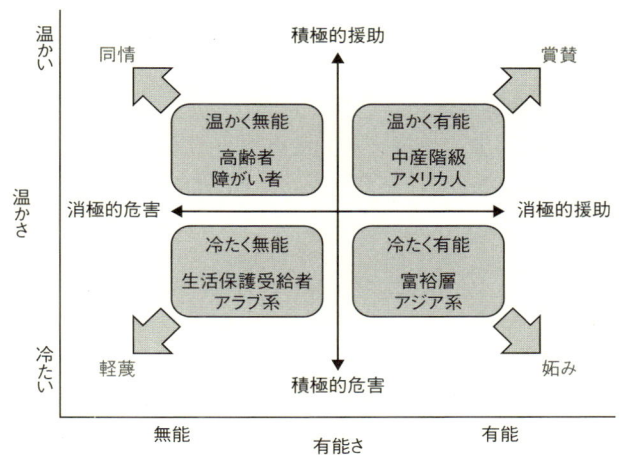

図1-1 アメリカ人のもつステレオタイプとステレオタイプ内容モデルから予測される感情と行動傾向 (Cuddy, et al., 2007より作成)

か低い（無能）かによって判断される。また，このモデルでは，各集団に対して生起する感情も予測され，「温かく有能」な集団には賞賛，「温かく無能」な集団には同情，「冷たく有能」な集団には妬み，「冷たく無能」な集団には軽蔑といった感情が向けられる。

　さらに，このモデルでは，各集団に属する人々に対する私たちの行動傾向も予測される。先に述べたように，「温かさ」次元は敵－味方と関連する次元なので，「温かい」味方には援助の手が差し伸べられるのに対して，「冷たい」敵には危害が加えられる。一方，「有能さ」次元は社会的地位と関連する次元なので，地位の高い「有能な」集団に所属する人々には積極的に働きかけないのに対して，地位の低い「無能な」集団に所属する人々には積極的に働きかけやすい。したがって，「温かく有能」な集団に属する人々は援助を受けやすいし，「冷たく無能」な集団に属する人々は危害を加えられやすい。一方，「温かく無能」な集団に属する人々は，基本的には援助を受けられるのだが，時に援助をしてもらえず放置されるという消極的危害を受ける可能性がある。また，「冷たく有能」な集団に属する人々は，その人たちが力を持っている間は，積極的に援助を受けることも危害を加えられることもないのだが，もしそのような集

団に属する人々が何らかの隙を見せた場合には，徹底的に危害を加えられる可能性もある。

　私たちは，自分の持つ偏見を維持するために，「温かさ」と「有能さ」の次元を使い分けている。たとえば，専業主婦のように，伝統的性役割観に合致した女性は，「温かいが無能」という「慈悲的偏見」を持たれている。しかし，近年では，男性と同等以上の業績をあげているキャリアウーマンもたくさんいる。業績をあげている以上，このような女性を「無能」と見なすことはできないので，人々は「有能だが冷たい」という「敵意的偏見」を持つことにより，女性に対する偏見を維持することが可能になる。

　先入観（ステレオタイプ）を持って他者を判断してはいけないといわれることがよくある。しかし，残念なことに，私たちは，初対面の人物と出会ったとき，その人物についてのステレオタイプを自動的に思い出してしまう（Devine, 1989）。このプロセスは自動的なので，誰もステレオタイプを思い出すことを止められない。したがって，思い出されたステレオタイプに否定的内容が含まれていた場合には，私たちは，その人物に対して否定的判断をしてしまいがちである。

　頭の中に自動的に浮かんできたステレオタイプを用いて他者を判断することを，ステレオタイプの適用という。デヴァインによると，認知資源が不足している場合には，ステレオタイプが適用されやすい。その他にも，ある行動がなされた理由があいまいなとき（Kunda & Sherman-Williams, 1993）や自己が脅威にさらされたとき（Fein & Spencer, 1997）に，ステレオタイプは適用されやすい。したがって，否定的内容を含むステレオタイプが頭の中に浮かんできたとき，そのようなステレオタイプを適用しないため，つまり，偏見を持って他者を見ないようにするためには，心にゆとりを持って，非常に慎重に他者の行動を見なければならない。

3．対人認知の歪み

　これまで見てきたように，私たちは，ある人がどのような人なのかを判断する際に，その人についての情報を1つ1つ吟味しているわけではない。ギルバー

トとマローン（Gilbert & Malone, 1995）は、私たちが、他者がどのような人物であるかを判断する際には、同定、属性推論、修正の3段階のプロセスを経るという3段階モデルを提唱している。私たちは、ある人物がある行動をしている（同定：Aさんは泣いている）のを見ると、自動的に、その人物の属性を推測してしまう（属性推論：Aさんは泣いているから泣き虫だ）。その後、認知資源に余裕がある場合、その人物が置かれている状況要因を考慮して、推測した属性を修正するのである（修正：Aさんは喪服を着ているから、誰かとの別れを悲しんでいるのだろう）。この修正のプロセスには多くの認知資源が必要とされるので、認知資源が少ない場合には、他者の行動の原因を実際以上にその人自身の能力や性格に帰属してしまう根本的な帰属の誤り（Ross, 1977）が起こる可能性がある。

　さらに、私たちは、他者がどのような人物であるのかをいったん判断してしまうと、その後の情報収集では、自分の判断と合致する情報にのみ注意を向けてしまう。このような認知の歪みを仮説確証バイアス（Snyder & Cantor, 1979）という。たとえば、ある小学生が勉強できるかどうかを知るためには、その子が実際に勉強している場面を見ればいい。しかし、その小学生の家庭が豊かではない、つまり勉強ができないという先入観を持った状態で、その子が勉強する様子を見てしまうと、簡単な問題が解けないなど、勉強できないという先入観と合致する情報にしか注意が向かないため、最初に自分が下した判断はより強固なものになる（Darley & Gross, 1983）。しかも、このような場合には、自分自身が実際に見ているという気持ちが強いので、いったんなされた判断を覆すことは至難の業である。

　このように、私たちは、非常に主観的に他者を見ている。特に、自分自身に余裕がないときや自尊心が低下しているとき、私たちは、他者を思い込みで判断しやすい。さらに、ある人について、いったん「この人はこのような人だ」という判断を下してしまうと、その判断を変えることもまた難しい。しかもこのような判断は、多くの場合、自動的になされるので、自分自身が思い込みで他者を判断していることに気がついていないことがほとんどである。したがって、他者を見るときには、人間とは、自分に都合のよいように他者を見るものだという前提のもと、心にゆとりを持って接することが必要である。また、あ

る人について，自分が下した判断とは異なる情報を入手したときにこそ，その情報を慎重に処理していくことも，他者を理解するために重要なことである。

3 対人感情と共感

　ある意見についての賛否を問われた状況で，「頭では理解できるが，心情的に賛成できない」といった発言を耳にすることがある。また，自分の恋人について，「どうしてこの人を好きになったのかわからない」ということもよく聞く話である。事実認識や理屈以外のものが，他者に対する行動に時として大きな影響を及ぼすことを否定する人はいないだろう。「人間は感情の動物である」（シェークスピア）といわれるゆえんである。感情の理解なしでは，本当の意味での自己理解や他者理解は成り立たない。

1. 対人感情とその分類

　人間関係の中で私たちが経験する感情には，怒りや喜びのように，一時的で不安定な感情と，嫌悪や尊敬のように，持続的で安定した感情がある。齋藤（1990）は，前者を情緒，後者を感情傾向と区別した上で，他者に向けられる感情傾向を対人感情と定義している。たとえば，あなたが好意を抱いている異性と偶然同じ電車に乗り合わせ，ときめきを感じたとしよう。この場合，あなたが抱き続けている好意が対人感情（感情傾向）であり，電車で感じたときめきは対人情緒と見なされる。

　図1-2は，8つの対人感情とそれぞれに対応する対人情緒を，ポジティブvsネガティブ（X軸）と優勢vs劣勢（Y軸）の2次元空間に配置したものである。隣接する対人感情・対人情緒は類似した感情であり，離れたものは異質なものであることを示している。たとえば，「尊敬」という対人感情は，"あこがれ"や"うらやましさ"といった対人情緒として発現することがある。また，「劣位」は"くやしさ"や"恥ずかしさ"として発現することがある。そして，「尊敬」と「劣位」は隣接した位置に配置されていることから，類似した対人感情であり，類似した対人情緒として発現することを示唆している。

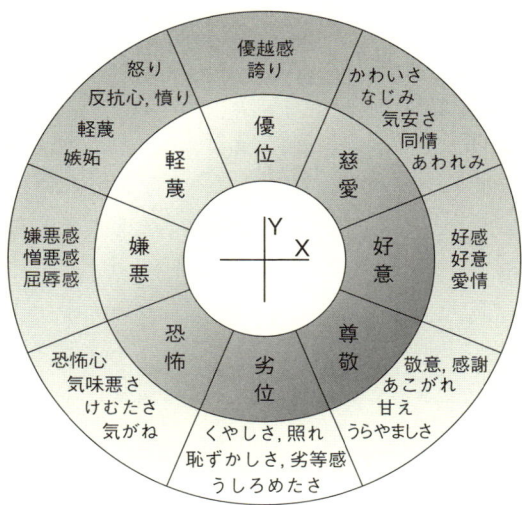

図1-2 対人感情と対人情緒の分類（齋藤，1990より作成）

2. 情緒の表出と認知

　人間は，うれしいときにはうれしいような顔をし，悲しいときには悲しいような顔をする。私たちの情緒（情動）は顔面表情に表出されることが多い。したがって，他者の情緒を推測する際には，顔の表情が大きな手がかりとなる。エクマンとフリーセン（Ekman & Friesen, 1971）は，情緒の表出とその読み取りについて，次のような研究を行っている。

　彼らは，西洋人と会ったことのないニューギニアの人たちに，悲しんでいたり，驚いていたりしている表情の西洋人の顔写真を見せて，それぞれの表情に表出されている情緒を正しく読み取れるかどうかを調べた。その結果，喜び，怒り，悲しみといった基本的な情緒は，文化を超えてほぼ正確に読み取られていたと報告している。私たちが日常的に行っている情緒の表出と読み取りには，文化的な影響のように後天的に獲得された側面もあるが，文化を超えた生得的に規定されている側面もあることが推測される。

　ところで，私たちは，おかしいときだけでなく恥ずかしいときにも笑うよう

に，表情などの非言語的手がかりは，異なる複数の意味を持つことがある。また，私たちは自分の情緒状態を隠したり，異なる情緒状態を推測させたりするために，見せかけの表情を表出することもある。このような場面では，たとえ知人であったとしても，その人の情緒を正しく読み取るのは容易なことではない。シュロスバーグ（Schlosberg, 1952）は，この表情の読み取りの間違いに着目して，すなわち，よく似た表情同士は間違われることが多いだろうと考えて，表情の基本的な分類を試みている。その結果，私たちの表情は，「①愛・幸福・楽しさ」「②驚き」「③苦しみ・恐れ」「④怒り・決意」「⑤嫌悪」「⑥軽蔑」の6つに分類され，これら6つの表情分類は，快vs不快と注意vs拒否の2次元空間に円環状に配置できると述べている。たとえば，「①愛・幸福・楽しさ」の表情は，「②驚き」と「⑥軽蔑」に隣接して配置されているので，これらの表情と間違われることが多かったことを意味している。

3．共感的理解

共感的理解とは，他者の内的世界に入り込み，あたかも自分がその人になったかのように感じ，考え，見ることを通して，他者の情緒的経験を追体験する感情的側面と，他者の視点から言動を冷静に振り返る認知的側面からなる。共感的理解は，カウンセリングなどの場面はもちろんのこと，最も成熟した他者理解の水準と考えられている。

共感的理解に到達する以前の初歩的な水準の他者理解には，同情，同一視，および，投影がある。同情とは，失恋した友人をかわいそうと感じるように，自分自身を優勢でポジティブな位置に置いた感情反応である。同一視とは，自分と似た境遇の人の話を聞いて，その人のことがすべてわかったようなつもりになったり，あこがれのヒーローやヒロインになりきったりしている状態を指す。投影とは，自分自身の感情反応や欲求を，相手が持っているかのようにすり替えることによって，相手のことがわかったと思い込んでいる状態である。これらの他者理解の水準を経て，自他の視点を混同することなく，他者の立場に立った理解ができるようになると考えられている。

4 対人関係の発展

　人は誕生したときにすでに両親との人間関係を持ち，その後，兄弟姉妹，友人，恋人，配偶者などとの関係を通して，さまざまな人間関係を営んでいく。私たちの人生は，人間関係の歴史そのものである。その中には，良好な人間関係もあれば，険悪な人間関係もある。また，せっかく築き上げた人間関係が短期間で崩壊してしまうこともあれば，長期間にわたり継続されることもある。いったい何が，人間関係に大きな影響を及ぼしているのだろうか。本節では，人間関係の発展に関する研究知見を概観する。

1. 自己開示

　特定の他者に対して，自分に関する情報を言語を介して伝達することを自己開示という。伝達される内容は，出身地や血液型のように比較的浅いものから，悩みや失恋の経験のように比較的深いものまで含まれる。プライバシーに関わるようなことは，誰にでも話せるものではない。話し手と聞き手の信頼関係が，自己開示の内容に影響を及ぼすことは容易に推測される。ところが，逆に，思いもかけずに深刻な打ち明け話をしたからこそ，2人の人間関係が親密になることもある。この影響過程の代表的なものが，自己開示の返報性と呼ばれる現象である。

　自己開示の返報性とは，自己開示の受け手が，同じ程度の深さ，あるいは，同じ程度の量の自己開示を開示者に返す現象のことである。私たちは，知人から打ち明け話を聞かされると，その内容に相応するようなことを今度は自分が話さなければならないという気持ちになりやすい。したがって，そのときに話された内容が深刻なものであれば，同様に深刻な内容の話が返っていくことになり，そのことがきっかけとなって2人の関係が親密なものに変化すると予想される。また，このような自己開示は，共感的理解に必要な情報を提供する行為そのものであることから，相互理解を促進することにもつながると考えられる。

　自己開示の性差については必ずしも一貫した結果は得られていないが，心理

学的な男性性と女性性については，女性性を強く持っている人ほど自己開示を行う傾向が強いと考えられている（小口，1989）。すなわち，自分のことを表現するのは女らしいことで，男らしくないという意識が働くために，生物学的な性とは関係なく，男性性役割を受容している人ほど自己開示を抑制してしまうと考えられる。

2．恋愛関係の深化

　松井（1990）によれば，マーンスタイン（Murnstein, 1977）は，結婚相手を選ぶ過程において，対人関係を規定する重要な原因が2人の関係の段階によって異なるという理論を提唱している。第1段階（出会い）では，外見的な魅力のように，相手から受ける刺激が重要な役割を果たす。第2段階（進展）では，考え方や興味・関心が互いに似ているといったように，価値観の共有が重要となる。そして，第3段階（進化）では，互いの役割を補うことが重要となる。3つの段階のキーワードである刺激（stimulus），価値観（value），役割（role）の頭文字から，この理論はSVR理論と呼ばれている。図1-3は，SVR理論をもとに，松井（1990）が異性関係の進展に影響する原因を整理したものである。

　なお，図1-3の「単純接触の効果」とは，よく見たり聞いたりするものを好きになる現象を指している。また，「外からの妨害や脅威」とは，交際についての両親の反対がかえって2人の恋愛感情を増幅させる現象で，ロミオとジュリエット効果とも呼ばれている。

　今川（1989）は，結婚前の関係の深さを「結婚する確率」によって記述したハストンら（Huston, et al., 1981）の研究をもとに，結婚までの出来事を図1-4のようにまとめている。2人の関係の進展は，最初の性交やバレンタインなど，具体的な出来事と密接に関係していることが読み取れる。このような出来事をきっかけとして，2人の情緒的な結びつきが強くなり，一般的には，結婚へとつながっていくと推測される。

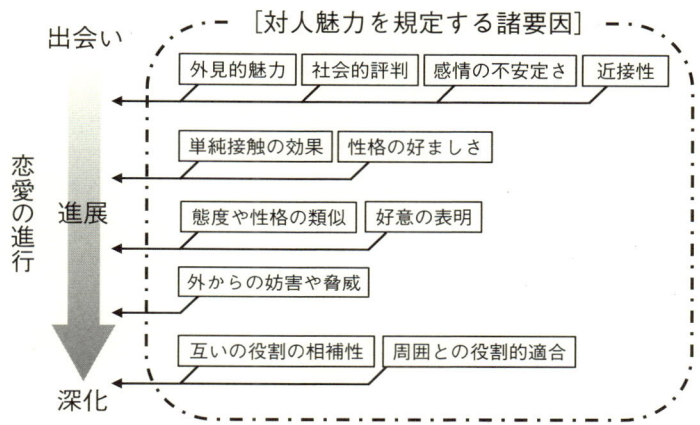

図1-3　恋愛の進行と対人魅力を規定する要因に関するモデル（松井，1990より作成）

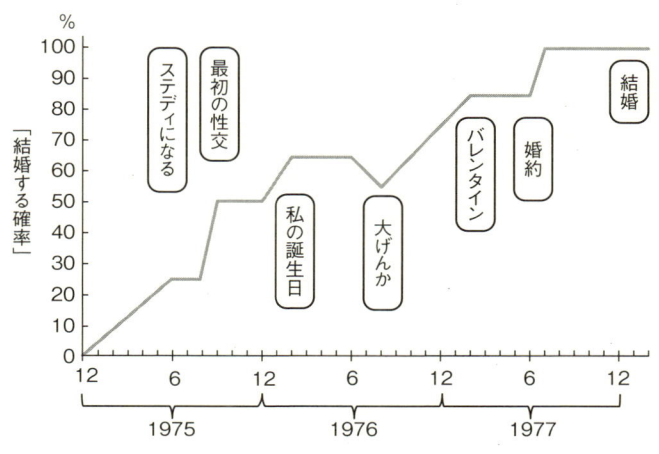

図1-4　「結婚する確率」の変化（今川，1989より作成）

3．患者 - 看護師関係の変化

　内藤（1987）によれば，ペプロー（Peplow, 1960）は，入院から退院までの患者と看護師の関係を，「方向づけ」「同一化」「開拓利用」「問題解決」の4つの段階に整理して，互いに未知の関係から大人の関係へと変化していく過程を

モデル化している。内藤（1987）は，この変化の過程を図1-5のように紹介している。

　方向づけの段階では，患者は看護師から入院生活におけるルールや治療の方法などの説明を受ける。この段階の関係は，幼児と母親のように，主として看護師が働きかけ，患者は受動的な役割をとることが多い。同一化の段階では，あの看護師は好きだが別の看護師は嫌いといった，看護師の分化が生じるので，情緒的に良好な関係を維持することが重要になる。開拓利用の段階では，病気を治すのは自分自身であるという能動性が患者に芽生え始めるので，看護師は有効なサポートを提供する役割を求められる。問題解決の段階では，援助者（看護師）への依存的な態度が消失し，患者と看護師の関係は自立した大人同士の関係に近づいていくと考えられている。

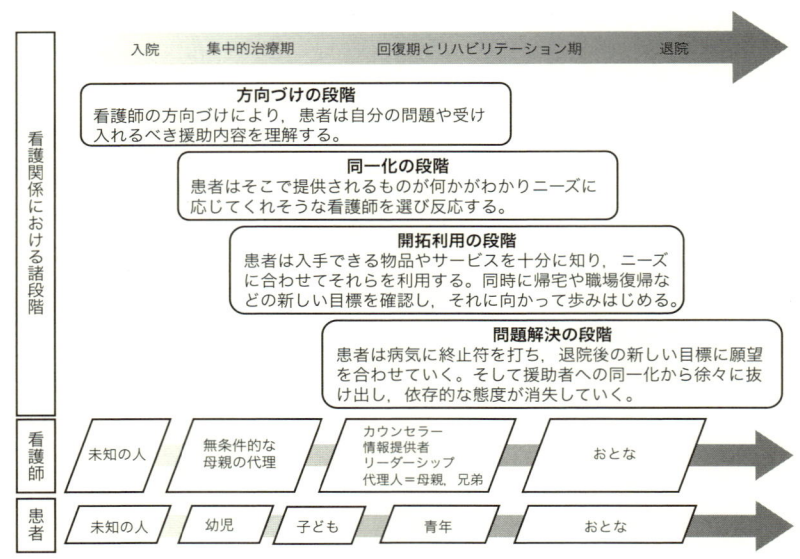

図1-5　看護師と患者関係の変化（内藤，1987より作成）

Chapter 2 ▶▶▶ 対人コミュニケーション

1 非言語的コミュニケーション

1．コミュニケーションとは

　社会生活を営むには，周囲の人とのコミュニケーションは欠くことができない。家庭や学校，職場，地域社会において否応なくまわりの人たちとのコミュニケーションが求められる。しかし，現代の高度情報化社会では，人と人が直接会って話をする対面的コミュニケーションは減り，スマートフォンや携帯，電子メールなどを用いたコミュニケーションが増えてきている。直接，人と対面して会話をする機会は減少してきており，相互に意思の疎通がうまくとれなかったり，誤解が生じたりする傾向が高まっている。

　コミュニケーションの語源は，ラテン語のcommunicare，すなわち"共有すること""分かち合うこと"である。人と人との間に交わされるメッセージ，つまり意思や感情，情報を相互に共有し，理解し合うこと，相互のズレや誤解を調整して共有化していくことが本来の意味である。したがって，人とのコミュニケーションにおいては，言葉（言語的情報）だけでなく，相互にやりとりされる非言語的行動や情報も重要な役割を果たすのである。

2．非言語的コミュニケーションとその役割

　私たちは人と会話をする場合，主に言葉を使って互いに自分の考えや気持ちを伝え合っているように見える。しかし，「目は口ほどにものをいう」「顔色を見ずして多言を為すべからず」などといわれるように，状況や場面によっては言葉よりも顔の表情や視線などが重要な意味を持つ。このように，表情や視線，身振りなどの非言語的行動やチャネルによって，お互いの意思や感情，態度などを伝達し，理解し合うプロセスを非言語的コミュニケーション（nonverbal communication：略してNVC）という。非言語的行動やチャネルには，顔の表情や視線をはじめ，身体動作（身振りや手振り，うなずき，姿勢），身体接触（タッチング），対人距離（相手との物理的距離），準言語（声の調子や話す速さ），被服，化粧などがある。NVCは，さまざまな非言語的行動やチャネルを介して相手に自分の感情や意思を伝えたり（符号化），相手の非言語的行動からその人の感情や意思や態度を理解したり（解読化）する循環的なプロセスといえる。通常，対面的なコミュニケーションでは，言葉とともにさまざまな非言語的行動が相互に符号化され，解読されている。場面によっては，言葉よりも非言語的行動が大きな比重を占める場合がある。たとえば，相手に好意や感情を表現する場合は，表情や視線，声の調子などの非言語的行動が大きな意味を持つ（Mehrabian, 1982）。また，手話のように言葉を一切介さないコミュニケーションもある。いずれにせよ，NVCは人と人とのコミュニケーションにおいていろいろな役割を果たしている。

アーガイル（Argyle, 1988）などをもとに考えると，NVCの働きとして次のような点があげられる。

①感情の表出：表情や身体，声の調子などによって，自分の感情を表出する。
②態度の伝達：表情や凝視，対人距離，声の調子，タッチングなどを通して，相手との友好的関係などを形成し維持する。
③会話の調節：うなずきや目くばせ，会話に関する準言語を用いて会話の流れを調整する。
④補足・強調：身振りや手振り，視線などによって，話の内容を補足したり，強調したりする。
⑤自己呈示：表情や身振り，手振り，話し方，被服，化粧などによって，相手の目に映る「自分」を演出する。
⑥作法・儀式：あいさつや作法，さまざまな儀式において，非言語的行動は重要な役割を果たす。とりわけ，日本文化においては重要である。

なお，アーガイル（Argyle, 1988）は，対人コミュニケーションを送り手と受け手の意識のレベルの違いによって表2-1のように分類している。私たちは非言語的行動を意識している場合とそうでない場合があり，また送り手と受け

表2-1 送り手と受け手の意識の度合いから分類したコミュニケーションの種類 (Argyle, 1988)

送り手	受け手	コミュニケーションの種類
意識している	意識している	言語的コミュニケーション，指差しなどのジェスチャー
ほとんど意識していない	ほとんど意識している	大半のNVC
意識していない	意識していないが，なんらかの効果が現われる	瞳孔の拡大，視線の変化など
意識している	意識していない	空間行動など，送り手がその使い方に慣れているもの
意識していない	意識している	姿勢など，受け手がその解読に慣れているもの

手によって意識のレベルが異なることも少なくないことがわかる。

3．表情と視線

"顔色をうかがう"，"顔をくもらす"，"眉をしかめる" といった表現があるように，顔の表情は，相手の感情や気分，健康状態を知る上で重要な情報源である。人の感情や気分はどのような形で表情に表れるのだろうか，また人は相手の顔の表情の意味をどの程度正確にとらえているのだろうか。

エクマンとフリーセン（Ekman & Friesen, 1975）によれば，人の基本感情（基本情動）には，驚き，恐怖，嫌悪，怒り，喜び，悲しみの6種類があり，それぞれに対応する特有の顔面表情が認められる。6つの表情は，顔の3つの領域（眉毛・額，目・まぶた・鼻のつけ根，頬・口・鼻の大部分・あご）に特有の顔面筋の動きとして観察可能である。これらの動きは生物学的に備わった一定のパターンとして，性別や年齢，人種などに関わりなく基本的に認められている。エクマンたちは表情と顔面筋の動き（識別可能な顔面動作は44ある）との関係をもとに，顔面表情のコード化法（FACS）を考案している。FACSを学習することで相手の表情の理解（解読化）が向上するとともに，自分の感情の表現（符号化）もより豊かになるという。また，表情には8つの特徴的なスタイル（たとえば，感情をあらわにするタイプ，感情を抑えるタイプなど）のあることも指摘している。詳しくは，エクマンたちの『表情分析入門』やブル（Bull, 1983）の『しぐさの社会心理学』を参照されたい。なお，相手の表情の解読（認

知）は，2歳前後になると文脈に結びつけて可能となる。また，一般に男性よりも女性の方が表情の解読に優れている。

ところで，表情と言葉が食い違ったり，矛盾したりすることは，日常よく見受けられる。たとえば，不安そうな顔をして「私は大丈夫です」と相手が答えたり，怒ったような顔をして「あなたのしたいようにしていい」と言ったりする場合である。これはダブルバインドと呼ばれる，言語情報と非言語情報が矛盾するコミュニケーションである。このようなとき，受け手には混乱や不安が生じ，言葉の裏にあるものをあれこれ推察しようとするが，多くの場合，相手の表情やしぐさからその真意を探ろうとする。発せられた言葉よりも非言語的行動が本心や本音を物語っている場合が多いからである。いずれにしても，顔の表情などを通して相手の感情や気持ちを推し量ることは，日常の場面でも，臨床の場面でも，きわめて大切な意味を持っている（6章参照）。

対人コミュニケーションにおいて，視線や視線行動の果たす役割も大きい。視線行動は，もともと生後まもない乳児の注視行動に始まり，母子相互作用の中で発達していく。日常のコミュニケーションにおいて，視線行動はいろいろな役割を果たしている。その主な働きとして，①相手に対する自分の態度や感情を伝える（表現機能），②会話のやりとりや流れを調整する（調整機能），③相手に対する影響力（説得や支配性の発揮など）を行使する（統制機能），④相手の表情や行動を見ていろいろな情報を把握する（情報検索機能）などがある。

人と話をするときは，相手と適度に視線を合わせるよう心がける方がよい。自然で適度なアイコンタクト（視線交差）を保つと（通常の会話場面では全体の20～30％），相手の話に関心を持っていることが伝わり，親和的，友好的な関係を作り出すことができる。ただし，相手をじっと凝視すると，威圧感や緊張感を与えてしまう。通常の会話場面でも，臨床場面でも，相手に関心を示し，話をよく聴こうとする際は，視線をはじめ，姿勢やうなずきなどが重要な役割を果たしている。

しかし，相手との関係や状況によって視線行動の意味は異なることがある。相手をじっと見つめる凝視は，恋人同士か関係のよくない上司と部下かによってその意味が自ずと違ってくるであろう。また，視線行動には個人差が見られ

る（Bull, 1983）。たとえば，①外向的な人は内向的な人に比べて相手をより多く凝視する，②不安傾向や抑うつ傾向の強い人は，相手を凝視したりアイコンタクトしたりすることが少ない，③自閉症児・者や統合失調症患者は，凝視を回避する傾向が強い，④一般に女性の方が男性よりも相手をより頻繁に見つめる傾向がある。このように，相手の性格や特性を知る上で，視線行動は重要な手がかりとなる。

4．身体動作と身体接触，対人距離

　私たちは人と話をしたり，相手に何かを伝えたりしようとするとき，無意識のうちに手や身体を動かしていることがある。姿勢や身振り，手振りといった動作が一種の言語の役割を果たすことをボディ・ランゲージあるいは身体言語と呼ぶ。会話や面接におけるボディ・ランゲージの役割として，①感情の表出，②意思の伝達，③会話の流れの調整，④会話内容の補足や理解の促進などがある。

　姿勢は，興味や関心，相手への態度を伝達する重要な非言語的行動である（Bull, 1983）。興味のある話を聞くときは，前傾姿勢となり両足を後ろにひくが，退屈な話を聞くときは，頭を片方に傾けたり片手で頭を支えたりする姿勢をとる傾向がある。また，好きな相手には前傾姿勢が，嫌いな相手には後傾姿勢や横向きの姿勢がとられがちである（図2-1）。たとえば，面接場面では，「自然でリラックスした姿勢」「あなたの話をしっかり聴いていますよ」ということが伝わるような姿勢（わずかに上体を前に傾ける）を心がける方がよい。

　うなずきは会話の流れを円滑にしたり，相手の話をよく聴いているという態度を示したりする重要なボディ・ランゲージである。あいづちを打ちながらうなずくと，「あなたの話に関心を持って聴いています。もっと続けてください」と相手の話を促す作用がある。うなずきやあいづちを工夫することで，相手の話に関心を持ち，耳を傾けているという態度が明確に伝わり，相手は自分の話や心情がよく理解されたと感じる。カウンセラーやベテランの精神科医は，うなずきとあいづちを積極的に用いてクライエントの話に耳を傾け，心理的援助やケアを行っている。カウンセリングでは，うなずきやあいづちはクライエン

第1部 人間関係の基本

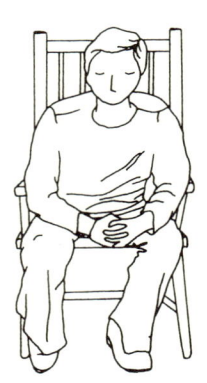

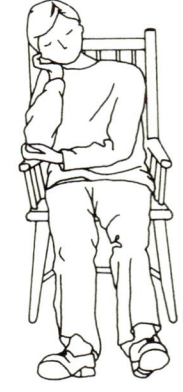

興味を表す姿勢　　　退屈を表す姿勢

図2-1　姿勢による感情の符号化（Bull, 1983）

トの自己開示を促す有用な技法（マイクロカウンセリングでは「はげまし技法」という）として重視されている（玉瀬，2008）。日常場面でも，相手の話にうなずきながらあいづちを打つと，会話が進み，相互の理解や信頼関係が深まる。
　子育てや教育，医療などにおいて，身体接触（タッチング）は重要なコミュニケーション様式である。医療の原点は「手当て」やそのぬくもりにあるといわれる。患者の体に手でふれたり，手のひらのぬくもりが伝わったりすると，患者の不安や痛みはしばしば軽減する。お腹が痛いときに母親にお腹をさすってもらうと痛みが薄れ，熱のある額に手をふれられただけで気分が楽になった経験は多くの人が持っている。日野原（2001）は医療やケアにおける身体接触の有用性を指摘し，「タッチ医療」を提唱している。日常のコミュニケーションでも，人と握手したり，相手にふれたり，肩を軽く叩いたりして，相手と友好的で親和的な関係を築くことは少なくない。子どもや高齢者とコミュニケーションをとる場合，身体接触の持つ意味は一層大きい。今日の高度情報化社会では，人と人との直接的なふれあいや身体接触は減少する傾向にあるが，手や手のぬくもりには不安や孤独感，抑うつ，心身の痛みなどを癒す力がある。「ふれあい」やスキンシップが人と人との絆を深めることは，発達心理学や精神医学の研究がすでに明らかにしている通りである。「ふれあい」や手の持つさま

ざまな治癒力については，山口（2012）の論考がたいへん興味深い。

ところで，人と接する際，私たちは相手との関係や親密さによって一定の距離を保とうとする傾向がある。友人や恋人と話をするときは接近した距離で会話をするが，親しくない人や上司などと接する場合，一定の距離を保とうとする。このように，人と人との間に保たれる物理的距離のことをホール（Hall, 1966）は対人距離と呼び，自己の延長としての距離相を次の4つに分類している。

①親密距離：ごく親密な間柄において，相手にふれたり，顔を寄せ合って小声で話したりする距離（0〜45cm）
②個体距離：夫婦や親友などが普段の会話をする際の距離（45〜120cm）
③社会距離：会議や会談などの公的場面で会話する際の距離（120〜360cm）
④公衆距離：講演や講義などの公的場面で話し手と聴衆との間にとられる距離（360cm〜）

このように，対人距離は相手や場面に応じて調整されており，目に見えない自己の延長としての境界線の役割を果たしている。通常，2者間の関係が親密であるほど対人距離は小さく，また男性同士よりも女性同士の方が小さく保たれる傾向がある。相手との関係や状況を踏まえた接し方，距離のとり方も必要であろう。ちなみに，日本は中東や南米のような「接触文化」ではなく，「間」，すなわち相手との距離や空間を重視する「非接触文化」といわれている。

また，通常意識はしていないが，人は目に見えない身体の延長としての持ち運び可能なテリトリーを持って移動している。これは個人空間（パーソナル・スペース）と呼ばれる，個人を取り巻く目に見えない空間領域である。誰かがその空間に不用意に侵入すると，進入された側には心理的不快感や緊張が生じる。たとえば，エレベーターのような狭い空間に人が多数集まったときなど，その存在を実感することができるものである。人によって個人空間の大きさや形は異なるが，一般に前方に厚くて後方は薄い，楕円形をしている。また，女性よりも男性の空間が大きく，男性同士の個人空間が最も大きい。人と接する際は，相手に不快感や緊張を与えないような距離のとり方も必要であろう。

2 コミュニケーションと説得

1. 説得的コミュニケーションとは

　私たちは，周囲の人の態度や行動を変化させるために，彼らに対してさまざまな働きかけをしている。たとえば，喫煙している人に禁煙するよう求めたり，運動する習慣のない人に運動するように求めたりする。その際，コミュニケーションの受け手から反発や抵抗が予想される場合には，送り手は受け手に働きかけの理由を十分に説明した上で，相手の態度や行動を特定の方向へ変化させる言語的コミュニケーション，すなわち説得的コミュニケーション（persuasive communication）が必要となる。

　説得的コミュニケーションの定義では，言葉によって相手を納得させることが強調される（深田，2002；今井，2006）。説得的コミュニケーションは，主に言語的コミュニケーションを使用する点で，報酬，罰，暴力といった物質的・身体的手段を介した行動変容とは明確に区別される。また，説得メッセージの中に，受け手が納得して態度や行動を変えるための論拠（arguments）が含まれている点で，受け手に気づかれずに働きかけを行う情報操作や環境操作とも区別され，受け手の行動変化のみを問題とする命令や強制とも区別される。説得的コミュニケーションは，相手の自由意志を尊重し，納得を得るといった民主的な手続きを踏むことからも，心身の健康を支援するために必要な言語的コミュニケーションの1つと位置づけられる。

2. 説得を成功させるためには

　ヘビースモーカーの父親に禁煙を働きかける家族の例を考えてみよう。父親は，家族からの説得を受け入れ禁煙宣言するかもしれない。しかし父親の禁煙は長続きせず，家族に喫煙現場を目撃された後は，父親は開き直り，誰にも迷惑はかけないし，逆にタバコ税で社会貢献しているのだからと禁煙を拒否する姿勢を表明するかもしれない。説得を成功させるためには，説得過程，説得効果の規定要因，説得効果の確認についての理解が必要である。

(1) 説得過程

受け手の態度や行動を説得方向に変化させるには、説得効果を生み出す説得過程を理解する必要がある。図2-2の通り、主な説得過程としては接触（メッセージに接触する）、注意（メッセージに注意を向ける）、理解（メッセージ内容を理解する）、評価（メッセージを肯定的に評価する）、態度（肯定的な態度を形成する）、行動（行動を起こす）の6段階が想定され、説得を成功させるには各段階で望ましい変化を生じさせる必要がある（深田、1998）。先の例では、父親が家族を避け、家族の声に耳を傾けず、説得への反論を考えるほど、父親の禁煙に対する態度や行動は変わらないだろうし、場合によっては、説得前よりも喫煙方向に態度や行動が変化するであろう（ブーメラン効果）。

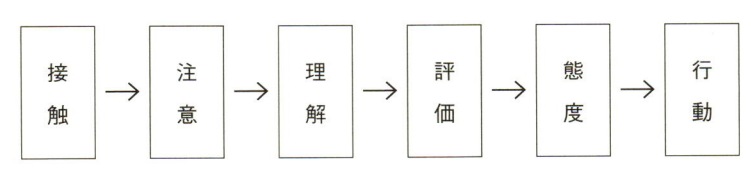

接触 → 注意 → 理解 → 評価 → 態度 → 行動

図2-2 説得の過程（深田、1998より作成）

(2) 説得効果の規定要因

説得過程の各段階で望ましい変化を生じさせるには、送り手要因（誰が）、チャネル要因（どのような経路で）、受け手要因（誰に対して）、メッセージ要因（どのようなメッセージで）といった説得効果の規定要因に配慮する必要がある。同じ説得メッセージであっても送り手が異なれば説得効果は変わるし、同じ送り手であっても説得メッセージが異なれば説得効果は変わる。たとえば、受け手が尊敬する職場の上司から説得してもらえれば、説得過程の各段階に望ましい変化が生じるかもしれない。また説得の際、受け手を批判するのではなく、受け手の関心や信念体系に適合するもの（たとえば、家族の幸福を優先してきた父親に感謝し、今後も家族を大切にする父親であってほしいことを伝えるメッセージ）に変えることで、説得過程の各段階に望ましい変化が生じるかもしれない。

（3）説得効果の確認

得られた説得効果を実際に確認することも必要である。具体的には，態度と行動の両方で説得方向への変化が見られること，説得から時間が経過した後もその変化が持続していること，他者から逆方向の説得（逆説得）を受けても抵抗できることを確認することで説得の成否を判断できる。たとえば，禁煙宣言だけでなく，持っていたたばこを捨てる行動が確認でき，その後も禁煙が3日坊主で終わらないことや，仲間から誘われてもきっぱりと断る行動が確認できれば，十分な説得効果が得られたと判断できる。一方で，禁煙宣言とは名ばかりで，たばこを大切に保管し，仲間から誘われても断る自信がないようであれば，説得効果が十分得られなかったと判断できる。

3．望まない説得から身を守るには

説得を受ける側に立った場合，受け手の自由意志を尊重しない説得に応じることは避けたい。そのような望まない説得から身を守る目的でも，説得過程や説得効果の規定要因の理解が重要である。たとえば，論拠となる研究成果や個人的経験を偽装して伝えたり，説得意図を隠蔽したりする説得もある。もし望まない説得だと気づいた場合は，説得過程を進行させないことが重要になる。たとえば，送り手と物理的に接触しない，接触しても説得メッセージを聞き流したり，説得メッセージを無批判に受け入れないように努力する，その場で判断せず，メッセージ内容を後で確認したり，冷静に考える時間を作ったりすることが必要である。送り手の肩書きや外見容姿が優れている，あるいは断ると送り手の気分を害するからといった表面的理由によって，自らが態度や行動を変えようとしていないか判断することも必要である。

4．説得に対する交互作用効果

説得効果の主な規定要因には，送り手要因，受け手要因，チャネル要因，メッセージ要因があるが，説得効果の全てを特定の1要因で説明することは困難である。つまり説得効果を正しく理解するためには，複数の要因の組み合わせに

よる説得効果（交互作用効果）を理解する必要がある。ここでは説得に対する送り手要因やメッセージ要因の交互作用効果について理解を深める。

(1) 送り手の要因
　説得の送り手がどのような特性を持つかによって，同じ説得メッセージを伝えても説得効果が異なることが知られている。
　①信憑性
　高度な専門的知識や技能を持ち，その知識を正直に伝えようとする送り手は信憑性（credibility）という特性を持つ。信憑性の高い送り手は信憑性の低い送り手より説得力が高いと予想されるが，必ずしも信憑性の効果は一貫していない（今井，2006）。つまり信憑性の効果は，メッセージ要因や受け手要因などによって左右される。説得話題に関心や興味がある受け手や説得方向と同じ態度を持つ受け手の場合，さらには説得メッセージに十分説得力がある場合，そうでない場合に比べて信憑性の効果が現れにくくなる。逆に，説得話題に関心や興味のない受け手や説得方向と逆の態度を持つ受け手の場合，さらには説得力が乏しい説得メッセージである場合は，そうでない場合に比べて，送り手の信憑性が説得効果を持つといえる。
　②魅力
　受け手が好感を持ち，良好な人間関係を形成・維持したいと望むような送り手は魅力（attractiveness）という特性を持つ。魅力の高い送り手は，魅力が低い送り手よりも強い説得効果をもたらすと予想されるが，やはり一貫した結果は見出されていない（今井，2006）。信憑性の場合と同様に，説得話題に興味・関心のある受け手や説得方向と同じ態度を持つ受け手の場合には，送り手の魅力の効果は生じにくい。逆にそうでない場合は，送り手の魅力の効果は生じやすいといえる。ただし，魅力的な送り手の効果は，送り手との良好な関係維持の手段として生じているかもしれない。送り手に対する受け手の好意が消失してしまうと，魅力の効果も消失してしまう可能性がある（Kelman, 1961）。

(2) メッセージの要因
　同じ内容の情報から構成されるメッセージであっても，その提示方法や構成

方法が変わると説得効果が異なることが知られている。

①一面提示と両面提示

説得話題に対して賛成論と反対論がある場合，賛成論だけで説得メッセージを構成する場合を一面提示（one-side presentation），賛成論だけでなく反対論も提示する場合を両面提示（two-side presentation）と呼ぶ。たとえば，禁煙説得の賛成論として，喫煙は本人の健康に悪いだけでなく，家族や仲間の健康にも被害が及び，保険料や医療費も高くつくなどの論拠を考えることができる。反対論として，喫煙するとリラックスする，頭の回転がよくなる，仲間との会話が弾む，大人に見られる，タバコ税で社会貢献ができるなどが考えられる。一面提示は両面提示に比べ，反対論を容易に思いつく教育水準の高い人や，説得話題の知識や情報を多く持っている人，説得方向と反対の態度を持つ人にとっては，送り手が偏った情報のみで説得していると解釈でき，説得効果が下がると考えられる。仮に一面提示が成功したとしても，反対論で構成された説得（逆説得）にさらされると，一面提示の効果が論駁され，もとに戻るかもしれない。一方で，賛成論と反対論の両方を提示する両面提示は，受け手が迷ってしまい，説得は失敗するかもしれないが，反対論を確実に論駁した両面提示を作成できれば，一面提示より効果的である（Hovland, et al., 1953）。たとえば，喫煙による集中力の高まりは思い込みで，禁断症状のために集中力が低下するといった反対論を論駁した両面提示は，喫煙の集中力効果を強調する逆説得に対しては論駁効果を持つだろう。

②恐怖アピール

病気や災害等の脅威に関する話題を説得する場合，受け手に脅威の危険性を強調して恐怖感情を喚起し，それを説得に利用することがある。これは「恐怖アピール」（fear appeal）と呼ばれる説得技法である。脅威の危険性を強く強調する強恐怖アピールと，脅威の危険性をあまり強調しない弱恐怖アピールに分けられる。たとえば，父親に禁煙を説得する場合，強恐怖アピールでは，喫煙の身体的・精神的・経済的・社会的被害がきわめて深刻であることや，父親にその深刻な被害が発生する可能性が高いことを強調する。弱恐怖アピールでは，喫煙による被害や被害の可能性をそれほど強調しないメッセージで構成される。強恐怖アピールは弱恐怖アピールに比べ，禁煙に対する強い論拠を提示

でき説得効果が高いと予想できるが，強恐怖アピールは弱恐怖アピールよりも強い恐怖感情を喚起するため，受け手が説得メッセージから目を背けたり，説得メッセージを理解できなくなったり，送り手への敵意が高まったりすることで説得効果が下がるとも予想できる。

　恐怖アピールは効果的なのかどうか，従来の研究結果は必ずしも一貫しておらず単純には言えない。やはり恐怖アピールの効果も，送り手要因，受け手要因，チャネル要因，他のメッセージ要因との組み合わせによって決まるといえる。特に恐怖アピール研究では，恐怖アピールと同時に説得メッセージの中で勧告される対処行動の性質が重要であることが示されてきた（木村，2002）。

　ロジャースとミューボーン（Rogers & Mewborn, 1976）は，健康や安全の説得話題を用いて大学生に恐怖アピール説得の実験を行った。その結果，喫煙話題では，禁煙の効果性が高いと信じた条件のみ，喫煙者が肺がんにかかる確率が高いと訴える強恐怖アピールが効果的だったが，禁煙の効果が低いと信じた条件では強恐怖アピールは逆効果になることが明らかとなった（図2-3左）。同様に，性病の話題も，性病検査の効果性が高いと信じた条件は，性病の症状が深刻であると訴える強恐怖アピールが効果的であったのに対して，性病検査の効果性が低いと信じた条件では，弱恐怖アピールと強恐怖アピールの間で効果に違いは認められなかった（図2-3右）。

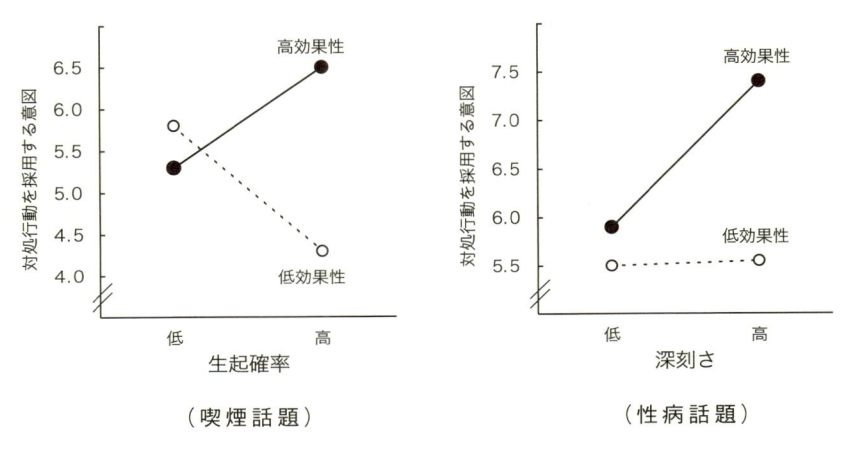

図2-3　恐怖アピールにおける交互作用効果（Rogers & Mewborn, 1976）

以上の通り，説得に対する規定要因の交互作用効果を理解することが，複雑な説得現象を正しく理解することにつながるといえる。

3 ヘルスコミュニケーション

1. ヘルスコミュニケーションとは

　ヘルスコミュニケーション（health communication）とは，従来のコミュニケーション研究の成果を医療現場や健康問題の解決に積極的に適用した，医療向上や健康増進といった領域に限定されたコミュニケーション研究とその実践活動を指している。

　医療の高度化・複雑化が進み，1人の患者に対して複数の医療者が協力し対応することが増えた。その結果，医療者と患者とのコミュニケーション，医療者同士のコミュニケーションの重要性が高まってきた。たとえば，強い精神的・身体的副作用を伴う薬物療法や，生活の質が保証されない手術，望まないがん告知は，患者やその家族にとっては受け入れることが難しい選択肢である。昔であれば患者は従順であったが，今では患者が納得しなければ，医療者は自らが望ましいと考える医療サービスを行えなくなった。医療者もその専門領域が分化した結果，お互いに効果的なコミュニケーションが行えない場合，患者に対する統合的な医療やケアが困難になる。

　さらに日常生活でも健康に関する情報が溢れ，健康づくりを行うことに対する人々の興味・関心が高まってきた。メタボリック・シンドローム，健康食，ダイエット，エクササイズ，サプリメントはもちろん，乳がん検診の早期受診や治療を推進するピンクリボン運動といったキャンペーンを知っている読者も多いだろう。公的機関が，健康に関わる課題，問題解決策に対する人々の知識・意識を向上させ，健康を志向する社会規範を形成し，誤った社会通念を払しょくするためにも，医療や健康に関する効果的なコミュニケーションについての実践的研究が求められている。

　池田（2012）によると，医療保健，看護，介護，社会福祉等の多様な領域にその起源を持つヘルスコミュニケーションは，主に通信技術支援・ヘルスコミュ

```
コミュニケーション ─┬─ 情報通信 ───── 通信技術支援・
                   │                  ヘルスコミュニケーション
                   │
                   └─ 人間の    ─┬── パブリック・
                      相互作用   │    ヘルスコミュニケーション
                                 │
                                 └── 臨床コミュニケーション
                                     (ヘルスコミュニケーション)
```

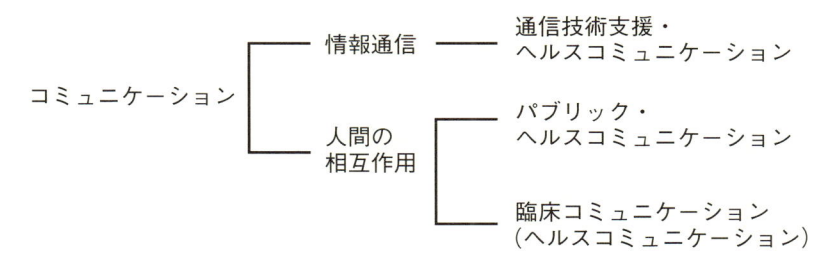

図2-4　ヘルスコミュニケーションの概念（池田，2012）

ニケーションと，人間の相互作用を基本としたヘルスコミュニケーションに大別できるという。さらに後者は，医療者－患者間コミュニケーションを想定した臨床コミュニケーションと，特定の集団を対象とした疾病予防や管理を目的としたパブリック・ヘルスコミュニケーションに分けることができる（図2-4）。ここでは，人間の相互作用を基本としたヘルスコミュニケーションに焦点を当てて解説を行う。

2．医療者－患者間コミュニケーション

　臨床コミュニケーションの原点は，患者の心身の病気や傷を癒し世話をすることであるから，医療者－患者間コミュニケーションを通した医療者と患者との間の親密な対人関係の展開が治療の重要な基盤となる。その基盤を作るための円滑なコミュニケーションが行われることは，その処置への対応にもその後の回復にも望ましい。特に治療困難な症状を抱える患者の大部分は，病気の現状や予後に対して，また家族を含めた自分の人生全般に対して深刻な不安を持っている人々である。ヘルスコミュニケーションの中でも，特に対人コミュニケーションの側面が強調されるものが，医療者－患者間コミュニケーションである。医療者－患者間コミュニケーションを効果的に促進する基本要因として，ノートハウスとノートハウス（Northouse & Northouse, 1992）は，共感，統制力，信頼，自己開示，確認の5つをあげている。

　「共感」は，相手の視点から世の中を観察するプロセスを指し，相手の行動

を観察し，得られた情報を処理する認知的側面，相手の感情に敏感になる感情的側面，そして相手の言葉や反応から理解したことを相手に伝えるコミュニケーション的側面の3側面からなる。患者への共感は，コミュニケーションの精度を高め，誤解を減らす効果がある。たとえば，あいさつや問診などを行う際，患者の言葉や反応から推測できる患者の外見や内面を伝えるコミュニケーションを指す。

患者の「統制力」を高め，医師の支配を減らすコミュニケーションは，患者の治療への積極的態度につながる。多くの患者は病気やその役割によって統制力を喪失している。また，医療者と患者がお互いの関係を統制できる力を持つ場合，円滑なコミュニケーションが可能になる。

「信頼」を構築するには，評価より説明中心（自分の価値判断を入れない），支配指向より問題指向（諭すのではなく一緒に考える），策略より自発的（コミュニケーションの真の意図を隠さない），中立より共感（相手の客観的事実ではなく共感的理解を示す），優越より対等（支配関係ではなく対等関係），確定的より暫定的（相手の意見を無視して断定しない）なコミュニケーションが必要となる。医療者と患者との間に信頼関係が成立する場合，患者が病気に対する恐怖や不安に立ち向かう助けになる。

「自己開示」は，個人的情報，思考，感情を他者に伝えるプロセスであり，オープンなコミュニケーションは医療の場における人間関係の発展を促す。医療者が家族や趣味，日頃の悩みなどを披露すると患者は安心して人間関係を作ろうとする。ただし状況不一致な自己開示は逆効果になる場合がある。たとえば，医療者が自らのがんを告白する自己開示は，ある場合には人間関係を形成・発展させるかもしれないが，初対面の患者や，がん検診を受ける患者に対しては，状況不一致であるため，患者の医療者に対する評価を低下させるかもしれない。

「確認」とは，相手の立場を承認し，相手の立場に関心を持っていることを表現するコミュニケーションである。確認により，患者が没個性化したり，拒絶や疎外といったネガティブな気持ちにならないように支援できる。逆に，確認がなければ，患者が話をしているのに反応しなかったり，患者の話を妨害したり，的外れの反応，脱線した反応，不明瞭な反応，拒絶的反応と受け取られる可能性がある。

以上の基本要因を理解することは，医療者－患者間コミュニケーションを成功させる条件ではあるが，そのようなコミュニケーションの実践も重要である。実践では，非言語的なコミュニケーションの側面，たとえば，医療者の立ち位置，姿勢，表情，視線，服装，身体動作にも5つの基本要因が表れることに注意が必要である。また患者のプライバシーを守り，落ち着いて考え，話せる場所を選ぶといった環境づくりも実践では重要となる。

3. パブリック・ヘルスコミュニケーション

米国立がん研究所（2008）は，ヘルスコミュニケーションを「個人およびコミュニティが健康増進に役立つ意思決定を下すために必要な情報を提供し，意思決定を支援する，コミュニケーション戦略の研究と活用」と定義している。この定義は，医療者－患者間コミュニケーションに加え，さらには不特定の個人やコミュニティを対象とした計画的かつ包括的なコミュニケーション戦略も含むため，パブリック・ヘルスコミュニケーションと位置づけられる。

米国立がん研究所（2008）は，パブリック・ヘルスコミュニケーションの計画立案と開発のため①計画立案と戦略の開発，②コンセプト・メッセージ・資料の作成と事前テスト，③プログラムの実行，④効果の評価と改善の実施といった4つのステージを区別し，循環的に実施することを求めている。その手続きの全体像を表2-2に示した。

説得を成功させるには，説得の過程，説得効果の規定因（送り手，受け手，メッセージ，チャネル），目標とする説得効果の確認が大切であった（2章2節を参照）。パブリック・ヘルスコミュニケーションの成功条件も，説得的コミュニケーションとほぼ同様ではあるが，いくつか異なる点もある。

パブリック・ヘルスコミュニケーションでは，送り手や受け手が特定の個人ではなく，不特定多数の個人を含んだコミュニティが想定されている。そのため，コミュニケーションの受け手は1次対象者と2次対象者に区別されている。たとえば，乳がん検診の早期受診を勧める1次対象者は，その行動変容自体が個人の健康増進に役立つ対象者（例．40歳以上の女性）である。2次対象者は1次対象者に働きかけが可能な対象者（例．医師，家族，マスメディア）である。

表2-2 パブリック・ヘルスコミュニケーションの手順（米国立がん研究所，2008より作成）

ステージ	ステップ
1 計画立案と戦略の開発	1. 健康問題／課題を評価，解決策の全要素を明らかにする 2. コミュニケーション目標を定める 3. 対象者を特定し，理解する 4. 対象者にリーチするために最も適した環境，チャネル，活動について検討する 5. 提携可能なパートナーを探し，提携構想を作成する 6. 対象者に向けたコミュニケーション戦略を開発し，コミュニケーション計画の原案を作成する
2 コンセプト・メッセージ・資料の作成と事前テスト	1. 既存の資料を検討する 2. メッセージコンセプトを開発しテストする 3. どのような資料を作成するか決める 4. メッセージと資料を作成する 5. メッセージと資料を事前テストする
3 プログラムの実行	1. プログラムを実行するための準備 2. 記者会見の開催 3. メディアと良好な関係を維持する 4. 危機的状況においてメディアと協力する 5. プログラム実行の運営と管理：プロセス評価 6. パートナーシップの維持
4 効果の評価と改善の実施	1. アウトカム評価計画を見直す 2. アウトカム評価の実施 3. ヘルスプロモーション事業を改善する

真の受け手である1次対象者には，検診に対する不安よりも利益が大きいことを伝え，2次対象者である医師や家族，マスメディアには特定の年齢層の女性全員に乳がん検診を推奨するよう働きかける。

また，パブリック・ヘルスコミュニケーションでは，作成したメッセージを伝達する経路，つまりチャネル要因がきわめて重要となる。具体的には，個人間チャネル，組織・コミュニティチャネル，新聞，ラジオ，テレビ，インターネットなどの選択肢が想定されている。個人間チャネルである医療者－患者間コミュニケーションは，高い信頼性，双方向が可能であり，動機づけ支援がしやすいといった長所を持つが，費用や時間がかかり，対象者が限られる短所を持つ。テレビは低所得者にも情報を届けることができ，メッセージの内容とできばえを調整できる長所を持つが，広告作成料が高く，番組の視聴率によっては広告接触率が左右されるといった短所を持つ。それぞれのチャネルには異なった長所と短所があり，多くの対象者にメッセージを届ける最善の方法は，複数のチャネルを使うことだといえる。

メッセージ開発のために複雑な手続きを踏むことも，パブリック・ヘルスコ

ミュニケーションの特徴である。表2-2におけるステージ2では，同様の目的で作成された既存のメッセージを収集し，対象者の性別，年齢，文化等にあったメッセージコンセプトを開発し，事前テストによりメッセージの効果を確認した上で，最終的なメッセージと資料を作成する。もし事前テストにより，対象者によって効果的なメッセージや資料が異なることが明らかになれば，予算が許す限り，対象者に個別化されたコミュニケーションを行うことが推奨される。

　以上の通り，パブリック・ヘルスコミュニケーションでは，従来のコミュニケーション研究の成果と社会科学における理論を踏まえ，コミュニケーションの計画立案から，メッセージや資料の開発，コミュニケーションの実行，効果の評価，コミュニケーションの改善までが循環的に行われている。

Chapter 3 ▶▶▶

人間関係の諸相

1 家族の人間関係

1. 家族とは何か

　家族とは，一般的には夫婦の婚姻や親子・きょうだいなどの血縁で結ばれた小集団を指す。家族は，心理学のみならず，人類学，社会学，人口学，精神医学などさまざまな領域により研究の対象とされてきた。家族に関する先駆的な研究を行った文化人類学者のマードック（Murdock, 1949）は，地球上の250の社会に関する資料をもとに，家族の機能を①性的機能，②経済的機能，③生殖的機能，④教育的機能の4つに分類している。1組の夫婦とその子どもからなる家族は「核家族（unclear family）」と呼ばれ，我々人間の家族的集団における普遍的かつ基本的な構成要素である。複数の核家族が連合することで，さまざまな形態の家族が生まれる。1人の男性が2つ以上の核家族に対して夫や父親の役割を果たし，大きな家族集団を作る一夫多妻のような場合は「複婚家族（polygamous family）」と呼ばれる。また，1組の高齢者夫婦と，その子どもたちと配偶者，さらに未婚の孫たちからなる3世代が1つの家や敷地内で生活するような，血縁による集団を作る場合は「拡大家族（extended family）」と呼ばれる。これは現代の日本でもしばしばみられる形態である。

　マードックの研究は，現在にも通用する重要な知見を含んでいると思われるが，さまざまな反論や反証もある。それは，果たしてここにあげたような家族という人間関係が，本当に人類にあまねく普遍的なものといえるのかということである。世界には核家族自体を解体した共同体（有名な例としてはイスラエルのキブツなど）も存在することが知られている。また，文化による違いのみならず，家族の姿は時代によっても変化する。私たちの身近なところでも，家族の形態は徐々に多様化しており，人類に普遍的な家族の定義があると考えるのはさらに難しくなっている。

また，近代的な家族概念の成立について理解する上で重要とされているものが，アリエス（Aries, 1960）の研究である。アリエスは自著『〈子供〉の誕生』の中で，ヨーロッパでは中世まで，子どもは言語的コミュニケーションが可能になれば労働に従事する「小さな大人」として位置づけられており，特別な保護，愛情や教育を必要とする存在としての「子ども」という概念自体が近代以降に成立したものであることを示した。「子ども」という概念が成立したことにより，家族は単なる生活共同体としてではなく，子どもを育むための情緒的で親密な，より閉ざされた共同体へと移行していった。心理学における家族関係の研究では，夫婦や親子の情緒的な絆，あるいは愛情や愛着といったものに着目したものが数多く見られるが，このような情緒的結びつきを持った家族の姿も，歴史的に見れば決して自明のこととはいえないのである。

ところで，近代の日本では，戦前まで「家制度」と呼ばれる家父長制を基本とする家族制度が存在し，それは民法により規定されていた。つまり，主に父方の血縁によりつながる拡大家族を家族の一般的な形態と見なし，かつ維持させるための法律も定められた社会ということになる。しかし，戦後の憲法では，婚姻は両性の合意に基づくものとされるにとどまり，家族に関する規定は存在しない。現行の民法で規定されているのは家族ではなく，相続や扶養義務に関わる親族の範囲である。しかし，このわずかな条文だけでも，日本においては法律上，家族は異性間の結びつきが前提とされていることがわかる。家族を法律でどこまで規定するのか，あるいはしないのか，それはそれとして重要な論点である。だが，少なくとも現在の私たちが考える家族の形態は，戦前とは異なり，法律や制度にすべて規定されるようなものではもはやありえない。

それでは，私たちにとって「家族」とはどのようなものなのだろうか。通常，イメージする家族の姿は，自分自身の体験を基本にしていることが多いと思われるが，同時に，自分のイメージする家族以外の形態もありうることを，私たちは知っている。社会には多くの1人親家庭が存在する。たとえ婚姻関係にあっても，長年別居状態にある夫婦は家族といえるのだろうか。事実婚のカップルと非嫡出子はどうなるのだろうか。親から独立して生計を立てている単身者が，長らく離れて暮らす親やきょうだいを，家族と見なすこともある。生計や住居をともにし，性的関係もある同性同士のカップルは，お互いのことをかけがえ

のない家族と考えているかもしれない。そこにはさらに血縁のない養子がいるかもしれない。これらのことからは，現在私たちがある集団を家族と見なす場合，制度や形態だけでなく，やはり愛情や親密さといった心理的な要素も大いに関係していることがうかがえる。

　また，このような多様な形態の集団を家族と見なすのかどうかは，国や文化によりさまざまな意見や考え方がある。個人によっても，各自の体験に基づいてあるべき姿を無意識のうちに描いていることがある。つまり，私たちが家族関係について考えるとき，それは人類に普遍的な概念になりえないばかりか，ともすれば価値観やイデオロギーの色が濃い難問となりうるのである。その意味で，心理学の視点から家族について考える場合も，ある種の家族形態がマジョリティとはなりえても，普遍的な姿や理想的な形態を定式化することはできない多様性を持つものであるという前提に立つことは，重要なことであると考えられる。特に心理臨床的な立場では，セラピストが，家族像や家族内の人間関係のあるべき姿にとらわれることによって，クライエントを追い詰める可能性について自戒する必要があるだろう。クライエント自身も，自らが描く理想の家族像に縛られ苦しんでいることもある。心理学の立場からは，むしろ家族という人間関係の多様性そのものに目を向けること，そして多様性を前提とした家族という人間関係が，どのように心理的に体験されるのかを理解することが重要となるのではないだろうか。

2．心理学における家族研究

(1) 家族内の人間関係

　心理学における家族研究では，特に家族成員間の人間関係について論じられることが多い。先にアリエスの例で示したように，近代以降の日本も含む西欧世界においては，家族内の成員同士の情緒的な結びつきを重視する家族観は一般的なものとなっている。特に心理学的な立場からは，家族の情緒的な関係性はきわめて重要な問題である。核家族だけでも，夫婦関係，親子関係，きょうだい関係があり，祖父母を含めれば3世代の関係も生まれる。それらの個別の対人関係は，個人のパーソナリティや心理状態に多大な影響を及ぼしていると

考えられている。そのどれもが重要なものであるが，ここでは，特にあらゆる対人関係の雛形ともいえる，親子関係についてとりあげる。

①フロイトの人格形成理論

家族関係の心理的な様相への着目は，フロイト（Freud）に始まる。フロイトは成人に対する分析治療を通して人間の病理を究明していく過程で，幼児期の家族体験が重要な意味を持つことに気づいた。特に，無意識的に個人の内界に取り入れられた親子関係，すなわち心的現実（psychic reality）が個人の精神性に重要な役割を果たすとした。エディプス・コンプレックスのモデルでは，父親と母親と子どもの三角関係が描かれる。男児には母親の愛情を独占したいという欲求が生じ，それを妨害する父親を敵と見なし，排外する願望が生じるとされる。しかし，男児は父親を畏怖しているため，その願望により処罰されるのではないかと恐れ，去勢不安（castration anxiety）が生じる。やがてエディプス・コンプレックスは消失し，男児は処罰する父親と同一化（identification）し，男性的な方向へと成長する（Freud, 1905など）。ここでは男児が母親に性的欲望を感じたり，父親に去勢されるのではないかと恐れたりといった説明がされるが，実際の関係でそのままのことが起こるわけではない。馬場（1990）は，エディプス・コンプレックスという概念によって，幼児が両親像を内在化させながら精神構造を形成していくという考え方が展開されており，そのような，人格形成において両親をめぐる心像が重要な役割を果たすという視点を提示したこと自体がフロイトの大きな貢献であるとしている。

②母子関係

フロイトは精神内界の関係を重視したが，親子関係に関する研究が進むに従い，人格形成にまつわる関係性としては，前エディプス期の母親との関係が注目されるようになった。観察などを通した現実的な家族関係についての研究も盛んに行われるようになった。代表的なものだけでも，ボウルビイ（Bowlby, 1952ほか）のアタッチメント（attachment）の研究，スピッツ（Spitz, 1945ほか）の乳児発達に関する研究や，マーラー（Mahler, et al., 1975ほか）による母子の分離－個体化過程の理論など，枚挙に暇がない。現在でも母子関係は心理学においては最も研究が盛んな領域の1つと言っても過言ではなく，今日まで膨大な知見が積み上げられている。

たとえば，先にあげたボウルビイ（Bowlby, 1952）によれば，子どもにとって母親との愛着関係こそが人格形成の核となるものである。愛着対象を剥奪されることは，子どもにとって母性愛の剥奪（maternal deprivation）という悲劇的体験であり，その喪失体験は子どもの人格発達に対して重大な影響を及ぼすと考えられる。ボウルビイやそれに続く研究は，人生の初期における関係性の重要性を指摘した画期的なものであった。ただし，母親やその代理者の母性的な養育態度が子どもの人格形成に影響を及ぼすという部分だけが強調されると，母子の分離が持つ多義的な意味合いが薄れたり，子どもの問題がすべて主たる養育者である母親の養育態度に単純に還元されたりしてしまう危険性もある。母子関係に対するまなざしは，今日では親の養育態度に限らず，養育を引き出す子ども側のありようや母子の相互作用，成人した子どもと親との関係などさまざまな側面に向けられているといえる。

　③父子関係

　子どもと父親の関係について論じた研究は母子関係ほどではないがいくつかある。よく知られているものとして，パーソンズ（Parsons, 1955）の役割分化理論がある。核家族において，母親が家族成員の融和を図り欲求不満などを和らげる表出的役割を持つのに対し，父親は生産活動に従事し，指示や課題解決へのアイデアを与える道具的な役割を持つとされる。しかし，これらの役割が性別によって固定されるという考え方への批判もある。その主たるものは，父親と母親が両者とも2つの役割をとることがありうるという意見である。1人親家庭などではそれは顕著である。

(2) 家族という人間関係

　①ユニットとしての家族

　ここまで，親子関係に焦点を当ててきたが，そもそも家族の人間関係を考える際に，親子や夫婦など，個別の対人関係を把握するだけではその集団力動をとらえきれないという問題がある。先のパーソンズでも父母の役割の違いという観点から親子関係の特質を描き出そうとしたが，そもそも家族内の人間関係はそれぞれが独立して存在しているわけではない。親子関係の背後には夫婦関係があり，さらには同胞関係もあり，それらは複雑に絡み合っている。2者関

係に関する知見への批判は，主にこの点を見過ごし単純化する危険性を指摘したものだと考えてよいだろう。

アッカーマン（Ackerman, 1958）は，家族を1つのまとまりのある単位（unit）ととらえていた。それは人間の成長と経験，相互充足の成功と失敗の基本単位であり，疾病と健康の単位でもある。つまり，環境と切り離された個人だけを問題にするのではなく，個人と家族環境の相互作用や力動的均衡が問われなければならないという考え方である。家族は，個体と広い社会の媒介者であり，それは外界と成員との間の半透膜の覆いのようなものである。外界の現実は，覆いによって定められた形で内部成員に浸透し，逆もまたしかりである。外界が脅威に満ちたものであれば閉じ込められる。逆に流動的な相互作用が活発になる場合もある。また，個人は社会的役割（social role）によって，その内的過程と社会的生活とが結びつけられるとされる。

②家族システム理論

家族をユニットにとどまらず，1つのシステム（system）として見なす考え方が家族システム理論である。システムには階層性があり，個人を生物体システムととらえれば，細胞は下位システム，家族は家族システムという上位システムに当たる。また家族も社会との関係では下位システムに当たる。家族システム理論は，システム内外の力動をとらえる際，原因に対する結果や刺激に対する反応といった直線的な因果論ではなく，相互に影響し合う円環的な認識論を重視する。また，システム理論は現在の家族療法の中核を担う理論であり，理論モデルも多く提唱されている。それらを統合的に把握することを試みたオルソン（Olson, 2000）は，家族関係を把握する鍵概念として，凝集性，柔軟性，コミュニケーションの3つをあげている。家族凝集性（family cohesion）とは，家族成員相互を情緒的に結びつける絆を指す。家族柔軟性（family flexibility）とは家族のリーダーシップや役割関係，また対人関係上のルールをどの程度変化させているかということを指す。そしてこの2つの動きを促進するのが家族コミュニケーション（family communication）であるとしている。これらの組み合わせによって，家族の健全性を把握しようとして提案されたのが円環モデル（Circumplex model）である（図3-1参照）。

第1部　人間関係の基本

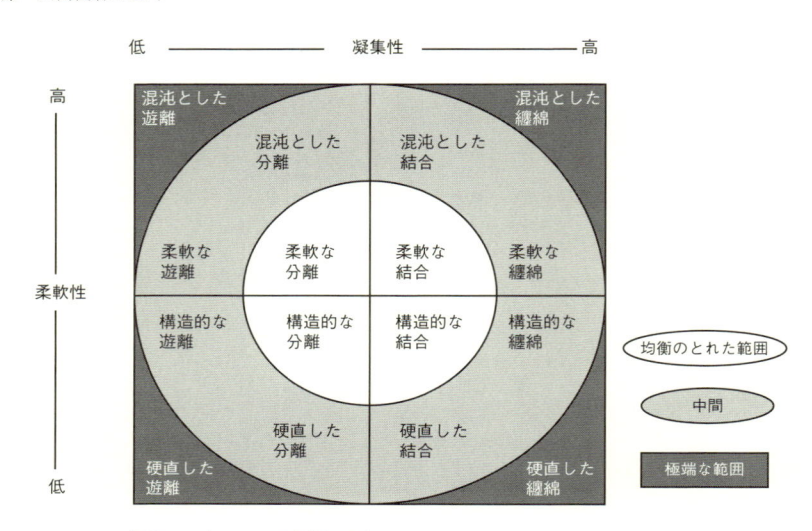

図3-1　オルソンの円環モデル（Olson, 2000より一部改変）

2 学校の人間関係

　精神的な発達や変化が著しい年齢段階にある児童・生徒は，学校の中で営まれる人間関係から大きな影響を受ける。特に，学業に関しては，教師との人間関係によって大きな影響を受けると考えられる。そこで，学級担任と児童・生徒の人間関係に焦点を当てて，両者の相互作用の結果として生起する教師期待効果と呼ばれる現象について紹介する。（教師）期待効果は，学業面における教師から児童・生徒への影響に限ることなく，児童・生徒同士の人間関係においても生起していると考えられている。

1．教師期待効果とは

　教師期待効果（ピグマリオン効果とも呼ばれる）とは，児童・生徒の学業成績や学級内行動が，教師が期待する方向で現実のものとなる現象を指す（Brophy & Good, 1974）。この現象を報告した最も有名な研究が，ローゼンサールとヤコブソン（Rosenthal & Jacobson, 1968）がオーク・スクールで実施した実験

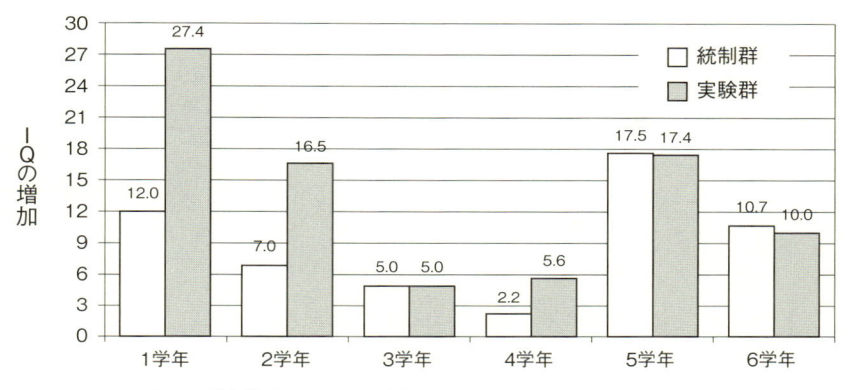

図3-2 教師期待によるIQの増加（Rosenthal & Jacobson, 1968より作成）

である。古城（1995）は，その実験を次のように紹介している。

　彼らは，オーク・スクールに入学予定の幼稚園児と同校の1年～5年を担任する教師に，「"知能の伸びを予測するテスト"を開発したので，子どもたちに実施させてほしい」と偽りの依頼をして，従来の標準的な知能テストを実施した。実際には，"知能の伸びを予測するテスト"などは存在しない。そして，実施した知能テストの結果とは無関係に，1学級につき20％ずつの子どもたちを無作為にリストアップして，「テスト結果から予測すると，ここにリストアップされた子どもたちは将来必ず知能が伸びる」という操作された（根拠のない）情報を担任教師に与えた。

　8ヶ月後に再度同じ知能テストを実施したところ，図3-2のように，リストアップされた児童（実験群）は，残りの80％の児童（統制群）に比べて全体的なIQの伸びを示し，特に，低学年でその傾向が顕著であった。また，教師が評定した知的好奇心についても，高学年を含む多くの学年で，実験群は統制群よりもその程度が強いと評定されていた。

　この現象が教師期待効果と呼ばれるものである。おそらく，教師が実験者から告げられた「この子たちは伸びる」といった操作された情報を信じ込み，その子どもたちに対して相応の期待を持ったことで，結果的に，期待した方向の知的発達が現実のものとなったと考えられている（古城，1995）。

2. 教師期待効果の生起過程

　ローゼンサールらの研究の後，この現象に関する膨大な研究が行われ，この現象がどのようにして生起するのかが次第に明らかになってきた。その生起過程は，①教師が期待を形成する，②期待にそって教師が児童・生徒を処遇する，③児童・生徒が教師の期待を認知する，④期待の認知が動機づけに影響する，という4つのステップから構成されている（古城，1988）。

　第1のステップは「期待の形成」である。教師期待は，児童・生徒の現在および将来の学業成績や一般的な行動についての教師の推測である（Brophy & Good, 1974）。期待は予測や予期と同義であり，「この子は成績がよくなるだろう」という肯定的な（高い）期待もあれば，「悪くなるだろう」という否定的な（低い）期待もある。また，不思議に思われるかもしれないが，「（今の成績と同じで）変わらないだろう」という現状維持の期待もあると考えられている。

　教師は，児童・生徒と初めて対面する前でも，それまでの学業成績や知能・性格に関する情報から，個々の児童・生徒に対する漠然とした期待を抱いていると推測される。そして，彼・彼女らと対面し相互作用を重ねることで，次第にはっきりとした個別の期待を持つようになる。具体的には，彼・彼女らのテストの結果や日常的に観察される行動特性を手がかりにして，個別の期待が維持・修正されると考えられている。古城（1988）によれば，Willis（1972）は，教師の指導に注意を払っているか（注意力），自信があるか（自信），年齢に応じた精神的な成熟をしているか（成熟），および，自主的に学習する能力があるか（自主学習能力）の4つが，教師の期待形成に強く関わっていると指摘している。

　第2のステップは「期待にそった処遇（期待の伝達）」である。期待が形成されると，教師は期待の内容によって児童・生徒に異なる働きかけ（処遇）をするようになる。それは，教師が抱いている期待の内容を推測する手がかりが，児童・生徒に向けて表出（伝達）されるステップとも見なすことができる。

　ブロフィとグッド（Brophy & Good, 1970）は，あらかじめ児童に対する教師の期待を調査しておいて，授業中の教師と児童の相互作用を観察した。その結果，低期待児と比較して，高期待児は正答したときに賞賛を受ける割合が高

かった。また，誤答したときでも叱責されることが少なく，質問が繰り返されたり，ヒントが与えられたりする割合が高かったと報告している。しかし，日本における研究では，ブロフィらの結果を支持する研究報告が少ないことから（古城，1988），このステップには大きな文化差が存在する可能性がある。

　第3のステップは「児童・生徒による教師期待の認知」である。期待の内容による対照的な教師行動が一貫してとられるならば，児童・生徒は教師の期待の内容を容易に読み取ることができるであろう。級友の正答は賞賛されたのに，自分の場合は賞賛されなかったといった状況は決定的である。しかも，児童・生徒は，授業中の教師行動だけでなく，あらゆる場面の行動から教師の期待を推測していると考えられる。

　天根ら（1982）は，さまざまな教師行動を児童・生徒に提示して，それぞれの行動からどの程度（自分が）期待されていると感じるかを回答させた。その結果，児童・生徒は，がんばるとうれしそうな顔をする，発表するとうなずいてくれるといった「承認・激励」の次元，服装に気を配ってくれる，休むと理由を聞いてくれるといった「生活面での配慮」の次元，および，休み時間や放課後に勉強を見てくれる，席まで来て教えてくれるといった「個人的関与」の次元を用いて，教師期待の内容を推測していることが示唆された。

　そして，第4のステップが「期待の認知による動機づけの変化」である。児童・生徒による教師期待の認知は，「やればできる」あるいは「努力は報われる」という信念，すなわち，統制感や効力感といった動機づけの過程に影響を及ぼす。

　古城と大塚（1984）は，教師の高い期待を認知している児童と，低い期待を認知している児童とに分けて，それぞれの児童が感じているスクール・モラール（学習や学校生活への意欲）を比較した。その結果，「学習への意欲」「学校への関心」「級友関係」「教師への態度」などの次元で，教師の高い期待を認知している児童の方がより適応的であったと報告している。すなわち，高期待の児童・生徒は学習や学校生活に対して高く動機づけられているので，それらの努力を継続すると考えられる。一方，低期待の児童・生徒はそれほど動機づけられていないので，努力し続けるのは難しいと考えられる。このような過程を経て，児童・生徒による教師期待の認知は努力量の違いを生み，そして，努力

量の違いが学業達成や社会性の発達に影響を与えると考えられている。

なお，教師期待効果は，どの学級でも同じように生じるわけではない。教師期待効果の生起に影響を及ぼす教師の個人差として，ババッドら (Babad, et al., 1982) は「ゆがんだ情報による影響の受けやすさ」を，古城ら (古城, 1982；古城・原野, 1988) は権威主義傾向をそれぞれ指摘している。歪んだ情報による影響を受けやすい教師や権威主義傾向の高い教師は，自らの期待に固執して，期待にそった方向で対生徒コミュニケーションを行う傾向が強い。したがって，こうした教師が担当する学級においては教師期待効果が生じやすいと考えられている。これらの個人差は，決めつけた判断傾向が強い教師ほど教師期待効果を（自ら）引き起こしているにもかかわらず，「（結果として）自分の予想は正しかった」という主観的経験を繰り返していると推測される。

3．一般的行動における期待効果の生起過程

期待効果は，学業の側面に限定されることなく，広く一般的な行動においても観察されている。大坪 (1994) は，一般的行動における期待効果の生起過程を図3-3のように紹介している。

まず，期待の抱き手 (P) は，行動観察やステレオタイプを手がかりにして「Tは問題児かもしれない」といった期待を形成する。そうすると，「Tをよく観察したり，指名するときの声が低くなったりする」ように言語的・非言語的側面において，期待にそった行動をとるようになる。

次に，期待の対象 (T) は，「Pは陰気で，私のことを勉強が苦手だと思っているから特別な扱いをするんだ」というように，Pの行動の原因をPの性格や自分自身の能力や性格に帰属する。そして，「先生の話なんか聞きたくない。しばらく聞こえないふりでもしておこう」というように，Pの行動に対して返報的な（好意には好意で，悪意には悪意で）反応をする。

Pはそのようなtの反応を，「やはり反抗的な要素があった」というように，初期期待を維持・強化する方向で解釈する。具体的には，期待と一致する反応は選択的に知覚されやすく，また，不一致な反応は外的な要因（たとえば，偶然や何らかの事情など）に帰属されやすいと考えられている。

```
┌─────────────────────────────────────────────────────────────┐
│期    ┌──────────────────┐      ┌──────────────────┐        │
│待    │   【期待の形成】   │      │ Tの反応に対する解釈 │        │
│の    │ 行動観察やステレオタイプによって,│←──│期待と一致する反応を選択的│        │
│抱    │ Tに対する期待が形成される。│      │に知覚する。また,不一致な│        │
│き    │ (初期期待が維持・強化される。)│      │反応は外的な要因に帰属する。│        │
│手           │                                      ↑        │
│(P)          ↓                                      │        │
│に    ┌──────────────────┐                          │        │
│お    │    期待にそった行動    │                          │        │
│け    │ 言語的・非言語的側面において,期待にそった行動をとる。│──┘        │
│る    └──────────────────┘                                  │
│過                                                           │
│程                                                           │
└─────────────────────────────────────────────────────────────┘
┌─────────────────────────────────────────────────────────────┐
│期    ┌──────────────────┐                                  │
│待    │  Pの行動に対する解釈   │                                  │
│の    │ 行動の原因をPの性格や自分自身(能力や性格)に帰属する。│                       │
│対    └──────────────────┘                                  │
│象           │                                                │
│(T)          ↓                                                │
│に    ┌──────────────────┐                                  │
│お    │    解釈に基づく反応    │                                  │
│け    │ 好意には好意で,敵意には敵意で,返報的な反応をとる。│───┐        │
│る    └──────────────────┘                          │        │
│過           │                                      │        │
│程           ↓                                      │        │
│      ┌──────────────────┐                          │        │
│      │   【期待の成就】    │                          │        │
│      │ 自分の反応を手がかりとして,│                          │        │
│      │ 態度を変容・極化させる。│←─────────────────┘        │
│      └──────────────────┘                                  │
└─────────────────────────────────────────────────────────────┘
```

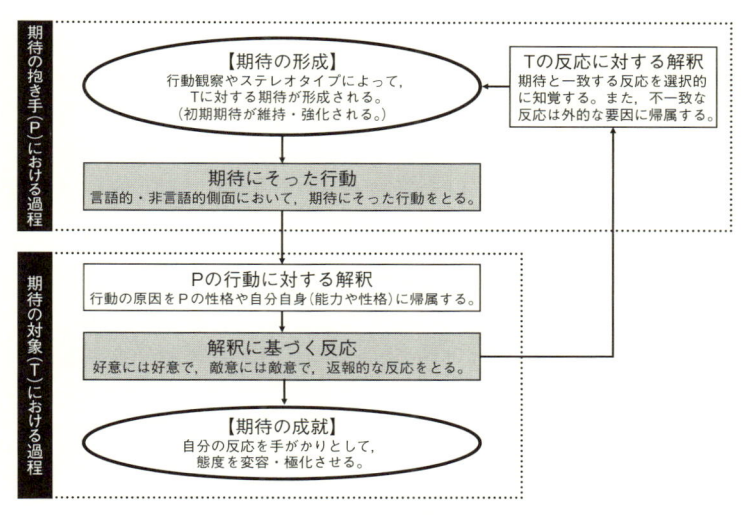

図3-3　一般的行動における期待効果の生起過程（大坪，1994より作成）

　最終的な結果として，「わからないところがあるけど今さら聞けない。いっそぐれてやる」というように，自分の反応を手がかりとして態度を変容・極化させることで，期待が成就すると考えられている。

3　職場の人間関係

1．職場の人間関係の特質

　職場集団は，組織の目的を達成するために形成された集団であり，地位と役割，権限と責任，規則などを定めて運営されている公式的集団（フォーマル・グループ）である。職場の人間関係の特質は，まず，こうした公式的側面の持つ拘束性にある。この特徴は，上役から，やりたくない仕事を命じられたり，苦手な同僚と仕事をしなければならないとき，"業務命令だから"とか，"遊びじゃないから"と自分を納得させようとする点にも現れている。
　しかし，職場集団でも，メンバーの間で相互作用が反復されると，人間関係は仕事上の関係だけにとどまらず，情緒的・人格的な関係へと発展していく。

たとえば，仕事が終わって一緒に食事に行ったり，休日に遊びに出かけるような親しい同僚ができたり，逆に，仕事のことであっても口をききたくない苦手な同僚ができてしまうこともある。このように本来，公式的な性格を持つ職場の人間関係も，次第に非公式的（インフォーマル）な特徴を併せ持つようになっていく。すなわち職務活動を中心とした公式的関係と，情緒的・人格的な非公式的関係が重なり合い，人間関係に2重性が生じるのである。このような職場のインフォーマルな人間関係が，働く人間の行動や生産性に影響することを見出した古典的な研究が，ホーソン研究（Hawthone studies）であった。

メイヨー（Mayo, 1933）らは，電話機を製造していたウェスタン・エレクトリック社のホーソン工場で1927年から1932年にかけて一連の研究を行った。そのうち第3期（1931年〜1932年）の研究では，配電盤巻線作業に携わる14人の男性作業員を対象に，職場の人間関係が業務の遂行にどのような影響を及ぼしているのかを検討した。観察の結果，14人の間には，昼食や休憩時間を一緒に過ごすインフォーマルな集団が2つ形成されていた。しかも，そうした集団の中で，作業員たちは，①怠けてはいけない，②働きすぎてもいけない，③上司に告げ口するな，④役割を笠に着て威張るな，などの規範を作り，お互いに牽制し合っていた（Homans, 1950）。しかもこのとき，会社側は出来高賃金制を導入しており，作業員は生産性を上げれば上げるほど，多くの賃金を得られるようになっていた。にもかかわらず，作業員たちは規範にそって行動し，生産性を抑制していたのである。

ホーソン研究は，職場の人間関係が，時には賃金などの労働条件以上に人間の行動を左右することを明らかにするとともに，ヒューマン・リレーションズ（人間関係論）という新しい研究分野を生み出した。そして人間関係論は，従業員のモラール（職場満足度）や管理監督者のリーダーシップに関する研究を主導するとともに，従業員の提案制度や経営参加，福利厚生の充実など経営管理の発達を促した。

2．職場の集団規範

集団規範とは，メンバーたちに共有された判断や行動の準拠枠であり，メン

バーたちに"すべきこと"や"すべきでないこと"を指し示す。出勤時間を例にとれば，わが国のほとんどの職場で，従業員たちは業務規則に定められた時刻よりも早めに出勤していることだろう。そうした職場では，"従業員は始業時刻の前に余裕を持って出勤しておくべきだ"という集団規範が形成されていることを示している。このような職場の集団規範は，出勤時間だけでなく，仕事の質や量，仕事の進め方，休暇のとり方，礼儀や言葉づかい，時間外のつきあい方など，多岐にわたる。

集団規範は，メンバーたちに集団圧力（group pressure）として働き，規範に同調させようとする。そうした圧力は，多くの場合，暗黙のものだが，メンバーからの直接的な働きかけを伴う場合もある。たとえば，メンバーが規範にそって行動すれば，他のメンバーからほめられたり受容されるが，規範から逸脱した行動をすると，批判されたり無視される。このようにして職場で働く人々は，行動の不自由さや拘束感を多かれ少なかれ感じることになる。

職場の集団規範は，どのようなメカニズムによって形成されるのだろうか。佐々木（1994）は，ある新聞社で働く従業員を対象にして，欠勤に関する規範について質問紙調査を行った。その結果，①仕事が分業化しておらず仕事量の多い職場では，欠勤は他のメンバーの仕事量を増やすのでわずかの欠勤も非難されること，②しかし仕事が分業化しておらず仕事量の少ない職場では，月1～2回の欠勤はむしろ歓迎されること，③仕事が分業化している職場では，代替が効かないので頻繁な欠勤は非難されるが，業務に支障がなければ許容されること，を見出した。この研究は，職場の集団規範の成立には，職場からの要請と従業員たちの欲求を調整するメカニズムが働いていることを示している。すなわち，"これだけの仕事をせよ"という職場の要請と，"できることなら休みたい"という従業員たちの欲求との間で，「どのくらいの休みであれば，両者の要求を最大に満たすのか」という問いに対する集団的な"解"として，欠勤に関する規範が成立するのである。

ところで，職場の集団規範は望ましいものばかりとは限らない。たとえば，会社で安全点検の方法が規則に定められているのに，ほとんどの従業員が規則を守っていないような状況では，大きな事故の発生につながりかねない。そうした規範の計画的変容の技法として，集団決定法がある（Lewin, 1953）。集団

決定法では，①まず対象者による小集団を作り，克服すべき問題点や今後とるべき望ましい行動などについて討議を行う。そして，②討議の最後に各メンバーは自ら実行しようとする行動を自己決定（決意）するのである。集団決定法は，バス会社や造船所などの事故予防に応用され，その有効性が実証されている（三隅・篠原，1967）。

3．職場のリーダーシップ

　職場の人間関係には，垂直的関係と水平的関係が存在している。垂直的関係とは，上司と部下のタテの関係であり，水平的関係とは，同僚や仕事仲間というヨコの関係である。ここでは上司と部下の人間関係について，上司のリーダーシップとその効果の観点から述べる。

　リーダーシップ研究の初期の関心は，「有能なリーダーはどのような特性を備えているか」を明らかにすることであった。知能，学業成績，体格，社交性，責任感などは，そうした特性の例である。しかし，ある職場では望ましいとされたリーダーの特性も，別の職場では必ずしも有効ではないことが次第に明らかになり，はっきりした結果は得られなかった（Stogdill, 1974）。そこで特性論にとってかわるのが，機能論と呼ばれる考え方である。機能論では，リーダーの特性ではなく行動に着目する。そして，「優れたリーダーは集団の中でどのように行動して集団を動かしているのか」という観点から研究が進められる。

　リーダーシップ機能論に基づく理論の1つに，PM理論（三隅，1984）がある。PM理論では，管理監督者のリーダーシップ行動を集団の目標達成を促進するP行動（performanceの頭文字をとってP行動と呼ぶ）と，集団を維持しようとするM行動（maintenanceの頭文字をとってM行動と呼ぶ）に分ける。具体的には，P行動は，"部下に仕事の計画を知らせる"，"仕事上の問題点を検討する"，"新しいアイデアを示す"，"部下に規則に従うように注意する"などの行動である。他方，M行動は，"部下を支持する"，"気まずい雰囲気をときほぐす"，"部下を公平に扱う"などの行動である。

　そしてPM理論では，管理監督者がP行動とM行動を発揮している程度に応じて，PもMも強いPM型（ラージピーエム），Pは強いがMが弱いP型，P

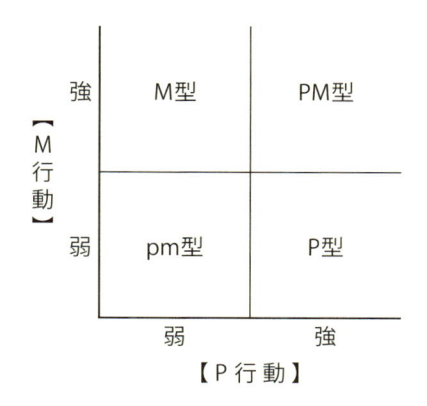

図3-4 リーダーシップPM4類型（三隅, 1984）

は弱いがMが強いM型，PもMも弱いpm型（スモールピーエム）の4つのタイプに類型化する（図3-4参照）。これら4つのタイプの管理監督者が，職場集団のモラール（職場満足度），生産性，事故率，退職率などに与える効果について，これまで数多くの実験や調査が行われてきた。それらの研究結果をまとめると，職場集団への効果は，PM型のリーダーの下で最良であり，pm型のリーダーの下では最も望ましくないことが明らかになっている。

　ここで留意すべきポイントは，PM理論では前述した4つのリーダーのタイプ分けを，上司の自己評価ではなく，部下の上司に対する評価，すなわち部下評価に基づいて行う点である。その理由は，リーダーシップを上司から部下への影響過程としてとらえる立場から，部下たちに，上司の指導行動を問うことによってリーダーシップを測定するのが妥当であると考えるからである。一般に，上司は自分を最も望ましいPM型であると認知する傾向があるが，部下の側はpm型と認知していることが多い。つまり，上司はPM型のリーダーシップを発揮している"つもり"でも，部下はそう見ていないことが多いのである。したがって，管理監督者には，自己評価と部下評価の間にそうしたズレがあることに気づく対人感受性と，ズレを縮小していこうとする努力と行動が要求されることになる。

　そこでPM理論では，管理監督者のリーダーシップの向上を支援するトレー

ニングも開発されている。この訓練に参加する管理監督者は，部下評価（PM調査）に基づいて自分のリーダーシップの課題をつかむとともに，職場で実践する行動計画（アクション・プラン）を作成する。たとえば，"毎朝，5分間ミーティングを開いて，部下たちとその日の仕事の進め方や注意点を確認する"（P行動）とか，"会議で部下たちと話し合うときは，自分の意見を断定的に言わず，まず部下の話に耳を傾ける"（M行動）といった内容である。そして，管理監督者たちは，自ら立案した行動計画を職場で実践し，部下たちの反応や業務上の成果を確かめながら，自己のリーダーシップを向上させていくのである（吉田，2011；吉山，2009）。

4．職場の対人葛藤

職場の人間関係は，業務目標を達成するために形成されているという意味で，すぐれて道具的である。そこでは権限を分業する上司－部下関係と，さまざまな仕事を分業する同僚関係が存在する。さらに組織全体を見ると，職場集団を内包する上位集団（課と部の関係）があり，異なる目標や役割を持つ他部門がある（営業部と製造部など）。このように組織で働く人々は，それぞれの立場や意見，利害を持っており，上司や同僚，あるいは他の職場を相手に業務を遂行していく中で，そうした違いが顕在化していく。したがって，組織で働くほとんどすべての人が，対人的な葛藤を経験することになる。

対人葛藤（interpersonal conflict）とは，他者との間に意見の不一致や利害の対立が存在し，不快や緊張を感じる状態である。職場における対人葛藤の原因は何だろうか。大西（2002）は，企業で働く人々423名を対象に質問紙調査を行った。調査では，回答者に"同じ職場のメンバーを相手に不愉快な思いをしたり，イライラさせられたりした経験"を振り返ってもらい，15項目の中から葛藤の原因をすべて選択するように求めた。その結果，選択率の高かった項目は，「礼儀・言葉遣いに関すること（48％）」「仕事に対する姿勢や努力に関すること（45％）」「性格や価値観に関すること（44％）」「業務の説明の過不足に関すること（41％）」「仕事の成績や進行スピードに関すること（32％）」などであった。この結果は，職場の対人葛藤が，職務上の問題（課題葛藤）だ

けでなく，他者との相性や個人的な折り合い（関係葛藤）からも生じていることを示している。

　一般に，職場の人間関係では，対人葛藤は回避すべきものと考えられがちである。実際，職場で争い事やもめ事が頻発すると，上司と部下，同僚の間のコミュニケーションが悪くなり，仕事に必要な情報が正確に伝わらなくなったり，歪められたりしやすい。そうした状況が続くと仕事に嫌気がさしたり，働く意欲を失ってしまうメンバーも出てくる。こうした点では，たしかに対人葛藤はマイナスである。

　しかし，だからといって業務の遂行上やむをえず生じた対人葛藤まで抑圧しようとすると，①職場のメンバーが閉鎖的になる，②適切な協働作業ができなくなる，③葛藤が起きそうな問題を避けようとする，④職場の目標達成を二の次にする，などのデメリットをもたらす（Blake & Mouton, 1964）。しかも対人葛藤の抑圧は，一時的にはよくても，後で問題をこじらせたり，より困難な問題を引き起こすことが少なくない。

　トーマス（Thomas, 1976）は，対人葛藤はそれ自体が悪いのではなく，それが建設的に働くのか，破壊的に働くのかが問題であるとしている。そして，対人葛藤への建設的な対処は，①自分や他者，その関係性についての理解を深める，②新しい優れたアイデアを生み出す機会となる，③課題や問題点を浮き彫りにし，現状を改善する契機となる，などの利点をもたらすと考えられるのである。

　今日の企業活動では，消費者を惹きつける魅力的な商品の開発や優れたサービスの提案など，創造的な事業展開が求められている。そうした創造性は，メンバー同士の率直な意見交換や討論から生まれるものであり，対人葛藤の積極的な効果を引き出す工夫が必要である。この点について，古川（2010）は，職場で討論を行う際には，「異なる見方や意見を大切にする」「互いのアイデアをもとにして練り上げる」「異論を出す際には，他者に敬意を払う」「互いに学び合う」などの申し合わせを作り，全員で確認しておくことを提案している。こうした工夫は，討論におけるアイデアの創出を刺激するだけでなく，対人葛藤の負の効果を予防する上でも有効であろう。

第1部　人間関係の基本

4 地域社会の人間関係

1．伝統的な近隣関係の特徴

　近隣関係は，住居を中心に展開される人間関係であり，個人と個人，個人と家族，家族と家族など幅広い関係を含んでいる。第2次世界大戦後の高度経済成長によって，かつての村落共同体は姿を消し，近隣関係のあり方も大きく変化した。しかし，伝統的な近隣関係の特徴は，今日でも，農山漁村，古都や旧城下町，都会の下町などに見ることができる。

　末成（1988）は，わが国の伝統的な近隣関係の特徴を，次のようにまとめている。第1に「濃密なつきあい」である。"遠い親戚よりも近くの他人"という諺があるように，隣人はきわめて親密で，頼りになるものとされてきた。隣人同士互いに何でも知っており，気軽に物を貸借し，外出するときは声をかけたり，留守を見張ったりする。第2に「フォーマルな義務的関係」である。きちんとしたあいさつ，義理がたさ，細かな気配りが，近所づきあいの行動様式として期待される。それは，正月など折々のあいさつ，結婚や出産，家の新築といった祝い事での贈答などに見られる。特に葬式では，隣組一同として香典を渡したり，式を手伝ったりする。第3に「他人としての限界」である。"隣人は，結局のところ他人である"という意識が，普段のつきあいで表明されることはまれであるが，潜在的には存在する。

　伝統的な近隣関係が成立する背景には，家制度や同族のつながり，村落共同体としてのまとまりなど独特の社会構造があった。家制度は，財産の継承，家本位の価値観，家長権の強さなどを特徴とする。同族とは，本家を核とした序列であり，労働はもとより日常生活の細かなことまで相互扶助を行った。また，村落社会では，共有地（入会地）や溜め池，河川を共同管理し利用した。農繁期には家相互の労力の交換（ユイ）が行われたほか，冠婚葬祭や年中行事など，日常生活全般にわたって相互の協力・扶助が行われた。

　このように，かつての村落では血縁関係とともに地縁的なつながりも強く，共同体としてのまとまりを持っていた。村落社会は自給自足的な生活単位であり，そこには濃密な人間関係が幾重にもからまっていたのである。

2．ライフスタイルと近隣関係の変化

　わが国は，1960年代から1970年代前半にかけて高度経済成長期を迎えた。産業化・都市化がめざましく進むにつれ，全国規模でダイナミックな人口移動が始まる。京浜，中京，阪神の各工業地帯では巨大都市（メガロポリス）が成立するとともに，地方の中核都市や新産業都市にも人口の流入が進んだ。都市への人口集中は，その近郊へと拡散の一途をたどり，農村をのみ込んでいく。

　人の動きばかりではない。商品の大量生産やマスコミを使った宣伝による消費生活の拡大，モータリゼーションの発達によって，村落の生活も大きく変貌した。商品経済が浸透し自給自足的な生活が崩れ，兼業化していく。農作業も機械化によって肉体労働が軽減される。その結果，村落の近隣関係も，共同体的な性格が薄れてくる。個人主義的な価値観が認められ，消費生活の豊かさが追い求められる。村落社会でさえ，人々のライフスタイルや近隣関係は，次第に都市的なものへと変質していったのである。

　産業化・都市化の波は，人々のライフスタイルや近隣関係のあり方に大きな変化をもたらしたが，林（1988）は，その基本的な特徴を，①密集と混住，②職住分離，③生活の私事化，の3点にまとめている。

　「密集と混住」とは，都市化による人口集中に伴い，職業・出身地・価値観など，多様な人々が，高密度化した住環境の中で生活することである。密集した住環境の中で，住民の個人空間は狭められ，混雑感，窮屈感，圧迫感からくるストレスを伴いやすい。建て込んだアパートや住宅地では，窓を開けるだけで他人の目が入り込む。密集・混住型の生活様式は，プライバシー保護への関心や権利意識の形成を促し，近隣関係に変化をもたらしている。

　「職住分離」とは，職業生活と居住生活の場が切り離されることであり，その背景には，企業・団体で働く給与生活者の増加や交通網の発達などがある。しかも働き盛りの世代の多くは，どうしても会社や仕事を優先する生活にならざるをえず，家庭や地域は，単なる休息の場になりがちである。したがって，給与生活者が多くを占める地域ほど，地域生活に無関心になりがちで活力が失われやすい。

　「生活の私事化」とは，生活全般にわたって近隣関係を必要としなくなり，

個人生活中心になることである。今日，生産や労働の上で近隣の人々と協力を必要とすることは少ない。消費生活においても，近所の個人商店に買い物に行くより，スーパーなどの大規模小売店を利用する傾向が強い。葬式も業者任せですみ，近所の手を必要としない。外食・レジャー産業，カルチャーセンター，学習塾の隆盛など，経済のサービス化は，核家族化ともあいまって近隣住民との相互扶助関係を著しく弱めている。

3．近隣関係に関する意識とその問題

　これまで見てきたように，産業化と都市化の進展は，核家族化ともあいまって，伝統的な血縁・地縁とは異なる社会的関係をもたらした。それは，個人や家族を因習や束縛から開放し，自由で独立した生活を保障した。しかし，その一方，伝統的な共同体的秩序が崩壊する中で，個人や家族は，孤立化へと向かい，近隣住民や地域社会の連帯感も低下していった。こうした状況のもとで，近所づきあいも，人間関係の煩わしさやトラブルを避けたいという気持ちから，没交渉の姿勢や無関心主義になりがちである。

　NHK放送文化研究所（2010）は，1973（昭和48）年から5年ごとに，全国の16歳以上の国民を対象に「日本人の意識」調査を8回実施してきた（各回の回答者は約3,500人）。この調査では，隣近所の人とのつきあいに関して，どのようなつきあいが望ましいと思うかをたずね，①会ったときに，あいさつする程度のつきあい（形式的つきあい），②あまり堅苦しくなく話し合えるようなつきあい（部分的つきあい），③なにかにつけ相談したり，たすけ合えるようなつきあい（全面的つきあい），の3つの選択肢から1つを選ぶように求めている。その結果，最も選択率が高い項目は「部分的つきあい」であり，これは第1回の1973年（50％）から第8回の2008年（54％）までの35年間で微増しているにすぎない。しかし他の選択肢を見ると，「全面的つきあい」を求める人が35％から19％へと減少する一方，「形式的つきあい」を求める人が15％から26％へと増え，両者が逆転している。さらに世代別の分析結果によると，こうした傾向は若い世代ほど強く，濃密な近隣関係になじめなくなっていることを示している。

近所づきあいでの没交渉の姿勢は、隣家であっても、用件は電話や玄関のドア越し、インターホンで済ませ、隣人に出会ってもあいさつすら交わさないという行動にも現れている。子育てに関しても、学習塾や稽古事など、わが子の教育には熱心でも、地域の子供会活動には無関心になりがちである。そうした住民同士の相互作用の乏しさは、地域の活力や教育力の低下を招き、非行や犯罪などの社会病理現象を呼び込みやすくしている。さらには地震や風水害といった自然災害への対応を妨げることになりかねない。

一方、このような没交渉とは対照的に、ひとたび近隣住民の間にトラブルが起こると、自分の権利と被った不利益を主張し、断固として争うケースも少なくない。こうした近隣紛争は、感情的なこじれから訴訟にまで発展したり、時には殺傷事件に結びつく場合もある。近隣紛争の原因は、近所の騒音（生活音）、ゴミ捨て、庭木や垣根の処理、ペットの飼育、生活マナーなどである。このうち近隣騒音の問題は、都会では多かれ少なかれ悩みの種になっている。騒音の音源としては、自家用車、ステレオやクーラー、ピアノ、ペットの鳴き声など多岐に及んでいる（久田・山本，1985）。

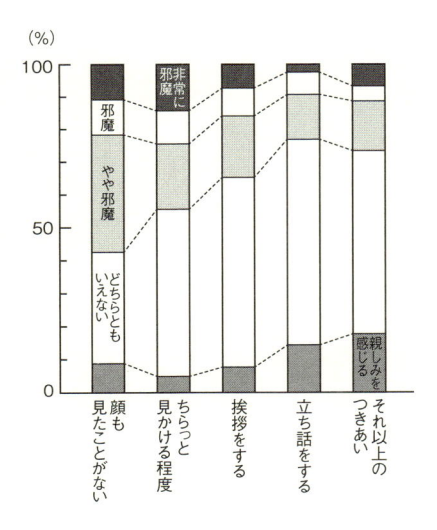

図3-5　邪魔感と音源を知っている程度との関係（山本，1982）

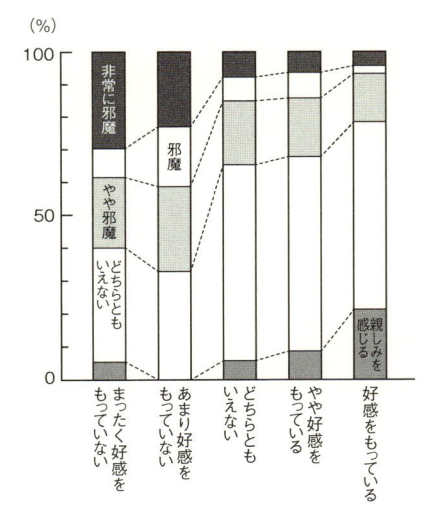

図3-6　邪魔感と音を発する人に対する好感度の関係（山本，1982）

しかし近隣紛争を予防・緩和するためにも，日頃の近所づきあいや，そこから生まれる住民同士の心理的な結びつきが重要なのである。山本（1982）は，隣近所から聞こえる音を邪魔に感じる程度（邪魔感）と，その音源の家との日常のつきあい方・好意度との関係を検討した。その結果，音源の家とつきあいがあり，好意度が高いほど邪魔感は減少していた（図3-5，図3-6参照）。すなわち近隣関係が希薄であると，その家の生活音がより不快に感じられるのである。近隣紛争を予防するには，紛争の種を作らない気配りとともに，普段から近所の人たちとあいさつを交わすことも大切だといえよう。

4. コミュニティ作りの時代

わが国の地域社会には，町内会（自治会）という住民組織があり，住民と行政をつなぐ中間的な組織として，住民同士の相互扶助や課題解決，伝統文化の維持などに一定の役割を果たしてきた。しかし社会経済環境の変化によって地縁的な共同の必要性が減少し，町内会は，防犯・防災・共同募金といった行政の下請機能しか持たなくなった。また町内会は地元出身でない人（よそ者）や居住年数の短い人にはなじみにくい。生活の私事化が進む今日，多くの住民にとって，町内会は煩わしい存在であることも確かであろう。

その一方，近年では，NPO（非営利組織：Non-Profit Organization）やボランティア団体など，特定の目的やテーマを持って活動する新しい地域作りの担い手が登場し，その活動は急速に活発化している。NPOへの関心が高まるきっかけは，1995年の阪神・淡路大震災であった。震災直後，行政機関がほとんど機能しなかった中で，海外で難民支援に取り組んでいたNPOがいち早く災害物資の支援や避難所の運営に乗り出したり，まちづくり団体がそれまで培ってきたネットワークを活かしてボランティアを派遣するなど，先進的な取り組みを行った。こうした活躍からNPO活動を制度面から支援しようという気運が高まり，1999年に特定非営利活動促進法（NPO法）が施行された。これによって任意団体でも，一定の条件を満たせば法人格を取得できるようになり，活動がしやすくなった。法人格を取得したNPO法人は，2013（平成25）年1月末で約47,000団体にのぼる。その活動分野は，「保健・医療・福祉」「まちづくり」

「社会教育」「子どもの健全育成」などが多い。これからの地域づくりでは、町内会が行政とのつながりを活かして地域の情報や活動場所を提供し、NPOが専門性を活かして地域づくりの手法やプログラムを提供するといった形で、両者が協働していくことが期待される。

　内閣府（2007）の平成19年版国民生活白書によると、「あなたはNPOやボランティア、地域の活動などに参加したことがありますか。また、今後参加したいと思いますか」という問いに対して、「現在参加している」人の割合は10％であったが、「今後は参加したい」と回答した人の割合は52％で、「今後も参加したくない」人の38％を上回っていた（回答者は、全国の15歳以上80歳未満の男女3,908人）。この調査結果は、NPOやボランティア、地域活動に対する国民の関心の高まりを示しているが、そうした関心の高まりを具体的な"行動"や"参加"に結びつけていく工夫や方策も必要だろう。

　今日、コミュニティ作りは、時代の要請である。都市部では、"マンションやアパートでは、同じフロアの人たちでも、互いに顔も名前も知らない"といわれるほど、個人の砂粒化、地域社会の空洞化が進んでいる。農山漁村では過疎化と高齢化が同時進行し、存続そのものが困難になった集落も現れている。商店街の活性化、地場産業の育成、医療や福祉、防災、環境保護など、地域が抱える課題は実にさまざまである。地域社会の課題を解決していくには、もはや行政に頼るだけでは十分ではなく、住民たちが自ら考え、地域を外に開かれたものとしつつ、行動していかなければならない。このような背景の下、地域やコミュニティの再生を目指して、全国各地でさまざまな運動や取り組みが展開されている（例．杉万，2006；今村ら，2010；山崎，2012）。その中でも、2011（平成23）年3月11日に発生した東日本大震災からの復興まち作りは、東北の太平洋沿岸地域にとどまらず、わが国全体の課題である。

5．コミュニティと人間関係

　コミュニティ作りは、住民たちが人と人との絆（きずな）を築き上げていく過程でもある。そこでは、住民たちが地域の課題やニーズを共有し、解決に向けて話し合ったり、希望や願いをわかち合いながら、共感と応答を軸とした人

間関係を生み出していくことが期待される。また，問題意識を持った住民たちが主体的に動き始めると，よその地域の人たちとの出会いが生まれることも多い。コミュニティ作りは同じ町の住民票を持つ者だけで進める必要はない。住民ではないがその地域に関心や愛着を持っている人，遠くの地域で同じようなテーマや課題に取り組んでいる人を巻き込めば，思いがけないアイデアや解決策が得られることもある。このようにして生まれる地域社会の人間関係は，テーマを共有しつつ外に開かれているという点で，伝統的な血縁・地縁型の人間関係とは性格を異にするものである。

ところで，山本（1989）は，コミュニティ（community）という概念について，「地域性を基盤とした住民の日常生活の多くの部門にわたる機能的な相互依存体系であり，自発性・積極性・自前主義を原則として展開される日常的なさまざまな活動によって，住民の間に連帯と統合を生む部分社会」と定義している。すなわち，コミュニティという用語には，住民たちが主体的に人と人とのつながり（連帯と統合）を築き上げていく意味合いを含んでいる。

コミュニティの概念が，心理臨床や社会福祉で重視される理由の1つは，住民同士のインフォーマルな人間関係が，心の健康増進に大きな意義を持つことが認識されてきたからである。たとえば，安藤（1985）は，気のおけない友人や仲間との交流は，①日常生活で生じる緊張をときほぐす「息抜き」，②心配事や悩みを聴いてもらうことによる「はげまし」，③自信を持って生活していくための適切な「行動基準の提示」，④身近でありながら適度な距離を持った「ヨコの関係」などの点から，援助的な機能を持つと指摘している。

しかし，住民同士のインフォーマルな人間関係は，コミュニティの心理臨床や福祉活動にとって重要な関係資源（social capital）ではあるが，それだけでは十分ではない。各種の相談機関や社会福祉施設，臨床心理士や社会福祉士などの専門家によるフォーマル（制度的）な支援を組み込んでいくことも重要になってくる。すなわち，ソーシャルサポート・ネットワーク（social support network）の構築である。こうしたコミュニティにおける援助の実際や意義などについては，8章を参照していただきたい。

Appendix 1

教師期待効果―願いは叶えられる？―

* * *

　私たちは，「たとえ初対面の人であったとしても，少しの間，話をしたり様子を見ていたりすれば，その人が親切なのか不親切なのか，明るいのか暗いのか，勉強ができるのかできないのか，なんとなくわかる」と感じている。このような能力は，対人認知と呼ばれているが，私たちの対人認知はどのくらい信頼できるだろうか。

　相手の顔立ち，体型，髪型，服装，話の内容，話し方などを手がかりにして，直接見ることのできない内的な特性（性格や能力など）を推測しているわけなので，時には間違うこともある。ところが，間違った認知をしたときに，現実の方がその間違った認知の方向に変化するという奇妙な現象が報告されている。

　ローゼンサールとヤコブソン（Rosenthal & Jacobson, 1968）は，無作為に選んだ数人の子どもたちについて，その担任の先生に「この子たちは成績が伸びるだろう」という根拠のない予想を信じ込ませたところ，8ヶ月後，他の子どもたちと比べて，その子どもたちの成績がよくなったと報告している。心理学では，「（将来）この人は○○だろう」という予想のことを期待と呼ぶことから，この現象は期待効果（教師期待効果）あるいはピグマリオン効果と呼ばれている（3章2節参照）。

　私たちは，「この人はいい人だろう」という期待に基づき，笑顔で話しかけたら優しい対応が返ってきて，「やっぱりいい人だった」と確信したり，「この人は意地悪な人だろう」と思い込んで，とげとげしく話しかけたら冷たい視線が返ってきて，「やっぱり意地悪だ」と思ったりすることがある。このような場合，予期した通りのことが観察されてはいるが，私たちの認知（期待）は正しかったといえるのだろうか。

　身の回りに親切な人が多い人は，もしかすると，その人自身が親切な反応を引き出しているのかもしれない。私たちの思いは，想像以上に，他者の行動に影響を及ぼしていると考えられている。

第 2 部
人間関係の臨床的問題

Chapter 4　人間関係とストレス

1　現代社会とストレス

1．現代人のストレス

　ストレス社会あるいはストレス過多社会という言葉がしばしば用いられるように，現代人はいろいろなストレスを抱えながら生活をしている。近年の都市化，産業化，核家族化や少子高齢化，高度情報化，経済のグローバル化，競争主義，成果主義などの社会的，経済的な問題が，人々の健康や人間関係のありように色濃く影響を与えている。その結果，ストレス性疾患や心の病，人間関係の歪みなどが，さまざまな世代の人たちに増えてきている。

　家庭では，幼児・児童や高齢者の虐待，引きこもり，ドメスティック・バイオレンス，離婚などが増えている。学校では，不登校やいじめ，学級崩壊，暴力行為，中退などは減少することなく，また生徒指導や保護者からのクレームなどによる教員のメンタルヘルス不調や休職が大きな問題となっている。会社などの職場で働く人たちのうつ病や燃え尽き，職場不適応は一向に減る傾向は見られず，パワハラやセクハラ，過労死も多い。地域社会，特に都市部では，「無縁社会」という言葉が流行ったように地域住民のつながりが失われ，高齢者の孤独死や住居者間のトラブルも増えている。2011年3月の東日本大震災の後，人と人のつながりや絆の大切さが改めて見直され，近隣住民同士が助け合う「ご近助」という動きなどが一部生まれてきてはいるものの（日本経済新聞，2012），全体に家族や地域社会が持つ支え合う力やつながりは弱まっているように見える。

　統計数理研究所の「日本人の国民性」調査（2008年調査）によると，仕事や生活が原因でイライラを感じている20歳代，30歳代の人たちが増加しており，20歳代が63％，30歳代が60％と初めて60％を超えたという。40歳代の57％を含め，1993年から「イライラする」人の割合が増加し続けている（読売新聞，

Chapter 4 人間関係とストレス

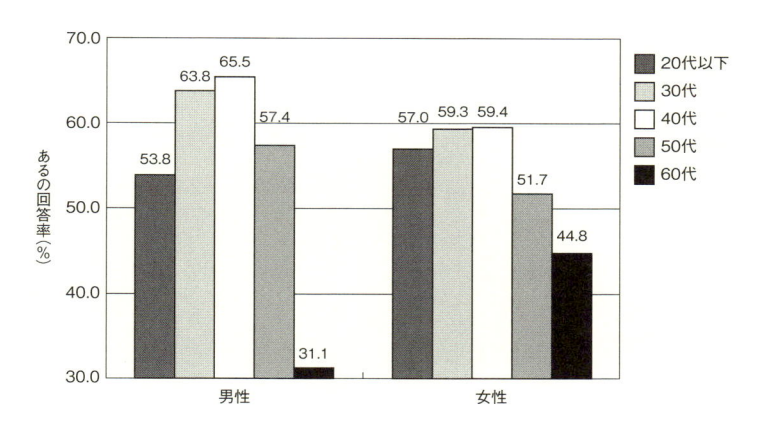

図4-1 男女別，年代別にみた強いストレスを感じる人の割合 (厚生労働省，2007)

2009)。なお，心のよりどころを求める傾向は全世代共通で見られ，一番大切なものに「家族」をあげた人は過去最高の46％であったという。

会社などで働く人たちの約6割が仕事や職業生活において強いストレスや不安を感じ，特に30歳から40歳代の男性にその傾向が強いことが報告されている（図4-1）。ストレスの原因別に見ると，男性では「仕事の質」，女性では「職場の人間関係」が最も多いという。また，業種別に見ると，医療・福祉職（71.5％）と教育職（68.3％）のストレスが最も高くなっている。医師や看護師，教師，介護福祉士など，ヒューマンサービス職（対人援助職）に従事している人たちのストレスが最も強い。

現代のストレス社会を反映して，最近うつ病を中心とした気分障害が増加しており，その受診者数は100万人をゆうに超えている。このうち，うつ病の患者数は約70万人と報告されている（厚生労働省，2013）。ただ，この調査結果はあくまでも医療機関を受診した数であり，未受診者も含めると潜在的にはかなり多くの人がうつ病やうつ状態に苦しんでいると予想される。また，うつ病は大人だけでなく，子どもたちの間にも広がっている。北海道大学の児童精神科の研究グループによる大規模調査によると，小学生や中学生のうつ病と診断された割合は予想以上に高く，中学1年生の割合は大人並みであったと報告されている（朝日新聞，2008）。今日，中高年の働き盛りだけでなく，子どもを

第2部　人間関係の臨床的問題

図4-2　5大疾病と精神疾患患者の増加（読売新聞，2011年7月7日）

含めた幅広い年齢層にうつ病や気分障害，適応障害などが蔓延しているのである。

ちなみに，2011年，厚生労働省は，これまで4大疾病と位置づけて重点的に取り組んできたがん，脳卒中，心臓病，糖尿病に，新たに精神疾患を加えて，5大疾病としたのは記憶に新しい（読売新聞，2011）。うつ病や統合失調症，認知症などの精神疾患の患者数は330万人を超え，従来の4大疾病をはるかに上回っている。これらの5大疾病は，いずれもストレスが大きく関係する病気あるいは生活習慣病といえるものである。このように，今日のストレス社会では健康に問題や不安を抱えている人たちが多く，心身の健康を保ちながら充実した社会生活を送ることは容易ではない。

2．現代社会のさまざまなストレス

普段，私たちはさまざまなストレスにさらされて生活をしている。騒音や暑さ，寒さなどの物理的ストレスから，排気ガスや炭酸ガスなどの化学的ストレス，細菌やウイルスなどの生物学的ストレスなど，生活環境や健康を脅かすストレス源（ストレッサ）は少なくない。しかし，現代社会では家庭や学校や職場の人間関係の問題，過重な仕事，自分の健康問題，進路，受験，就職など，

心理的，社会的ストレスの比重が一層大きくなっており，私たちの心身の健康や適応を脅かす重大なストレッサになっている。

このような心理社会的ストレスは，大別すると①日常生活に大きな衝撃や変化を与える出来事（ライフイベント）と②日常生活の小さなストレスやいらだち事すなわち，日常生活ストレス（デイリー・ハッスルズ）に分けられる。前者は急性ストレス，後者は慢性ストレスと呼ばれることもある。前者には，交通事故や事件，レイプ，災害，テロなどの出来事，配偶者の死，離婚，解雇，転勤・転校などの非日常的な出来事があげられる。後者は，友人・知人とのトラブル，上司との対立，過重な仕事や課題，毎日の残業，長時間通勤，周囲の騒音など，日常生活で生じるいらだち事や負担である。現代社会では，働く人たちに限らず，子どもたちや高齢者まで，何らかの日常的，非日常的なストレスを経験しながら生活を営んでいるのが現状であろう。今日，ストレスと無縁の世界で生活していくことは難しい時代になっている。

ただ，ストレッサがすべて人に悪影響をもたらすとは限らない。人に過度の緊張を引き起こす有害なストレッサは実際に多いが，一方で一定の緊張を与え，個人の成長や発達を促すストレッサのあることも確かである。セリエ（Selye, 1936）は前者をディストレス（distress：有害ストレス），後者をユーストレス（eustress：有益ストレス）と呼んでいる。たとえば，試験や受験，研究発表，スポーツ大会への出場などは人に一定の緊張を引き起こすであろうが，それらを自ら体験し，乗り越えていくことでさまざまな知識や技術，対処スキルなどが向上し，人間として成長・発達していくことも少なくない。ユーストレスは，人の成長や発達にとって欠くことのできない「生活のスパイス」といえるかもしれない。また，同じストレッサ（課題，責任など）であっても，その受け止め方や評価の仕方（Lazarus & Folkman, 1984），個人の資質，支援者の有無によって，ディストレスにもなれば，ユーストレスにもなりうる。

しかし，ディストレスによりストレス状態が続くと，心身にさまざまなストレス反応が現れてくる。たとえば，①身体的ストレス反応（身体的愁訴，抑うつ症状）として，食欲の低下，胃痛，胃のもたれ，頭痛，不眠，過眠，動悸，息切れ，不整脈，めまい，便秘，下痢などの症状，②心理的ストレス反応（神経症的症状，抑うつ症状）として，気分の落ち込み，憂うつ感，興味・関心の

喪失，不安，イライラ感，不機嫌，思考力・集中力の低下，意欲の低下，自責感などの症状が生じてくる。その他，③行動的反応として，口数が少なくなる，表情が暗くなる，反応が遅い，動作が鈍くなる，落ち着きがなくなる，周囲との接触を避ける，ミスが増える，飲酒量が増えるなど，周囲から見て気づきやすい行動の変化も現れたりする。さらに，これらが悪化していくと，うつ病や心身症などのストレス性疾患を発症することもある。いずれにせよ，普段から自分の体調や気分に気を配り，心身の不調やサインに早めに気づくことが大切であろう。また，困難な問題を抱えているときは，家族や友人，信頼できる人に相談したり援助を求めたりすることも有益である。健康を維持しながら充実した生活を営むには，ストレスへの気づきと積極的な対処（コーピング）が欠かせない（4節参照）。

2 ストレスと健康

1．ストレスとは

　ストレスという用語は，現在でも医学や心理学のみならず，日常的にも頻繁に使用され，中には混乱も見られる。実際，日常的には「ストレスがかかっている」というようにイライラや精神的緊張状態の源（刺激）となるものとして，また「これはストレスになる」というようにストレス状態に対して，それら両方の意味に使われている。ストレスに関連した心身の病気，いわゆるストレス関連疾患を理解するには，ストレスの概念の歴史を振り返ってみるのが有益であろう。

　ストレスという用語が一般に普及したのは，セリエ（Selye, 1936）による貢献が大きいといわれる。

　もともとストレスは，英語では以前から一般用語としてあり，強調，重点を意味したり，力学では，歪み，応力，圧力を表現するために使われたりしていた。ストレスを最初に生理・医学分野で使用したのは，キャノン（Cannon, 1935）であるといわれる。キャノンは，寒冷や酸素不足あるいは情動などのストレス（この場合は刺激）が，ホメオスタシス（恒常性）を強く攪乱するよ

表4-1　いろいろなストレッサ(野村, 1994)

物 理 的	温度の変化(寒冷, 暑さ, 冷暖房), 音(騒音など), その他(放射線, 照明, VDT作業など)
化 学 的	薬物, 炭酸ガス, 煤煙, 排気ガス, タバコ, アルコールの飲みすぎ
生物学的	細菌, かび, ウイルス(エイズ, 肝炎など), 花粉症
心 理 的	不安, 緊張, 怒り, 悲しみなど
社 会 的	職場環境, 人間関係, 過重労働, 仕事の責任など

うな生体反応（ストレイン；緊張）を引き起こすというように，外的な負荷が生物内部のシステム全体に影響すると考えた。そして，キャノンは，交感神経－副腎髄質系に関わる反応（危急反応）を強調した。これが，生体内外刺激による全身的反応への関心や，心身相関に関する実証的研究の端緒であった。

　セリエは，当時医学界で主流であった病気や疾病の病因論とは別に「まさしく病気である」症状，すなわちさまざまな病因によって生じる生体に共通した臨床的症状（発熱，胃腸障害，体重減少など）に注目した。そして，ネズミを被験体として実験的に研究し，種々の病因や外傷による共通な徴候として，副腎皮質の肥大，胸腺・リンパ節の萎縮，胃・十二指腸潰瘍を発見した。傷害による特異的反応すなわち直接的な部位の炎症や疾患は，局所適応症候群と呼ばれた。それに対して，傷害から生じ全身の系に及ぶ，傷害の種類に非特異的な反応は，全身（汎）適応症候群（GAS）と呼ばれた。後者が，セリエの言うストレスであり，「体内外から加えられた各種の有害作因に応じて体内に生じた，傷害と防衛の反応の総和」（田多井, 1980）である。そして，ストレス（この場合は反応）を引き起こす原因（刺激）をストレッサと称した。ストレッサとなりえるものの種類については，表4-1にあげた通りである。中でも，高等生物である人間にとっては，精神的（心理社会的）ストレッサが重要である。このように，セリエはストレスとして生理学的な反応や状態に注目した。したがって，たとえば精神的ストレスとは，精神的ストレッサによって引き起こされた生理的ストレス反応や状態のことを指していたのである。しかし，以後，セリエ自身も混同して用いたり，精神的ストレスを精神的なレベルでの反応に使用したりする研究者もいる。

　ところで，いろいろなストレッサが，なぜ，共通の症状を起こすのかについてはいまだ解明されていないが，情動的興奮がそれを媒介するという説もある

(坂部，1992)。また，セリエはストレスの生理的・身体的レベルで共通の症状を重視したが，もしもこれが精神的レベルでも確認されれば，健康心理学や心理臨床にとってストレス対処の観点から意義深い。たとえば「まさしく患者である」という心理的に一般的な症状があるとすれば，それらは患者にとって苦痛を伴うであろうから，当然治療過程でも考慮されねばならない。

あらゆる病気はストレスと何らかの関係があるといえる。そして，精神医学・心身医学や心理学では，特に精神的ストレッサと身体的側面との関係およびストレスの精神的・行動的側面にも関心を示してきた。たとえば，ストレスの身体的側面では心身症や仮面うつ病，精神的側面ではうつ状態や不安障害，行動的側面では不登校，家庭内暴力，校内暴力，自殺などがストレス関連の病理としてとらえられるかもしれない。ここで，ストレス関連の病理の発生機序をまとめておくと，ストレッサによって視床下部－脳下垂体－副腎皮質のホルモン内分泌系や視床下部－自律神経系，および免疫系，そして行動系が混乱をきたしたものであると考えられている（栗原・田所，1992）。

2．心身症

山岡（1986）によると，「心身症とは『身体症状を主とするが，その診断や治療に心理的因子についての配慮が，特に重要な意味をもつ病態』，また，『身体的原因によって発生した疾患でも，その経過に心理的な因子が重要な役割を演じている症例や，一般に神経症とされているものであっても，身体症状を主とする症例は，広義の心身症として扱ったほうが好都合のこともある』（日本心身医学会）」ということである。したがって，まさに精神的ストレスに関わる病理であり，単一の病名ではなく種々の器官に病態として現れる。特に，胃・十二指腸潰瘍は，心身症の代表的な症例であるといわれる。もちろん，セリエも注目したようにこの症状は，さまざまなストレッサで起こりうるが，その発生に心理社会的なストレッサが強く関わっているといわれる。これには，失感情症（自分の情動の認知とそれを表現する能力に欠けている現象），潰瘍性格（勤勉，頑固）など性格との関連も指摘されている。川上（1981）によると，ストレッサによって最終的には，塩酸，ペプシンなどの胃粘膜攻撃因子と，胃壁の

血流量，粘液の分泌量などの防御因子との間にアンバランスが生じたときに発生するようである。その他に，急性循環器疾患（くも膜下出血などの脳血管疾患や狭心症などの虚血性心疾患）による突然死や過労死，そしてガン防御因子としての免疫系機能の低下などもストレスに関わる問題であり，研究が進められている。

3．不安障害，気分障害，行動的不適応

　セリエに従えば，不安，葛藤，欲求不満，コンプレックス，悩みなどはストレスを引き起こす心理的ストレッサである。事実，これらに付随して，心悸亢進，呼吸困難，発汗など身体症状が出現することは，危急反応や全身適応症候群が教える通りである。不安障害，気分障害や過呼吸症候群などは，身体症状が契機となったり，初期の主訴であったりするが，器質的な異常は見当たらない。治療では，心理的ストレッサを取り除くことが焦点となる。ところで，周囲の人間関係や環境がストレッサとなって引き起こされた精神的・情動的歪みの状態もストレスであるとすると，精神的なレベルでもストレスが生じるのかもしれない。このような意味では，対人恐怖症，アパシー（無気力状態），災害や暴行事件など恐怖体験をきっかけとして生じる心的外傷後ストレス障害（Post-Traumatic Stress Disorder：PTSD）なども，ストレス病理といえる。現代社会で問題になってきた不登校，家庭内暴力，テクノストレス症候群，出社拒否，バーンアウト（燃え尽き）症候群，育児ノイローゼ，幼児・児童虐待，さらには病理ではないが事故・ミスの発生にも個人特性と合わせてストレスについての理解が必要とされる．

　ところで，病気や行動的不適応をストレスとの関連からとらえる利点は，どこにあるのであろうか。①病気を疾患や患部だけにとらわれず，患者を全体的に診ること，②病因として心理的因子を常に考慮すること，③治療過程では，患者の個人特性だけでなく，環境や人間関係までを含めること，などがあげられるであろう。

4．ストレスを測る

　セリエのように，ストレスを生理的レベルでとらえるならば，ストレス反応の量的測定が比較的簡単である。しかし，心理的レベルでのストレス反応の数量化いわゆるストレス度を測定しようとすると，客観化しにくいなど種々の困難が伴う。また，ストレッサにしても物理的，生物的ストレッサならまだしも，心理社会的ストレッサの数量化も非常に難しい。これまで，ストレスの測定について，いくつかの研究が行われてきた。たとえば，ホームズとレイ（Holmes & Rahe, 1967）の「社会的再適応尺度」がある。これは，生活を変化させるような重大な事件や出来事（ライフイベント）が起きた場合，もとの生活に戻る

表4-2　社会的再適応評価尺度（LCU得点）(加藤，2008)

ライフイベント	原版	勤労者	大学生	ライフイベント	原版	勤労者	大学生
配偶者の死	100	83	83	子女の離家	29	50	—
離婚	73	72	68	義理の家族とトラブル	29	—	—
夫婦別居	65	67	—	個人的な成功	28	—	39
服役	63	—	—	妻の就職・退職	26	38・40	—
近親者の死	63	73	80	進学・卒業	26	—	—
大きなけがや病気	53	62	69	生活面の変化	25	42	47
結婚	50	50	53	個人的習慣の変化	24	38	48
失業	47	74	—	上司とのトラブル	23	51	56
夫婦の和解	45	—	37	勤務時間・条件の変化	20	55	—
退職・引退	45	44	71	転居	20	47	—
家族の健康の変化	44	59	58	転校（転部）	20	41	(50)
妊娠	40	44	67	余暇の減少・増加	19	37・28	37
性生活の困難	39	49	—	宗教活動の変化	19	—	—
新たな家族の加入	39	47	49	社会活動の変化	18	42	34
勤務先の変化	39	59・59・64	—	1万ドル以下借金	17	51	61
収入減・増	38	58・38	—	睡眠習慣の変化	16	47	51
親友の死	37	60	77	家族団らんの変化	15	41	—
転勤・配置転換	36	58・51	—	食生活の変化	15	37	43
夫婦の口論の変化	35	48	—	長期休暇	13	35	—
1万ドル以上借金	31	61	72	クリスマス	12	—	—
抵当流れ	30	—	—	小さな法律違反	11	41	26
仕事の責任の変化	29	40・60	—	留年	—	—	78

〔注〕原版はホームズとレイ（Holmes & Rahe, 1967），勤労者は夏目ら（1987），大学生は白石ら（1990）を参考に作成した。夏目らの研究では，ホームズとレイの「勤務先の変化」を「吸収合併」・「建て直し」・「会社がかわる」に，「転勤・配置転換」を「人事異動」・「配置転換」に，「1万ドル」を「300万円」・「100万円」に，「仕事の責任の変化」を「昇進・昇格」・「降格」に変えたものである。「—」は該当項目がないことを示している。灰色は，対人ストレッサと考えられるライフイベントである。大学生の基準（LCU得点50点）は「大学入学」である。

にはどのくらいの時間や努力が必要かを，結婚を50として，アメリカの市民に直接その量を評定させている。その原版と日本で調査された評価尺度のLCU得点（Life Change Unit Score）が表4-2（加藤，2008）である。最近1年間でのLCU得点つまり「ストレス値」の合計が300点以上になると80％の人が，150〜300点未満だと50％の人が近い将来何らかの病気（うつや何らかの身体疾患）にかかるという。これを見ると，勤労者と学生とでは幾分異なるものの，アメリカ市民でも日本人でも配偶者や近親者・親友の死，離婚，別居など，愛情や依存の対象である重要な他者を失うという人間関係の喪失体験がストレスフルな出来事であることがわかる。なお，人間関係のストレスの問題については，加藤（2008）が詳しい。

これに対して，ラザルスとコーエン（Lazarus & Cohen, 1977）は，まれにしか起きない急性の重大事件よりも，慢性的でしかも個人的意味や個人の対処法を重視した日常生活ストレス（日常生活の些事により，つねに長期間繰り返され，かつ意識されないうちに経験されるストレスで，煩わしさやいらだち事，すなわちデイリー・ハッスルズ）の概念をストレス理論に取り入れ，尺度化している。

5．ストレスへの対処（コーピング）

現代社会はストレスの時代であるとよく表現されるが，昔よりストレスフルなのであろうか。昔は昔でそれぞれの時代にストレスは存在したであろう。ただし，高学歴化，都市化，産業化，核家族化，情報化，国際化社会の進展の中で，ストレッサの種類や症状が多様になったといえるであろう。また，テンポが速く，多忙な社会では達成にのみ目標が置かれ，そして次の目標が待ち受ける。そこでは，身体や精神がストレス状態にあることに気づく余裕などなくなっており，気づいたとしても競争から遅れることや評価の低下を恐れ，休んだり気分転換をはかることが容易ではなかったりするなど，ストレスに対処できていないのが問題かもしれない。

ところで，なぜ同じストレッサを受けても，病気になる人とならない人に分かれるのであろうか。

第2部　人間関係の臨床的問題

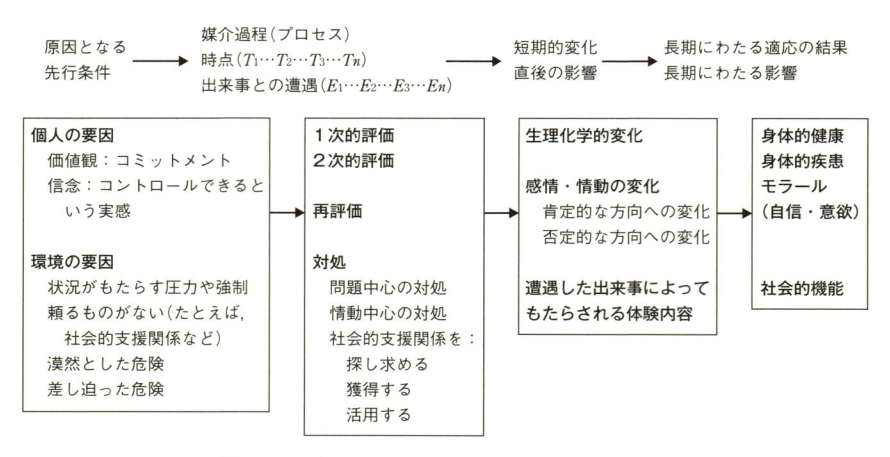

```
原因となる          媒介過程(プロセス)                    短期的変化         長期にわたる適応の結果
先行条件     →     時点(T₁…T₂…T₃…Tn)              直後の影響         長期にわたる影響
                    出来事との遭遇(E₁…E₂…E₃…En)
```

個人の要因	1次的評価	生理化学的変化	身体的健康
価値観：コミットメント	2次的評価		身体的疾患
信念：コントロールできるという実感		感情・情動の変化	モラール
	再評価	肯定的な方向への変化	（自信・意欲）
環境の要因		否定的な方向への変化	
状況がもたらす圧力や強制	対処		社会的機能
頼るものがない（たとえば、社会的支援関係など）	問題中心の対処	遭遇した出来事によってもたらされる体験内容	
漠然とした危険	情動中心の対処		
差し迫った危険	社会的支援関係を：		
	探し求める		
	獲得する		
	活用する		

図4-3　ラザルスらのモデル（Lazarus & Folkman, 1984）

　ストレス発生過程における，このような個人差を説明するモデルとして，ラザルスとフォルクマン（Lazarus & Folkman, 1984）の相互作用モデルがある。ラザルスらによれば，環境からの刺激や要求が個人の有している対処能力や対処資源を越えていると認知されるとき，その個人はストレス状態にあるという。同モデルは，セリエの生物学的視点に加えて，ストレッサに対する個人の評価・認知と対処（コーピング）の仕方を重視している。すなわち，ストレッサが自分にとって脅威であるか否か（1次的評価），また自分の有する資源で対処可能かどうか（2次的評価）という認知的評価，つまりストレッサの受け止め方とそれに対する対処の仕方によって，ストレス反応や健康状態が大きく左右されるというものである（図4-3）。言い換えれば，ストレスとは，反応でもなく，それを引き起こす刺激でもなく，個人と環境との相互作用的な交渉の中で，ストレスフルと認知（評価）された関係性とそれに対抗しようとする一連の意識的な努力（コーピング）の過程なのである。"病は気から"ということわざがあるように，心身の健康においてはストレッサや自分の置かれた状況をどう受け止め，どう感じ取るかという認知的評価が重要な意味を持つのである。逆に，"ピンチはチャンス"といわれるように，状況を肯定的に評価し，自分の有する対処資源で克服していくことが，さらなる自己の成長につながることも意味していよう。

このモデルによれば，対処行動には2種類あり，1つは，ストレスを起こす問題に積極的に立ち向かうことであり，問題中心対処といわれる。もう1つは，注意を他に向ける，考えないことにする，問題がないとして否認する，リラックスに努めるなどの情動中心対処であるという。一般に，情動中心対処よりも問題中心対処の方が効果的であるといわれる（加藤，2008）。それは，ラザルス自身は批判の的にしているポジティブ心理学運動（Petersen，2006 など）の中核的概念といえる首尾一貫感覚（Sense of Coherence）や災害などから立ち直る力レジリエンス（回復力）などと一脈通じるものがあろう。首尾一貫感覚については，終章を参照していただきたい。

ストレス対処行動には，従来から知られている，①休養，②運動，③適量の酒，食事，④自律訓練法などのリラクセーション法，⑤趣味・娯楽，⑥ソーシャル・サポート（4節参照）などがあげられる。自分に合った対処法を，状況に応じてしなやかに用いるとよい。これらの個人的なストレス対処法，すなわちセルフ・コントロールに対して，現在では専門的な援助やサポートも充実されつつある。たとえば，学生相談室や保健管理センターの相談員をはじめ，精神科医，心療内科医，臨床心理士等のカウンセラーなどは有用で専門的な相談相手であろう。

3 対人援助職のバーンアウト

1．バーンアウトとは

高学歴化，高度産業化，高齢化，高度福祉社会にあって，ストレスをかかえ込む人々が増大するにつれて，指導，支え，そして癒してもらいたいという社会的要求がますます強まっている。これは，昨今の商業ベースにのった健康産業の発展やプログラムの開発に顕著に現れている。これらの要求は，従来より教師，医師，看護師，カウンセラー，ソーシャル・ワーカーや各種のセラピストなどに代表される対人援助職が受け止めて援助していた。ところが，1970年代頃から，これらに従事している人々に，仕事そのものに疲れきり，意欲を失ってしまう，すなわちバーンアウト（燃え尽きた）症状が報告されるように

なった。意欲や自信の喪失はうつ病やアパシーでも見られるが，罪悪感よりもクライエント（サービス受容者）に対する怒りや他者への攻撃が顕著な点で異なっている。これが，クライエントへの被害やサービスの質の低下につながれば深刻な問題である。

発症には，対人援助という仕事の構造そのものの困難さが関わっているという。援助するものとされるものの関係が一方的，固定的であり，アンバランスな情緒のエネルギー供給関係があるという。つまり，人にエネルギーをつぎ込みながらも，補充できていない。そして，職業がら共感性や思いやり，暖かさ，献身が要求されるものの，同時に冷静さや客観性も必要であり，クライエントとの距離のとり方が微妙である。なおかつ，自分が関与した効果は直接的には見えにくく，すぐに現れなかったり，結果として死に至ったりするなど，報われない感じを持ちやすい。また，他者に影響を及ぼす立場でありながら，クライエントは意のままにならず思うようにいかない感じを持つ。そして，性格としてはバーンアウトするまでは理想主義的で，まじめで，仕事熱心さが見られるようである。以上，まさに人間関係を主たる職業とする人々の，人間関係によるストレスといった症状を呈している。

バーンアウトの症状は多様であり，その定義もさまざまである。したがってそれらを測定する尺度もいくつかある。中でも，従来の不適応症やうつ病から分離する観点から，パインズ（Pines, 1981）やマスラックとジャクソン（Maslach & Jackson, 1981）の定義が知られている。たとえば，マスラックらによると，「長期間にわたり人に援助する過程で，心的エネルギーがたえず過度に要求された結果，極度の心身の疲労と感情の枯渇を主とする症候群であり，卑下，仕事への嫌悪，思いやりの喪失した状態」で，1つの出来事ではなく，それにいたる過程を重視するものである。いくつかバーンアウトを特徴づける定義があるが，共通点としては①精神的・情緒的消耗，疲弊，抑うつのような不調，②身体的というよりも精神的・行動的徴候に強調点，③仕事に関連した徴候，④精神病などにかかったことのない正常な人，⑤否定的な態度や行動のために効果性や仕事の遂行量が低下する（Maslach & Schaufeli, 1993），などがあげられている。バーンアウトの概念は，今では管理職，警察官，看守，夫婦関係，家族関係，親子関係，障害者や老人介護の領域まで広がっている。日本では，宗像ら（1988）

が医師，看護師，教師について最初に調査を行い，日本でもバーンアウトが存在していること，特に看護師や教師に多いことを報告している。

2．バーンアウトの発生原因

　久保と田尾（1991）は，バーンアウト研究を概観し，その発生原因を詳細に検討している。これによると，まず個人差要因であるが，性格特性と個人属性の要因に分けられる。性格特性では，ひたむきで自己関与の高い人，完璧主義の人，ハーディネス（ストレスに頑健なパーソナリティ）を有していない人，権威主義的な人などがバーンアウトしやすいという。他の個人属性としては，経験不足や教育の程度，年齢，性差などとの関係も指摘されている。宗像ら（1988）は，看護師では20歳代と50歳代，教師では経験年数が2年末満から高率に発生しており，30歳代までが多いという。

　次に，環境要因であるが，役割ストレスと社会的支援（ソーシャルサポート），職場環境が関わっているという。役割ストレスには，役割葛藤と役割のあいまいさというストレッサがある。役割葛藤とは，両立できない仕事上の要求や自分には合わない仕事を課されたことで生じるストレスである。また，役割のあいまいさとは，自己裁量の及ぶ範囲が不明確であったり，目標が不明瞭であったりすることで生じるストレスである。久保と田尾（1991）は，役割ストレスがバーンアウトの重要な規定因である理由として，営利を目的とした一般の会社組織に比べて，対人援助職における仕事が十分に構造化されていないことをあげている。サービスはたしかに守備範囲が広く，クライエントの要求にはきりがないという気持ちを持ちやすく，サービスの提供はこれで十分という規準があるわけでもない。職場の同僚・先輩，上司，クライエント，そして家族などからの社会的支援もバーンアウトの発生に大きく貢献している。たとえば，上野ら（1994a, b, 1996）は，社会的支援とバーンアウトとの関係を検討し，看護師が所有する社会的支援に対する満足度が高いほど，特に，クライエントや上司との関係に満足しているほどバーンアウト症状が緩和されることを報告している。さらに，配偶者もバーンアウト緩和に強く貢献するようである。

　最後に，職場環境では，対人援助職の特徴であるが，慢性的な人手不足があ

り，当然これが従事者の労働過多を生む。さらに，看護師の場合は，夜勤などの交替性勤務や不規則な勤務が加わる。これらもやはり，重大なストレッサである。ただし，これらの知見はほとんど相関研究で得られたものであり，逆にバーンアウトの傾向が高い人ほど，仕事や職場そしてそこでの人間関係に不満を持ちやすいともいえる。したがって，今後，因果関係を考慮した縦断的研究の進展が望まれる。

3．バーンアウトの症状

　バーンアウトの定義や症状については，当初の臨床的な観点から理論的な関心へと研究が移行してきており，測定についてもいくつかの尺度が考案されている。そして，バーンアウトの進行過程についてもいくつかのモデルが提出されている。ここでは，久保と田尾（1994）による，マスラックが整理した症状とバーンアウト尺度（表4-3）を取り上げてみる。

　バーンアウトの中核的な因子といわれるのが，身体も心も疲れはてて，もう何もしたくない，仕事をもうやめたいとまで感じる情緒的消耗感である（項目番号1，7，8，12，16）。次に，クライエントと話したり顔を見るのも嫌になっ

表4-3　マスラックのバーンアウト尺度（久保・田尾，1994より一部改変）

項目番号	質問項目
10	同僚や患者と，何も話したくなくなることがある。
5	同僚や患者の顔を見るのも嫌になることがある。
6	自分の仕事がつまらなく思えて仕方のないことがある。
11	仕事の結果はどうでもよいと思うことがある。
14	今の仕事は，私にとってあまり意味がないと思うことがある。
3	細々と気配りすることが面倒に感じることがある。
13	今の仕事に，心から喜びを感じることがある。
15	仕事が楽しくて，知らないうちに時間がすぎることがある。
9	仕事を終えて，今日は気持ちのよい日だったと思うことがある。
2	我を忘れるほど仕事に熱中することがある。
17	我ながら，仕事をうまくやり終えたと思うことがある。
4	この仕事は私の性分に合っていると思うことがある。
7	1日の仕事が終わると「やっと終わった」と感じることがある。
16	体も気持ちも疲れ果てたと思うことがある。
12	仕事のために心にゆとりがなくなったと感じることがある。
1	「こんな仕事，もうやめたい」と思うことがある。
8	出勤前，職場に出るのが嫌になって，家にいたいと思うことがある。

たりする，クライエントの人間性を尊重できず，ものとして扱うような態度や思いやりを欠いてしまう脱人格化がある（項目3，5，6，10，11，14）。そして，仕事に対して喜びや楽しさが感じられず，やり終えたという感じがないという効力感や意欲の喪失に関わる個人的達成感の低下がある（項目2，4，9，13，15，17）。これらは，マスラックのバーンアウト尺度の3つの下位尺度でもあり，症状の3因子である。

4．バーンアウトの対処法

　宗像ら（1988）は，特に看護師のバーンアウトについて，業務量の多さとその繁雑さ，多様な職種との対人関係，医療産業といわれる病院のタテ社会での権限のなさという看護の特異的な職場環境を指摘し，看護師が確固たる看護理念と看護方針を持ち，権威と責任を明確にすることを提案している。しかし，これは医療社会の根本的問題であり，看護師自身の研究と努力によって，看護の効果を科学的なデータに基づいて明らかにしていき，医療スタッフの中で対等に意見を述べていくことから始めねばなるまい。さらに，宗像ら（1988）は，ストレス状態にある自分に気づくための自己理解とストレスを緩和するための他者理解の必要性についても説いている。対人援助職では人それ自身がストレッサであるため，その環境にあっては自分を守ることが難しいと考えられる。そして，対人援助職は，お互いの言葉や信念，価値観，利害などが異なっていようと相性の悪いパーソナリティを持っていようとも，仕事の性質上，持続的で，人格的，倫理的，情緒的，有機的関わりが要求される矛盾を持った職場であるという。したがって，これを克服するために，さまざまな人との相互理解の体験を積み重ねることによって，コミュニケーション回路のチャンネルを多く持つことを薦めている。このために，教育課程や実践における行動科学や心理学の重要性を認め，クライエントの個性に関心を持ち，その人間性を包括的に心理的，社会的反応から見つめていき，看護や治療にいかすことを説いている。このようにたえず，人間そのものに興味を持ち，心理・身体的レベルで個々人にどのようなケア・処置をすれば，うまくいくのかを考えながら，従事するのが予防的な対処法であろう。

以上は，ストレッサに対抗したり，問題解決をしたりする手段であるが，ストレスを緩和するサポーターを作る方法もある。人間関係の病理は，人間関係で対処するのが最善かもしれない。話を聞いてもらう人を作ることである。職場内にそういう人がいればいうことがないが，職場内の不満や上司や患者の悪口は職場内の上下・同僚関係の悪化にもつながるため，勤務とは切り離された場所にいる人（たとえば，職場外の友人や配偶者）の方がよいかもしれない。
 対人援助職の職場環境もバーンアウトの大きな要因であり，個人的対処のみでは難しい点があるかもしれない。職場への組織的介入を考えるならば，山本ら（1994）と上野ら（2000）の，看護師が求める心理学へのサポート要請についての研究が参考になる。これによると，看護師の多くが，患者の心理や接し方，面接技術についての知識を求めている。ついで，カウンセリングを受けたい，人間関係の改善について知りたい，看護効果の評価について知りたい，話を聞いてもらいたいと訴えているという。このうち，カウンセリングを受けたい，また話を聞いてもらいたい人は，実際サポート・ネットワークに対する満足度が低く，バーンアウト得点が高いという。また，対上司，患者，医師関係で悩む看護師も多いという。したがって，これらへの対処としては，カウンセラーの配置や，心理学と医療・看護共同の研究体制による現場に即した情報の提供，研究形式の研修会などが考えられよう。

4 ストレスとソーシャルサポート

1．ソーシャルサポートとは

 人間はこの世に誕生してから成長，発達し，死を迎えるまで，親やきょうだいをはじめ，親戚，友人，恋人，配偶者，職場の同僚・上司，地域の人たちとつながりを持ち，支え合い，助け合いながら生活を営んでいる。人はまわりの人たちとのつながりや関わりを持たずに生きていくことはできない存在であり，生きるということは，そのまま他者との関係を生きるということでもある。
 このような人と人とのつながり，とりわけ家族や友人など個人にとって重要な他者からの援助が，心身の健康や適応状態に好ましい影響をもたらすことは

経験的に知られている。人が困難な問題や悩みを抱えているとき，まわりの人々からの支援は不安やストレスを軽減し，困難に対処する力や意欲を高めたり，健康の維持，回復を促したりする。日常生活で何か問題や困難が生じたとき，誰からどういう援助が得られるかは，その人がそれまでに築いてきた人間関係の質と量に依存する。人間関係の資源が豊かな人ほど，まわりから多様な援助が得られやすく，ストレス事態への対処も容易になるであろう。このように，個人を取り巻く周囲からの援助や支援が健康や適応に及ぼす影響については，「ソーシャルサポート」というテーマで多くの研究が行われている。

ソーシャルサポート（social support）とは，家族や配偶者，友人，恋人，同僚・上司，専門家など，個人を取り巻くさまざまな他者から提供される心理的，実体的な援助をいう。社会的支援と訳されることもある。ハウス（House, 1981）はソーシャルサポートの機能に注目し，次の4つに分類している。①情緒的サポート（人の悩みや不安に共感を示したり，人を愛したり，世話したりすること），②道具的サポート（仕事を手伝ったり，お金を貸したりなどの直接的な手助け），③情報的サポート（問題の解決に必要な情報や知識を提供すること），および④評価的サポート（個人の仕事や業績に適切な評価を与えること）。また，サラフィーノ（Sarafino, 1994）は，ソーシャルサポートを①情緒的サポート，②尊重（esteem）サポート，③道具的サポート，④情報的サポート，⑤ネットワーク・サポートの5つに分類している。

ソーシャルサポートは多元的な概念である。そのため，①社会的ネットワーク（個人が有する人間関係の広さや密度），②知覚サポート（他者が援助してくれるであろうという期待や予測），および③実行サポート（個人が実際に受けた援助）という3つの観点からとらえられることもある（Barrera, 1986）。したがって，個人が実際に受けた援助だけでなく，援助を受ける側が提供される援助をどのように受け取ったか，感じ取ったかという受け手の認知が，サポートの授受や送り手と受け手との関係において重要な意味を持つことになる。

なお，個人の有するソーシャルサポートの量や質を測定するための尺度は多数開発されている。児童・生徒，大学生，一般成人，高齢者用のソーシャルサポート測定尺度のほか，特定のストレス状況下や危機的状況下における測定尺度（たとえば，入院状況，がん患者向け，慢性疾患患者向け）も考案されてい

る（嶋，2000；福岡，2001など参照）。援助対象者がどのようなサポート関係を有しているか，どこが欠けていて，どのような部分を補わなくてはならないか，また具体的にどのようなサポートニーズがあるかなどを的確に把握するには，ソーシャルサポートの測定や評価が必要である。

2．重要な他者と多様なサポート資源

　人は相互に助け合って生活をしており，まわりから援助を受けるだけでなく，困難な状況にいる他者に対して援助の手を差し伸べる。ソーシャルサポートが提供されたり，受け取られたりするサポートのネットワークは，社会的コンボイと呼ばれており，多層構造をなしている（図4-4）。社会的コンボイとは，母艦や商船が多くの護送船に守られながら進むように，個人がまわりの人たちによって守られ，支えられて生きていることを意味している。図4-4に示される通り，内側の同心円に近づくほど身近で頼りにできる重要な他者（significant other：親，配偶者，きょうだい，親友など）が取り囲み，外側の円になるほど親密度が低くなり，社会的な役割（職場の上司，同僚など）で結ばれるような人物が配置されている。自分のまわりに豊かで安定したネットワークやサポート関係を有している人ほど，ストレス事態や危機にうまく対処していくことができると考えられる。一般に，成人期では個人のネットワーク・サイズは大体一定している。しかし，図のように高齢期になると，ネットワーク・サイズは減少し，サポート基盤が弱くなっていく傾向がある。超高齢社会を迎え，身寄りのない高齢者が増加している今日，その介護ケアの問題も含め，サポート基盤の弱い高齢者を家族や地域，施設，行政がどのように支援していくべきかが大きな課題となっている。

　ところで，個人にとって最も重要な援助者は，親やきょうだい，配偶者，親友，恋人であろう。人はいろいろな相手とつながりを有しているが，それらはすべてが同等に重要ではなく，結びつきや依存度には違いがある。サポート関係の構造として望ましいのは，図4-5のように分布する対人関係を持っていることであろう（水島，2004）。悩みや困難な問題を抱えているとき，信頼できて頼りにできるのは，親や配偶者，親友，恋人など最も親密な関係にある「重

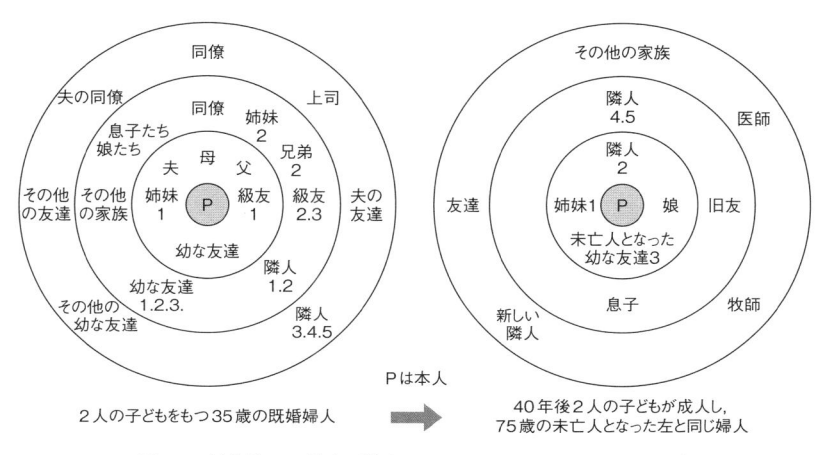

Chapter 4 人間関係とストレス

図4-4 社会的コンボイの例（Kahn & Antonucci, 1980；田中, 1994）

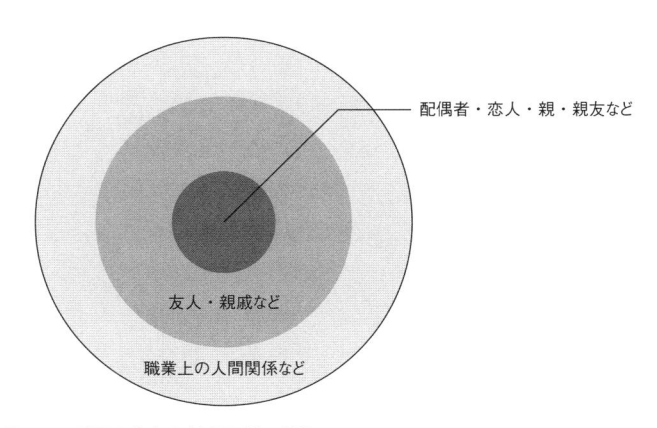

図4-5 重要な他者と対人関係の構造（水島, 2004）

要な他者」である。次に，友人や親戚，そして職場の同僚や上司，隣人などであろう。自分に関わりのある人たちはいずれも大切な人たちであるが，その中でも「重要な他者」は自分に関心を示し，最大限の援助を提供してくれる貴重な存在といえよう。日頃から家族やきょうだい，友人，親戚など身近な人たちとの関わりを大切にして，親密なサポート関係を築いておく必要がある。

専門家や専門機関も有用なサポート資源である。身近な人の援助だけではうまく解決できない問題もあるし，身近に適切な援助者がいない場合もある。そ

のような場合，学校や職場のカウンセラー，精神科医，地域のメンタルクリニック，精神保健福祉センター，いのちの電話などは有用なサポート資源になる。ソーシャルサポートを広義にとらえるならば，人を支えてくれるのは身近な家族や友人，仲間だけとは限らない。亡くなった親や配偶者，祖父母，友人，さらに宗教・神仏，巡礼地，聖地，聖書なども人の心の支えとなることがある。生活をともにする犬や猫などの動物も，人の不安や悲しみ，孤独感を癒す有用な存在といえるであろう。

3．ソーシャルサポートと健康

　人と人とのつながりが個人の寿命（死亡率）や健康状態と深く関わっていることを最初に明らかにしたのは，バークマンとサイム（Berkman & Syme, 1979）である。彼らは，米国人の30歳から69歳までの男女約4,700人を9年間追跡調査し，人間関係のネットワークの広さや質，結婚の有無，家族や友人との接触の度合い，集団への所属の有無などが人の寿命とどのような関係にあるかを調べている。その結果，男女を問わず，どの年齢層でも豊かなネットワークの中で生活している人はそうでない人よりも，死亡率が低く，健康で長生きすることを明らかにしている。

　人と人とのつながりや結びつきが心身の健康や適応状態と深く関連していることは，地域精神医学やコミュニティ心理学でも以前から指摘されている。たとえば，キャプラン（Caplan, 1974）は，人が危機に遭遇したとき，その人を取り巻く家族や友人のサポートが個人を支える上できわめて重要であることや，地域の特性がその地域住民の心の健康状態に大きく影響を与えること，すなわち地域の連帯や結びつき（サポートシステム）の強いところほど，地域住民の精神保健が促進されることを指摘している。そして，ソーシャルサポートの日常的な機能として，①情緒的負担の軽減，②問題の共有，③コーピングのための必要な資源の提供，をあげている。

　これまでのさまざまな研究から，ソーシャルサポートは不安や抑うつ，孤独感，バーンアウト（燃え尽き症候群），職務ストレスを軽減するほか，うつ病や不安障害などの精神疾患，また慢性疾患や虚血性心疾患（心筋梗塞や狭心症），

がんの罹患率および死亡率といった身体疾患，さらに生きがい感や幸福感，QOL（Quality of Life）などに対して，直接，間接にポジティブな影響を及ぼすことが明らかにされてきている（上野，2002；浦，1992）。たとえば，育児ストレスによって起こる妻の産後抑うつに対し夫のサポート（夫婦関係の親密さ）がどのように影響するかを久田ら（Hisata, et al., 1990）が調べている。それによると，育児ストレスが極端に強くないときは夫からのサポートがあるほど，妻の抑うつは緩和されるという。職場の上司や同僚のサポートが働く人の抑うつやバーンアウトを軽減することも示されている（5章5節参照）。また，職務ストレスの強い看護師のバーンアウトに及ぼすソーシャルサポートや職場の人間関係の影響を調べた上野と山本（1996）は，仕事上の問題や悩みが生じたとき，彼女らをサポートしてくれる人間関係にどの程度満足しているか，すなわち，ソーシャルサポートの量よりもむしろ満足度の方が，バーンアウトを緩和ないしは予防することを明らかにしている。また，患者や医師との良好な関係によってバーンアウトが軽減されることも報告している。

　さらに，最近の精神神経免疫学の研究などにより，ソーシャルサポートが健康に及ぼす生理学的，免疫学メカニズムが解明されてきている。泌尿器がん患者の配偶者（当人はもちろんのこと，配偶者のストレスもかなり強い）を対象にした研究（Baron, et al., 1990）によると，情緒的，道具的サポートの多い配偶者ほど，NK細胞の活性レベルなどの高いことが報告されている。つまり，まわりから十分なサポートが得られていると感じている配偶者ほど，免疫機能の低下が抑えられていたのである。

4．ソーシャルサポートのストレス緩和効果

　ソーシャルサポートが不安やストレスを緩和し，健康や適応に好ましい影響を与えるのはなぜか。人は周囲からサポートが得られると予想できる場合はそうでない場合よりも，その出来事（ストレッサ）をストレスフルであるとは評価しにくい。また，ストレッサが心身のストレス反応を引き起こす過程に介入することによって，人をストレッサから守ると考えられる（Cohen & Wills, 1985）。すなわち，ストレスフルな出来事を評価する過程と心身のストレス反

第2部　人間関係の臨床的問題

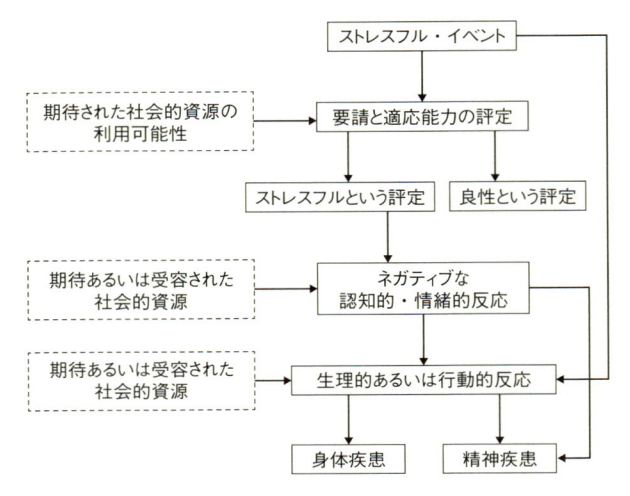

図4-6　ソーシャルサポートがストレスフルな出来事の反応に影響する
　　　　経路（Cohen, et al., 2000）

応が生じる過程にソーシャルサポートが影響を及ぼすのである。ストレスフルな出来事によって発生する反応にソーシャルサポートが影響を及ぼす経路について，コーエンら（Cohen, et al., 2000）は図4-6のように3つのポイントをあげて示している。つまり，ソーシャルサポートはまずストレスフルな出来事の評価と対処能力に肯定的な影響を与え，次にストレッサとなる出来事に対する認知的・情緒的反応を軽減し，さらに出来事に対する生理的反応や不適応行動を軽減・抑制する。その結果，心身の健康状態や適応的行動が保持・増進されるとしている。

　このようなソーシャルサポートのストレス緩衝効果については，2つの考え方がある。すなわち，ストレス緩衝仮説と直接仮説がある。サポートの効果はストレスが低い状況では見られず，ストレスが強いときにその衝撃を緩和するというストレス緩衝仮説と，ストレスの強さに関係なく，サポートは心身の健康に一定の効果をもたらすという直接仮説である。前者は知覚サポートに焦点を当てた研究で多く見出されており，後者は社会的ネットワークを用いた研究で支持される傾向にある。ただし，ストレスが強すぎると，サポートの効果が期待できなくなる場合もある（限定効果）。前述した久田ら（Hisata, et al.,

1990)の育児ストレスによる妻の産後抑うつの研究では，妻の育児ストレスの度合いがかなり強い場合は，夫のサポートの多少にかかわらず緩衝効果は認められなかったという。

このように，一定の限界はあるとしても，ソーシャルサポートは個人の不安やストレスを緩和し，心身の健康や適応，幸福感などにポジティブな影響を与えたり，困難な問題に対処しようとする力を高めたりする働きを有しているのである。

Chapter 5 ▶▶▶ 人間関係の不適応

　現代社会は，変化のスピードの速さ，競争の激しさや格差，人間関係の希薄化，情報過多などによって，非常にストレスの多い社会となっている。また，これまでの長い歴史の中で，人間をはぐくみ育て，活力を養い，人間関係の本質的部分を支えてきた家族も，その機能が弱体化している。さらに，1人1人が他者と向き合い言葉を交わし相互に理解し合う力や，自分とは異なる特性を持つ相手を受容し支え合う力の脆弱化も指摘されている。このような，社会や家族が本来持っていた人間同士支え合う力や個々人の自我の脆弱化によって，今日，人間関係における不適応や臨床的問題は，多様化，深刻化している。
　本章では，このような人間関係の不適応的側面について考えていきたい。まず，1節において，不適応が生じるメカニズム，さまざまな不適応の現れ方とその対応について述べる。2節から5節では，現代社会の人間関係の中で看過できない問題であるひきこもり，いじめ，虐待，抑うつを取り上げ解説する。

1 不適応のとらえ方

1.「適応」と「不適応」

　「適応」とは，不安や不快な生理的，心理的緊張のない状態であり，このような適応的な状態を，人は意識的，無意識的に求めている。人間は，環境や対象を，自分に適合するように変化させていく側面と，環境に自分を適合させるように自分を変化させていく側面を持っている。この2つのプロセスによって，不安や緊張のない状態を保ち，修正し改善していくのである。
　図5-1は，適応と不適応のメカニズムを示したものである。人間が社会生活の中で何らかの障壁にぶつかった場合，それをどのように処理し克服していくかは，パーソナリティ（自我の成熟性・健康度）によって，2つの道に分かれる。

Chapter 5 人間関係の不適応

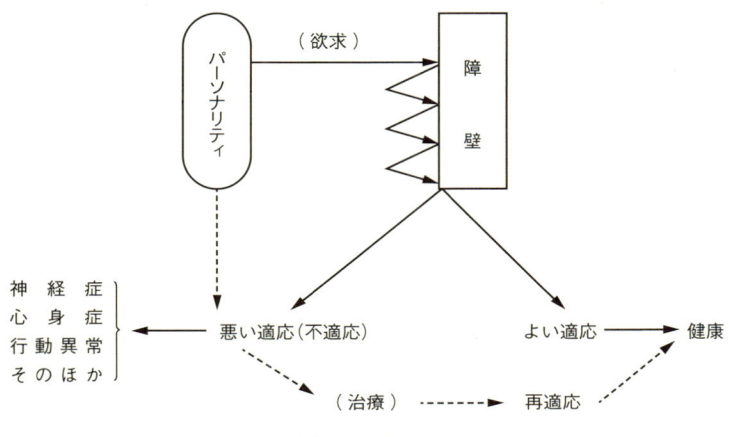

図5-1 適応と不適応 (前田, 1985)

健康なパーソナリティを持つ人であれば，上記の2つのプロセスはうまく進み，適応の状態は保たれる。しかしながら，自我の健康度の低い人々は，適応の失敗，つまり不適応へと進んでしまう。さらに自我の脆弱なパーソナリティの場合には，大した障壁でなくてもさまざまな障害（重篤な不適応状態）に陥ることもある。

2．不適応の心理力動

不適応のメカニズムは，力動臨床心理学の視点から見ると理解しやすい。人間には，身体の内部が刺激されたり興奮すると，「こうしたい」という行動に駆り立てる力，欲求・欲動がある。一方ではこの欲求・欲動に対立したり禁止しようとする力があり，心の中ではさまざまな葛藤が生じる。欲求・欲動に対立して働く力のタイプによって，次のような葛藤がある（小此木・中村，1998）。

① 「そうしてはいけない」「そうするべきではない」という道徳的規範（精神分析学・力動臨床心理学では，これを超自我という）との葛藤
② 「こうなりたい」と望んでいる自己像との葛藤
③ 外的現実，自己をとりまく社会からの要求との葛藤
④ さまざまな内的欲求の間での葛藤

第2部　人間関係の臨床的問題

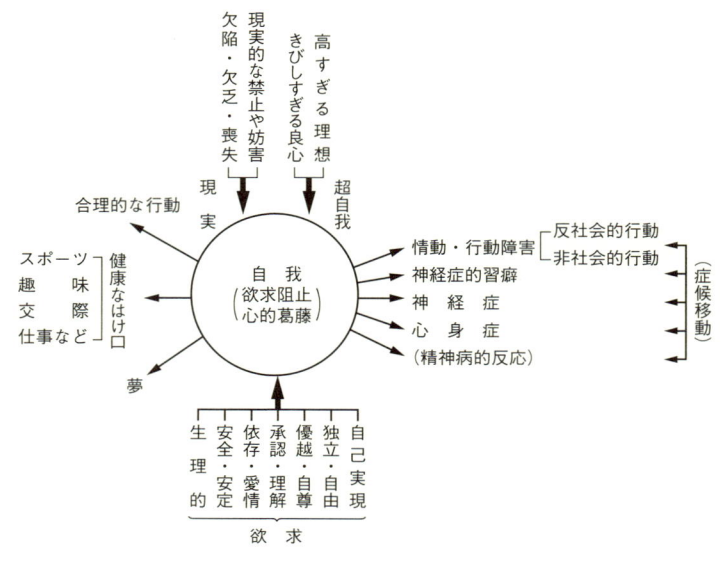

図5-2　心の力学 (前田, 1985)

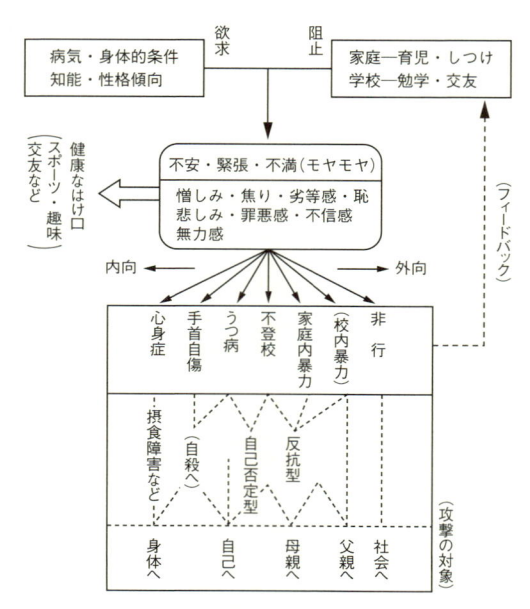

図5-3　青年期の不適応の力動 (前田, 1985)

このような葛藤が生じたときに，心の中でこれらを調整し，コントロールするのが自我である。外的現実，超自我，欲求という心の内部と外部の両方から刺激を受けて生じた欲求不満や葛藤の嵐を鎮め，心の安定を図るために，自我が行う処理の働きを「適応」という。これらがうまく運ぶ場合は，図5-2の左側のような健康的，適応的な行動となって現れる。うまく運ばない場合は，右側のような不適応的な症状や問題行動が現れる。

図5-3に示したように，葛藤の処理がうまく運ばない場合，心に生じた不安や緊張，不満が外側へ向かうと反社会的行動となり，内側へ向かうとひきこもり，抑うつ，自殺などの非社会的行動や心身症・神経症として現れやすい（前田，1985）。

3．適応機制

この欲求不満や葛藤の状況に対応し，適応状態を求める心の働きを適応機制という。直面している問題，フラストレーション状況への対応の仕方，向き合う方向によって，適応機制は次の3つに分類される。

① 攻撃的適応機制：不満を自分の外に向かって発散するもので，乱暴，盗みなど，反社会的な行動をとることが多い。自分の不安や不満の原因を外部に求め，それを攻撃することで安定しようとする。

② 逃避的適応機制：社会的，対人的に逃避し，内に閉じこもるタイプで，無口，孤立，内閉や，依存や甘え，泣く，癇癪を起こすなどの退行的行動も含まれる。発達的に退行し幼児的な行動に戻ることで，一時的な適応を得ようとする。

③ 防衛的適応機制：抑圧，同一化，反動形成，合理化，投影，解離など，精神分析学でいう防衛機制を用いることで，その場の困難から逃れることを試みる適応機制である。たとえば，苦痛な感情や欲求，記憶を意識から閉め出す「抑圧」，幼児期など発達早期の発達段階へ戻ってしまう「退行」，空想や病気へ逃げ込む「逃避」，本心とウラハラなことを言ったりしたりする「反動形成」，いいわけや責任転嫁の「合理化」など，私たちの日常生活でも時々見られる。これらが，時たま用いられるならそれほど問題で

はないが，本人の葛藤や欲求不満への対応の仕方として常に用いられるならば，それは人間関係に問題を生じさせる不適応行動となってしまう。

4．不適応に基づく障害

不適応によって現れる障害を広義の適応障害という。広義の適応障害は多岐にわたっているが，それらは，表5-1のように分類することができる。

不適応の原因や背景には，多くの要因が複雑に影響し合っている。また，心理療法の過程で大きな問題が表面化することも少なくない。したがって，不適応は，次のような側面から多角的に理解することが重要である。

①身体的要因：脳の器質的，機能的障害は，人間の性格や行動にさまざまな問題を引き起こす。特に成長期の子どもの場合，その影響は大きい。それらの1次的障害が，引っ込み思案や依存的性格傾向など，2次的な障害を派生させている場合も少なくない。

②知的要因：知的障害を持つ子どもや成人には，それに対応した配慮が行われないと，不適応的行動を出現させやすい。

表5-1　不適応にもとづく各種の障害（前田，1985）

障害		症状と行動
行動障害	非社会的行動	過度の緊張，上がり，焦燥，不安，恐怖，孤独，無力感，劣等感，閉じこもり，不登校，集中困難，学業不振，放浪，自殺企図，多手術癖，災害癖（事故頻発症）など
	反社会的行動	過度の反抗，かんしゃく，怠学，うそ，攻撃行動，破壊，暴力，盗み，性的問題行動，その他の非行，薬物嗜癖
	習癖	偏食，指しゃぶり，爪かみ，チック，吃音，小児フェティシズム，毛髪抜去癖など
身体的障害	神経症	不安にもとづく自律神経失調症状（不安神経症），転換ヒステリー，森田神経質症，心気症
	心身症	発病や経過に情動的要因が重要な意味をもつ各種の身体疾患。たとえば，神経性皮膚炎，円形脱毛症，慢性じんましん，関節痛，筋痛，斜頸，緊張性頭痛，ぜんそく，呼吸困難，神経性せき，心臓神経症，偏頭痛，嘔気，嘔吐，食欲不振症，胃けいれん，消化性潰瘍，過敏性腸症候群，下痢，便秘，腹痛，食品アレルギー，頻尿，排尿障害，夜尿，月経障害，婦人自律神経症，めまい，耳鳴，眼瞼けいれん，ふるえ，乗物酔い，起立性障害など
心理的障害	神経症	不安神経症，恐怖症，神経症的うつ病（抑うつ神経症），森田神経質症，強迫神経症
	（心因反応）	意識喪失，失踪，夢中遊行，関係妄想などの妄想反応など

③情緒的要因：情緒的な発達の遅れや歪みなどが問題行動の要因となることは多い。
④環境的要因：家族関係，学校や職場での人間関係は，問題行動の形成に直接的な影響を及ぼす。

不適応の要因を発達的に見ると，一般的に幼児期・児童期の成長期においては，環境的要因の影響が大きい。成長するにつれて，特に青年期後期・成人期になると，本人のパーソナリティ（自我の成熟性）要因が大きく作用するようになる。

5．不適応への対応

不適応に基づく障害に対しては，多くの場合，カウンセリング・心理療法が行われる。4.で述べたように不適応には，さまざまな要因が影響し合っているため，その援助の前提として適切なアセスメントが必要である。アセスメントの理論と実践については，6章において詳述する。本節の最後に，不適応への対応の要点について述べておきたい。

①不適応（的行動）の意味を理解すること

私たちは一般に，表5-1にまとめたような障害が現れた場合，表面的・画一的に「問題行動」としてとらえがちである。あるいは親や教師の中には，問題行動の有無のみに注目して，その出現や消退に一喜一憂する人もある。しかし，問題行動の理解のためには，その行動の意味に目を向けることが大切である。多くの場合，不適応の症状や問題行動は，本人なりの問題解決の試みや自己防衛の手段であったり，他の人々の注意を引こうとするサインであったりすることが少なくない。周囲の人間から見れば，非常に困ったものと思われる不適応的行動や症状であっても，本人にとってみれば言葉にならない心の訴えの表出である場合も多い。この心の内面に目を向け，問題解決の方向を探るのがカウンセリング的働きかけである。

②カウンセリングの効果を急がぬこと

これまで述べてきたように，心理的問題はその背景が複雑であり，不適応の状態として出てくるまでに，いろいろな要因が関与し合っている。症

状が一時的に消失しても，その土台となる本人の自我の成熟性，家族関係，学校や職場環境などが改善されなければ，本当の問題の解決とはならない。

③専門機関・学校／職場・家族の協力と連携

　不適応の改善には，本人を取り巻く周囲の人々が同じ方針のもとに協力しなければ，効果は望めない場合が多い。その意味でも，学校／職場と家族，心理臨床家と親や教師の協力は非常に重要である。病理水準の重い精神病やパーソナリティ障害などの場合は精神科医などの医療機関との連携は不可欠であるが，一般的にできるだけ積極的に専門機関に相談することが重要である。

以下の2節から5節では，人間関係の中で見られる不適応について，特に現代社会において大きな社会問題となっているひきこもり，いじめ，虐待，抑うつについて解説する。

2 ひきこもり

　ひきこもりが社会問題化されて久しい。学校や社会に参加しない人々に対して，「甘えている」「楽をしている」という社会からのプレッシャーに加え，なかなか状況が改善されず焦る家族は，孤立し疲弊していく。一方，本人も人間関係を含む社会環境の中でどうしてよいかわからず，自己嫌悪に陥り，悪循環を繰り返すという構図がある。ひきこもりは，その密室性から発見や支援が遅れ，長期化しやすい。

1．ひきこもりの現状

(1) 不登校

①「不登校」の定義

　「ひきこもり」と深い関連が指摘されているのが「不登校」である。子どもが学校に行かないという現象は，戦後の経済発展や都市化が進み始めた1950年代頃から注目され始めた。彼らに対する社会的な見方の変化に伴い，名称も変遷を繰り返している。たとえば，学業意欲の乏しさに依拠する「怠学」，家

庭から離れる不安が強く，学校へ行こうとすると身体症状やパニックに陥る「学校恐怖症」，家庭から離れることは可能であっても学校場面のみを回避・逃避するという「登校拒否」などである。現在の「不登校」は，誰にでも起こりうる現象としてこれらを包括した概念であり，「何らかの心理的，情緒的，身体的あるいは社会的要因・背景により，登校しない，あるいはしたくともできない状況にあるため年間30日以上欠席した者のうち，病気や経済的な理由による者を除いたもの」と定義される。したがって，病気欠席以外の理由で長期欠席している児童生徒は，どのような理由や背景であっても，すべて「不登校」として扱われる（文部科学省，2012）。

②不登校の現状

平成23年度の小中学校における不登校児童生徒数は，117,458人である。中学校の不登校生徒の出現率（全生徒数に占める不登校児童生徒の割合）は，2.6%（38人に1人）であった。また，小学校における不登校児童の出現率は0.3%（303人に1人）であった。前年度から不登校の状態が継続している児童生徒の割合は，中学校で50.9%，小学校で38.3%であった（文部科学省，2012）。このように，不登校は特に中学以降頻繁に見られ，長期化しやすい傾向がある。

③不登校のきっかけ

不登校やひきこもりについては，そのきっかけに注目した調査が行われている。家庭に関わる状況として，「親子関係をめぐる問題」が10.9%，「家庭の生活環境の急激な変化」が5.9%であった。本人に関わる状況として，「不安など情緒的混乱」が26.5%，「無気力」が24.4%であった。学校に関わる状況として，「いじめを除く友人関係」が14.7%，「学業不振」が8.6%であり，「いじめ」は2.0%にすぎない（文部科学省，2012）。この結果は，不登校といじめに関連がないということを示しているわけではない。これらはきっかけであり，実際には「いじめ」も含む複数の背景や要因が複雑に絡み合い長いプロセスを経て不登校へと至っているととらえるべきだろう。

(2) ひきこもり

①「ひきこもり」の定義

「ひきこもり」とは，「様々な要因の結果として社会的参加（義務教育を含む

就学，非常勤職を含む就労，家庭外での交遊など）を回避し，原則的には6ヵ月以上にわたって概ね家庭にとどまり続けている状態を指す現象概念」と定義される（厚生労働省，2010）。このような状態にある人の中には精神障害のある者もいるが，「ひきこもり」は精神医学の概念ではない。あくまでも，対人関係を含む社会との関係において生じる現象の1つを表した言葉である。「ひきこもり」は，1990年代以降不登校児童生徒の急増に伴い，当時はその延長上の問題として注目され始めた。しかし，現在では不登校の延長というとらえ方を超えて，幅広い年齢層で見られる現象であることが知られている。したがって，「ひきこもり」は学校教育の枠内でとらえた「不登校」よりも広い概念としてとらえられている。

②ひきこもりの現状

定義に概ね合致し，対人関係を全く持たない状態の者は男性に多く，23.6万人（0.6％）いると推定されている。一方，定義に「自分の趣味に関する用事の時だけ外出する」という条件を加えた状態の者は46.0万人（1.2％）いると推定されている。このように，ひきこもりといっても程度に違いがあることがわかる（内閣府，2010）。

③ひきこもりのきっかけ

ひきこもりになった年代について，全体の33.9％が10代と答えたのに対し，20代が38.9％，30代は23.7％であった。また，ひきこもりになったきっかけについて，「職場になじめなかった」（23.7％）「就職活動がうまくいかなかった」（20.3％）を合わせると，44.0％が仕事や就職に関するきっかけであった。それに対し，「不登校（小学校・中学校・高校）」（11.9％）や「大学になじめなかった」（6.8％）は合計しても18.7％にすぎない（内閣府，2010）。この結果からも，不登校とひきこもりは深い関連性や連続性が認められるものの，必ずしも不登校がそのまま遷延してひきこもりに移行しているわけではなく，あらゆる年代で起こりうる現象であるととらえるべきであろう。しかし，人間関係を含む社会環境での躓きをきっかけとしているという点では共通している。

2. ひきこもり当事者の意識

　ひきこもりの当事者たちは，自分の状態をどのようにとらえているのだろうか。ひきこもり群と一般群とを比較した結果，小・中学校時代の経験について，ひきこもり群は一般群よりも，「我慢をすることが多かった」「友達にいじめられた」「1人で遊んでいる方が楽しかった」という回答が多く，「友達とよく話した」「親友といた」と答えた者が少なかった。また，家庭での経験については，ひきこり群が一般群よりも，「親が過保護であった」「家族に相談しても役に立たなかった」という回答が多かった。さらに，自身に当てはまるものとして，ひきこもり群は一般群よりも，「家族に申し訳なく思うことが多い」「集団の中に溶け込めない」「生きるのが苦しいと感じることがある」「知り合いにあうことを考えると不安になる」と回答した者が多かった（内閣府，2010）。このように，ひきこもりの当事者の回答からは，「甘えている」「楽をしている」といった言説に反した彼らの苦しい胸の内がうかがえる。彼らは我慢やいじめといった傷つき体験から，根強い対人不信があり，集団や社会に対して不安や恐怖を抱いていると推察される。

3. ひきこもりの心理・社会的背景

(1) 対人関係の不全—共通感覚の欠如—

　携帯やインターネット上での付き合いが常態化する中，現代の子どもたちは，対面で遊ぶ時間が減少している。インターネットによって，友人とのつながりの時間は確保されるが，相手と常につながっていないと「嫌われる」「孤立させられる」といった不安や恐怖を感じている。しかし，一方では「対面すると，相手と親しくなりすぎるから後で困る」という不安も同時に抱えている。このように，つながりはあるが親しく関わることはないという薄い人間関係は子ども同士の共通感覚の揺らぎを生じさせている。不登校やひきこもりの人は，根強い不信感があり，相手と関係も持とうとすることは少ない。ところが，彼らは関係を求めていないわけではなく，むしろふれあいを求めている（高橋，2005）。しかし，相手と共通感覚が持てず，価値観が堅く融通がきかないため，

仲間を作れない。結果として，孤立し集団から撤退してしまう。

(2) 社会からの回避と親への依存

　人間は生まれてすぐは親に依存することなしに生きていくことはできない。しかし，思春期以降は，依存の対象は，親よりもむしろ同世代の仲間へと移行していく。しかし，不登校やひきこもりの場合，多くは父親を回避し，母親への依存を極端に強め，母親の愛情を引き出そうとする（高橋，2005）。ともすれば，「過干渉の母親」と「無関心な父親」という組み合わせが典型といわれているが，そうでなくてもひきこもりは生じるため，原因であるとはいえないし，愛情不足に原因があるわけでもない（斎藤，2002）。むしろ，彼らは人間関係や生活環境からの圧迫を受け，回避すべき人（いじめ加害者，嫌な教師，厳しい上司など）を回避している。この回避はまた危険な目にあうのではないかという不安や恐怖から生じており，社会経験を通して形成されたものである（高橋，2005）。そのような観点から見れば，ひきこもりは明快な逃避とはいえず，「現実から引き下がる」行動であり，自我を守るためにも必ずしも否定的な行動とはいえない（吉川，2010）。失敗してもホームレスにならず，家庭という居場所があることによって彼らが支えられているということも，日本文化独特の背景といえるだろう（斎藤，2007）。

(3) 日常性の崩れと家族システムの機能不全

　不登校やひきこもりの多くは，日常生活が不安定になる。昼夜逆転，家族と生活時間が合わない，着替えないといった反応が生じる。自宅での過ごし方についても，インターネット，テレビ，ゲーム，漫画などで時間を過ごすようになる。無理をして周囲のペースに合わせることに疲れてきた彼らは，他人に気を遣わず自分のペースで過ごすことができるため，一応の満足感は得られる。しかし，ひきこもり状態が長期化するにつれて，現実検討力が低下し，無気力感が強くなる（高橋，2005）。頻度は多くないがオンラインゲーム依存によって日常生活が破壊されることもある（斎藤，2011）。また，気分は安定せず，自分が気にしていることにはこだわり，それ以外については話題にふれないようになる。彼らは社会的な動きに「ついていけない」と感じているが，「なん

とかしなくては」と考えている（高橋，2005）。その気持ちが焦りを生むが，どうしてよいかわからず葛藤した末に自己嫌悪に陥るという悪循環を繰り返す。親も焦りから叱咤激励するが，関わり方によっては有害無益なものとしかならない。このように，ひきこもりに伴う家族システムの機能不全が，ひきこもりの長期化を招く要因となる。

(4) 家庭内暴力―コミュニケーション能力と欲求不満耐性―

　不登校やひきこもりになると，一時的に家庭内暴力をふるうことがある。しかし，決して家庭外で暴力をふるうことはないという二面性が特徴である（斎藤，2002）。彼らは社会では，自己主張することなく，権力者のいうことに従うことで認められようとし，相手から怒りを悟られないよう抑え振る舞う。相手から嫌な思いをさせられるくらいなら，自己主張せず自分の欲求を抑え我慢した方がよいと考える。家庭においても，同じように感情を抑えて振る舞い，親に認められようとするが，親の求めるレベルで認めてもらうためには，かなり無理をしなくてはならない。本人ががんばっても認められない，あるいは否定的な反応がある環境下では，子どもは歪んだ自尊心を抱くようになる。これまで抑え，隠そうとしてきた敵意や怒りは，表面化し衝動的な暴力として噴出する。特に，こだわりが強く社会参加し損なったことに対して被害感を持っている成人の場合，「大切にしてくれない」「親のせいだ」といった認識のもと家庭内暴力をふるう（高橋，2005）。親にしてみれば自己中心的でわがままな行動であり，「素直でいい子」であったはずの子どもの豹変に困惑する。しかし，（暴力をふるわなかったとしても）そこには彼らのコミュニケーション能力（特に相手の感情を理解し，自分の感情を適切な形で伝える力）と，欲求不満耐性（欲求が満たされないときにキレたり暴れたりせず，待つことができるか）の低さという2つの軸の課題が存在する（斎藤，2007）。

(5) 精神障害との関連

　ひきこもりが長期化し，社会生活の再開が困難である事例の多くに，何らかの精神障害との関連の深い障害があることが知られている。ひきこもり自体が何らかの精神障害の症状として表れている場合もある一方，ひきこもりが長期

化することで，精神症状が顕在化する場合もある。ひきこもりを背景とする精神障害として，①適応障害，②不安障害（社交不安障害，全般性不安障害，パニック障害），③気分障害（大うつ病エピソード，あるいはそれに準ずるうつ状態），④強迫性障害，⑤パーソナリティ障害（回避性，依存性，自己愛性，境界性），⑤統合失調症，⑥対人恐怖的な妄想性障害（醜形恐怖，自己臭恐怖，自己視線恐怖）や選択性緘黙などの児童思春期に特有な精神障害，⑦広汎性発達障害，⑧注意欠如・多動性障害，⑨知的障害・学習障害などがあげられる。さらに，各障害によって不眠，社交恐怖，回避，過食，不安，抑うつなど，さまざまな精神症状が見られ，家族が巻き込まれることがある。そのため，本人が行かない場合であっても，家族が相談専門機関に相談し，見立て（アセスメント），支援へとつないでいくことが重要である（厚生労働省，2010）。

4．ひきこもりの支援

(1) ひきこもりの段階評価

　ひきこもりの当事者がどの段階にいるかを評価することは，留意点や対応の選択に大きな影響を与えるため，周囲の大人は知っておく必要がある。ひきこもりは，4つの段階に分けられる（図5-4）。①「準備段階」では，身体症状や精神症状，問題行動といった一般的な症状が目立つが，当事者は修学や就労を続けており，ひきこもりの経過が始まっていることがわかりにくい時期である。②「開始段階」では，いよいよひきこもりが始まり，不安や焦りを伴う動揺や気分の落ち込みが激しい時期である。この時期は，退行し，幼児のように親にしがみつくかと思うと，暴力的な言動を示すといった不安定さが目立つ。③「ひきこもり段階」では，当事者も家族も状況に腹を据えたように見える時期である。家庭外での活動に対しては強い拒否を見せるが，比較的穏やかな日常が過ぎていく。ゲームやインターネットに長時間没頭するのもこの時期である。しばらくすると，コンビニへの買い物など，社会への浅い接近を再開するようになる。一方，気分が安定せず，退行や暴力的言動を見せることもまれではない。④「社会との再会段階」は，ひきこもり状況と社会生活とをつなぐ「中間的・過渡的な時間と場」を利用する機会が求められる。この場で十分かつデリケー

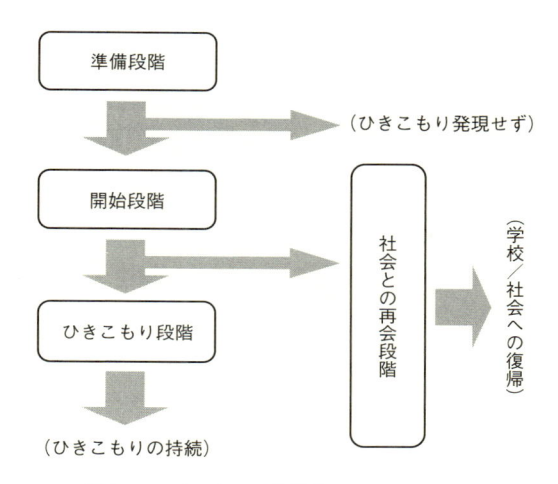

Chapter 5 人間関係の不適応

図5-4 ひきこもりの諸段階 (厚生労働省, 2010)

トに配慮された支援が求められる。この段階を経て当事者は実際の社会活動に復帰するか,あるいは新たな場に向かっていく。しかし,この段階に長くとどまる場合もあれば,そこからひきこもり段階に逆戻りする場合もある(厚生労働省,2010)。このように,ひきこもりの段階や個人の特性ごとに必要な働きかけは異なるため,本人の状態にそった支援が求められる。

(2) ひきこもりの状態評価

ひきこもりは,原因が特定できる問題ではなく,複数の背景や要因が複雑に絡み合って生じる現象であるため,原因の追究は支援のためにはあまり役立た

表5-2 不登校・ひきこもり状態評定表 (田嶌, 2005)

①いつも自室で過ごす
②家族とはほとんど顔を合わせない
③ほとんど自宅で過ごす(食事などの時だけ自室から出る)
④ほとんど自宅で過ごす(しばしば自室から出ている)
⑤学校以外の場所に時々外出する
⑥学校以外の場所にしばしば外出する
⑦時々登校するが,教室に入れない
⑧時々登校するが,教室に入る
⑨時々休むが,ほとんど登校

表5-3 「遊びの形態」チェック（田嶌, 2005）

①遊べない
②室内でひとりだと遊べる（例. テレビゲーム）
③室内で誰かと一緒に遊べる（2人→複数）
④屋外で誰かと一緒に遊べる（2人→複数）
⑤屋外でひとりで遊べる（散歩, 町をブラブラ）
⑥屋外で誰かと一緒に身体遊びができる
⑦ひとりでも遊べる

表5-4 「遊び方」チェック（田嶌, 2005）

①遊べない
②遊びができている
③楽しめている
④気が抜けている
⑤軽口を叩ける

ない。ひきこもりを「なんらかの事情によって元気を失った状態」ととらえた田嶌（2005）は，学校に行く／行かない，社会参加する／しないではなく，「元気になること」や「周囲との関係を育むこと」を支援の目標とした。「本人が元気になる」ために，周囲（家族・学校・職場）とどのような距離が適切かといった視点に立ち，関わり方の検討を行う。そのためには，本人の状態の評価が必要であるが，表5-2はひきこもり状態の回復具合を評価するために用いる。また，「遊べるようになること」を「元気」の指標として，「遊びの形態」（表5-3）や「遊び方」（表5-4）で本人の対人関係や元気の程度，課題を確認する。

(3) 土台となる信頼関係

ひきこもり当事者は相手に対して強い不安，恐怖，不信感を抱いている。そのため，批判や批難されない「安心してひきこもれる関係づくり」を整え，信頼関係を築くことが目的となる。「安心」は放置することではない。むしろ，あいさつや趣味など本人の劣等感から距離のあるところから働きかけることが本人の安心へとつながる。重要なのは上から目線でない「言葉のキャッチボール」である（斎藤, 2011）。このような信頼関係や安心できる環境を土台とし，本人が受け入れ可能な範囲で活動を広げていけるよう働きかけていく。

5．ひきこもりの課題

(1) 家族の高齢化とネットワーク作り

ひきこもりの長期化は，当事者のみならず，同居家族の高齢化という問題を含んでいる。さらに，ひきこもり当事者の中には，生活保護世帯も存在する（内閣府, 2010）。今後，家族のもとではなく，1人でひきこもる世帯の増加が懸

念される。彼らを支える相談機関（居場所，訪問支援，就労支援等）の充実や，支援者もまた孤立させないネットワーク作りが期待される。

(2) ひきこもりに親和性のある若者

ひきこもりではないが，「自分も家や自室に閉じこもりたいと思うことがある」という若者が全国に約155万人（4.0％）存在すると推定されている。対人関係に苦手意識があり女性に多い。うつ傾向，罪悪感・強迫傾向，暴力的傾向が強いのが特徴である（内閣府，2010）。

3 いじめ

1．なくならない「いじめ」

いじめは，「およそ人間が関係を結べば，そこに影のように忍び寄る現象」（森田，2010）といわれるように，どこでも，誰にでも起こりうる現象である。しかし，いじめがわが国で社会問題として注目されたのは1980年代以降のことである。1970年代に注目されていた校内暴力に代わり，いじめに関連した自殺の報道は，社会に大きな衝撃を与えた。いじめが子どもを死に追いやるほど深刻な被害を与えているとは，あまり知られていなかったためである。以降，文部科学省主導による対策が講じられ，統計上の鎮静化を見せつつあるものの，いじめはなくなっていない。数年周期で訪れる「いじめによる自殺」の問題は，社会に大きな衝撃を与え続けている。特に近年は，遊びの延長上にあるようないじめや，携帯電話やインターネットの普及に伴うネットいじめなど，より一層見えにくいものとなっている。

2．「いじめ」という現象―いじめと非いじめの境界線―

「いじめ」とはどのような現象を指し，「喧嘩」とどのように異なるのだろうか。文部科学省（2012）は，「いじめ」を「当該児童生徒が，一定の人間関係のある者から，心理的，物理的な攻撃を受けたことにより，精神的な苦痛を感

じているもの」と定義し，子どもの主観的な苦痛の有無を重視している。また，「同一集団内の相互作用過程において，優位に立つ一方が意識的あるいは集団的に他方に対して精神的・身体的苦痛を与える行為」という集団内の優位性に注目した森田（2010）の定義が知られている。深谷（1996）は，「喧嘩」が子どもの発達過程により生じる社会化されない攻撃性の発揮であるとする一方，「いじめ」は差別心・妬みから生じる利己的な行為であると述べている。村尾（2011）は，「いじめ」は加害者側が絶対負けない安全な場所に身を置き一方的に攻撃を加える行為であり，被害者が絶対に勝てない構図になっているという点で「喧嘩」と異なると指摘している。中井（1997）は「相互性があるかどうか」が「いじめ」を見分ける基準であると述べている。

3．いじめの現状

(1) いじめの認知件数

　文部科学省（2012）によると，2011年度のいじめの認知件数は70,231件であり，前年度（77,630件）と比べて減少している。校種の内訳は，小学校が33,124件，中学校が30,749件，高等学校が6,020件，特別支援学校が338件となっている。学年が上がるにつれ増加し，中学1，2年生でピークを迎え，その後減少していく傾向がある。このように，いじめは中学校という新たな環境への適応や思春期の心と身体のアンバランスなど，ストレスが生じやすい時期に多くなる。注意しておきたいのが，この結果はいじめの実数ではなく学校の認知件数であるという点である。森田（2010）はいじめの被害経験率を13.9％と報告していることからも，この数値は氷山の一角にすぎないと理解した方がよい。

(2) いじめの態様

　いじめ被害のうち「冷やかしやからかい」は65.9％，「軽くぶたれる」は22.3％，「仲間はずれや無視」は19.7％，「金品を隠される」は7.8％，「嫌なことをされる」は7.1％，「ひどく叩かれる」は7.0％，「パソコンや携帯電話等での嫌がらせ」は4.3％であった（文部科学省，2012）。子どもの発達だけでなく，コミュニケーションツールの変化に伴い，いじめの態様も変化していることが

わかる。また，直接的な言葉による攻撃や身体的攻撃だけではなく，「悪い噂を流す」「仲間はずれにする」といった人間関係を操作することで相手に危害を加える関係性攻撃の形態をとるいじめが多いのも特徴である。

4．いじめの特徴

(1) 不均衡な力関係と力の乱用

人間関係の中で，少なからず不均衡な力関係（力とは「他者に対する影響力」を指す）が存在するが，これは異常なことではない。能力，経験，知識，社会階層など，さまざまな力の違いが存在する。しかし，いじめは相手に脆弱性（問題）があるから発生するわけではなく，相手との相互作用の中で相手の脆弱性が作り出されていく過程である。そして，優位に立つ方が相手の脆弱性を利用し劣位に立たせ力を乱用することで，相手を支配していくのである（森田，2010）。

(2) 力関係の流動性

いじめの加害者と被害者の関係は固定的ではなく，立場が入れ替わることがある。すなわち，力の弱い者でも時と所が変わればいじめる側に立つこともあるし，強い者が強いゆえに，標的にされることがある。これは教師でさえも例外ではない。さらに近年は，被害者が妬みや復讐心からインターネットや携帯電話による匿名の書き込みによって，加害者の信用を失墜させることで，現実の力関係を覆すことがより容易となっている。このように，いじめは特別な理由によって生じるのではなく，そのとき，その場の力関係で，流動的かつ状況依存的に発生する（森田，2010）。

(3) 親密な関係性と隠蔽

いじめは親密な関係で生じるという特徴がある。いじめ加害者といじめ被害者の関係は，「よく遊ぶ友達」あるいは「ときどき話す友達」で8割を超えており，いじめが発生する前には仲のよい関係であったことがわかる（森田，2010）。また，いじめ発生後には，被害者は加害者と一緒になっていじめを隠

蔽するようになる。このような関係性が,「遊び」と「いじめ」を見極めにくくさせ,発見しにくい背景となっている。

(4) いじめの4層構造モデル

いじめは加害者と被害者の間だけで生じる現象ではない。図5-5のように,加害者と被害者に加え,直接手は出さないが,おもしろがってはやし立てる「観衆」と,自分には関係ないことだと関わることを避け,無関心を装う「傍観者」に分けられ,学年が上がるほど,傍観者の比率は高まる傾向にある（森田・清水,1986）。傍観者の中から,いじめに否定的な反応を示す「仲裁者」が現れれば,いじめ加害者への抑止力となる。一方,いじめを見て見ぬふりをする傍観者の態度はいじめを促進させることになる。

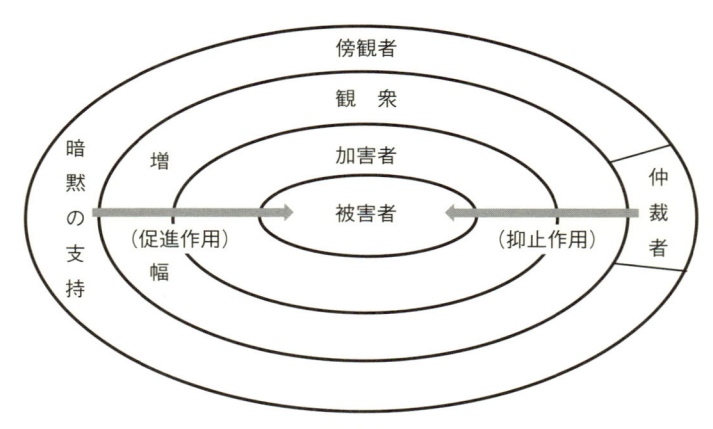

図5-5 いじめの4層構造モデル（森田, 2010）

5. いじめの影響

(1) いじめ被害者の心理

「いじめは,その時その場での効果だけでなく,生涯にわたってその人の行動に影響を与えるもの」（中井, 1997）といわれるほど,被害者に甚大な影響を与える。いじめは,頭痛や目眩,不眠といった身体症状,PTSD（Post-Traumatic Stress Disorder：心的外傷後ストレス障害）をはじめとする不安や

表5-5　いじめに気づくチェックリスト（山脇，2006より一部抜粋）

・学校のノートや教科書を見せたがらない。
・お金の要求が増えた。あるいは親の財布からお金を持ち出す。
・ぼーっとしていることが増えた。何もしていない時間が多い。
・無理に明るく振る舞っているように見える。
・話題に友達の名前が出てこない。
・学校に関する愚痴や不満を言わない。
・寝つきが悪い，悪夢を見ているようで夜中に起きる。
・原因不明の頭痛，腹痛，吐き気，食欲低下，痩せなどの身体症状。
・以前は夢中で楽しんでいたゲームなどをあまりやらなくなった。
・外に出たがらない。外に出た時に周囲を気にしている。
・成績の低下。
・「死」をほのめかすようなメモ，日記。

恐怖といった情緒の乱れ，自尊心の低下，人間不信，不登校といった問題を生じさせる。さらに，孤独感や無力感に抑うつ症状が強まることで最悪の場合自殺に至る危険性がある。特に，近年ではインターネットによるいじめであっても，自傷行為や自殺念慮に強い影響を与えることが知られている（Hay & Meldrum, 2010）。しかし，いじめ被害者はその被害を訴えるどころか，無理に取り繕い隠そうとする。その理由として，①自尊心を守る，②「自分にも悪いところがある」という思い込み，③被害を訴えることでさらに被害が激しくなるのではないかという懸念，④親を心配させたくない気持ち，⑤大人への不信感などがある。いじめは，被害を受けている当事者が隠そうとするだけに，その兆候（表5-5）を親や教師など周囲の大人が気づけるよう注意したい。また，本人が訴えてきたときには，勇気をふりしぼって告白してきたものと理解し，本人の立場に立ち気持ちを受け止めていく姿勢が求められる。

(2) いじめ加害者の心理

「いじめは許されない行為である」ということは，誰でも答えることができる。しかし，誰もが自覚しないままいじめの加害者となる可能性がある。いじめにつながる衝動のきっかけとして，①心理的ストレス，②集団内の異質な者への嫌悪感情，③ねたみや嫉妬感情，④遊び感覚やふざけ意識，⑤いじめの被害者となることへの回避感情などがあげられる（文部科学省，2010）。①～③に見られるように，加害者は家庭や学校における人間関係において，不安や不満，

怒り，妬みといった否定的な感情を経験していることが多い。このような否定的な感情は，誰もが経験したことのある自然な感情である。ところが，いじめはこのような否定的な感情とうまくつきあうことができない場合に，相手の中に問題（脆弱性）を作り，攻撃という未熟な形で発揮される。そのため，「問題は相手にあり，自分は正しいことをしている」（正当化）という認識さえ存在する。いじめたときに，罪悪感が残る者もいるが，爽快感や面白さなど快感情が残る者もいる（尾木，2011）。背景として，加害者の自尊心やコミュニケーション能力の低さといった問題があることが多い。しかし，このことが相手をいじめてよい理由とはならないので，問題を分けて対応する必要がある。

(3) 傍観者の心理

いじめを見て見ぬふりをし，関係を断つ傍観者の態度の背景には，①他者が抱えている問題への無関心さ，②自分が被害者になることへの恐れ，③優勢な力に対する従順さ，④集団への同調志向などがある。このような傍観者的な態度は，かえっていじめている子どもを支持する存在となる（森田，2010）。森田（1990）の調査によれば，いじめの被害の多さは，学級内のいじめ加害者や観衆の人数よりも，傍観者の人数と高い相関があることが示されている。しかし近年は，いじめが発生したクラスでは，傍観者であることすら許されないという。いじめに加担しないという態度を示すことで，次は自らがいじめのターゲットとなる可能性があるためである。そのため，集団への同調志向の高い彼らは，感覚を鈍磨させ，加害者になることでいじめ社会に適応していくのである（山脇，2006）。

次の引用（豊田，1994）は，1986年に起こった「いじめによる自殺」事件（中野富士見中学いじめ自殺事件）発生当時同じクラスにいた岡山君（仮名）が，事件から8年後に受けたインタビュー証言の一部である。傍観者としての当事者の証言から，傍観者もまた加害者の一部となる様子が記されている。

「自分が弱い人間であることを知られるのが，死ぬほどいやだった」
……小学校の時，いじめられていたから，弱いとはっきり位置づけられてはいけない，という意識は強かった。弱い者は絶対に守らねばならない。しかし，弱

い者と同類と思われてはならない。自分のことばかり考えていたら，どこにいても，まわりの目ばかりが気になった。家庭でもすごいストレスがあった。兄貴は成績もよく，スポーツも万能で，バレンタインデーにはチョコレートがどっさり来る。自分は何をやっても，かなわなかった。クラスの中に，閉鎖的なグループがいつのまにか，どんどんできていって，大きく4つぐらいに分かれた。男子，女子ともそれぞれ，いばっている組と，おとなしい組ができた。何かいやで，そこでもストレスを感じた。おとなしい組の人たちは一見，楽しそうに，仲良くやっているが，不安だからいっしょに行動していた。純粋だったが，その一方で，みんながみんな不安だった。……当時，自分を大きく見せること，人になめられないようにすることで，ぼくはすさんでいた。あの時点では，みんなでやったこの行為が，どれだけ彼に心の傷を与えるのか，という意識はなかった。感覚が麻痺していた。

「『葬式ごっこ』八年後の証言」（豊田，1994）

6．ネットいじめ

(1) オンライン上でつながる子どもたち

　携帯電話やインターネットが使えることは，子どもにとっても必須の能力となっている。携帯電話の所有率は小学6年生で24.7％，中学2年生で45.9％，高校2年生で95.9％である。1日の平均メール送受信件数は「10件未満」が小学6年生は74.8％，中学2年生は38.0％，高校2年生は41.3％なのに対し，「50件以上」が小学6年生は2.4％，中学2年生は19.5％，高校2年生では13.9％であった（文部科学省，2009）。また，パソコンのインターネット接続時間も小学生が平均21.6分，中学生が61.2分，高校生が88.2分と同様の傾向を示している（内閣府，2011）。程度に違いはあるが，多くの子どもたちが学校内（リアル）だけでなく，学校外（ネット）においても他者との関係を持ち続けている状況がわかる。「ネットの世界もリアルな世界の延長に過ぎない」（加納，2011）といわれるように，子どもにとって「いじめ」も「ネットいじめ」も切り離すことのできない問題である。

(2) ネットいじめの種類と現状

ネットいじめとは，具体的には①直接相手を中傷する内容のメールを送る，②本人になりすましてインターネット上での活動を行う，③掲示板など誰もが閲覧可能なサイトに相手の名誉を傷つけるコメントを投稿する，④オンラインゲーム上での誹謗・中傷といった行為を指す（文部科学省，2008）。中学生に限った調査（内海，2010）によれば，ネットいじめ加害のみの経験者は8％，いじめ被害のみの経験者は7％，両方経験者は18％であった。したがって，全体の約3割の中学生はネットいじめの経験があることになる。

(3) ネットいじめの特徴

文部科学省（2008）によれば，ネットいじめには①〜④のような特徴がある。①不特定多数の者から，絶え間なく誹謗・中傷が行われ，被害が短期間できわめて深刻なものとなる。②インターネットの持つ匿名性から，安易に誹謗・中傷の書き込みが行われるため，子どもが簡単に被害者にも加害者にもなる。③インターネット上に掲載された個人情報や画像は，情報の加工が容易にできることから，誹謗・中傷の対象として悪用されやすい。また，インターネット上に一度流出した個人情報は，回収することが困難となるとともに，不特定多数の他者からアクセスされる危険性がある。④保護者や教師などの身近な大人が，子どもの携帯電話などの利用の状況を把握することが難しい。また，子どもの利用している掲示板などを詳細に確認することが困難なため，「ネット上のいじめ」の実態の把握が難しいといった特徴がある。

7．いじめの予防と対応

いじめは，人と人が出会う場ならば，どこでも，誰にでも起こりうる現象であるため，いじめをなくすことはきわめて難しい。そのため，いじめが発生してもいかに小さいうちに抑えるか，いかにいじめが発生しないよう予防するかという視点の方が重要である。たとえば，子ども1人1人の意欲・満足感などを測定するQ-U（Questionnaire-Utilities）（河村，2006）や学級風土尺度（伊藤・松井，2001）といった質問紙法と観察法を組み合わせることで，個々の児童生

徒の状態や人間関係，学級雰囲気を把握するのも1つの方法である。また，いじめの背景に歪んだ対人関係の問題があるならば，①アサーション・トレーニング，②ピア・サポート・トレーニング，③ストレスマネジメント教育なども有効だろう。学級集団全体に働きかけていくほうが，特定の数人への介入よりも「仲裁者」をより多く作り出すからである。いじめに限らず子どもの人間関係の問題は，大人の側が一方的に取り去ればよいという問題ではない。子ども1人1人が自分の気持ちに気づき，考え，自分たちの力で問題を解決できるよう支援していくという視点も忘れてはならない。

　一方，いじめが隠蔽され重大化していく背景には，教師同士，教師－保護者関係の希薄化により，援助要請しにくい雰囲気がある。教師でさえいじめの標的とされる中，教師がいじめ問題を1人で抱え込まないような組織のあり方や人間関係の再構築が求められている。大人同士が日常的に対話を積み重ね，信頼関係を築いていくことが，いじめを許さないという風土の基盤となるのである。もしいじめが発見されたならば，「まず安全の確保であり，孤立感の解消であり，二度と孤立させないという大人の責任ある保障の言葉であり，その実行である」(中井，1997)という指針に従い，毅然とした態度でいじめと向き合う姿勢が求められる。

8．いじめと現代社会

　いじめは子どもに限った問題ではない。大人社会でもいじめは少なからず存在する。いじめと似た特徴を持つ社会問題として，①ジェンダー間で生じるセクシャル・ハラスメント，②上司と部下の関係で生じるパワー・ハラスメント，③教員と学生の間で生じるアカデミック・ハラスメント，④夫婦間で生じるドメスティック・バイオレンス，⑤高齢者と介護者の間で生じる高齢者虐待，⑥保護者と子どもの間で生じる児童虐待などがある。このように力を用いた歪んだ人間関係のあり方は，学校といった場に限らず，現代社会の影の問題と関係している。

4 児童虐待

1．虐待の分類

わが国では，子どもの虐待は，身体的虐待，ネグレクト（養育の拒否および放棄），性的虐待，心理的虐待の4つに分類されるのが一般的である。近年では，子どもの心身の健康な発達を妨げる行為をより広くとらえ，「不適切な養育（maltreatment）」という言葉が用いられる傾向がある。以下に，虐待の分類とその内容を詳しく見てみよう。

(1) 身体的虐待

養育者によって身体面に外傷が加えられる行為であり，殴る，蹴る，投げ落とす，激しく揺さぶる，やけどを負わせる，溺れさせる，首を絞める，縄などにより一室に拘束する，などを含む。また，近年では，身体的虐待の特異なタイプとして「代理ミュンヒハウゼン症候群」（養育者が難病の子を看病する気の毒な親だという同情を引くために，子どもに対して作為的に医療を要する状態を捏造する）にも注目が集まっている。

(2) ネグレクト

養育者が子どもにとって必要なケアをせずに養育を放棄・拒否する行為であり，家に閉じ込める，食事を与えない，ひどく不潔にする，自動車の中に放置する，重い病気になっても病院に連れて行かない，などが含まれる。他の虐待が子どもに対して不適切で有害な行為をなすという積極的な加害行動であるのに対し，ネグレクトは，子どもにとって必要で有益な行為をなさないという不作為な行為であることに特徴がある。

(3) 性的虐待

子どもを性的対象として扱う行為であり，子どもへの性的行為，性的行為を見せる，性器を触るまたは触らせる，ポルノグラフィの被写体にする，などが含まれる。加害者のほとんどが男性である。子どもは加害者に秘密を守るよう

要求されることが多く，子どもの罪悪感，孤立感はひときわ大きい。

(4) 心理的虐待

　子どもの心理面に外傷を与える行為で，言葉による脅し，無視，きょうだい間での差別的扱い，子どもの目の前で家族に対して暴力をふるう，などが含まれる。心理的虐待はあらゆる形式の子どもの虐待に伴って発生するものであるため，最も頻度が高い。心的外傷（トラウマ）としていつまでも子どもの心身の発達に有害な作用を及ぼす。

2．虐待の統計

　平成24年に厚生労働省が公表した，平成23年度までの児童虐待相談の対応件数の推移は以下の通りである（図5-6）。この報告によると，全国の児童相談所での児童虐待に関する相談対応件数は，児童虐待防止法施行前の平成11年度に比べ，平成23年度は5.1倍に増加し，過去最多となっている。しかし，実際には，通告されたケースは氷山の一角であり，現実には虐待されている子どもはこの数倍存在すると考えられている。

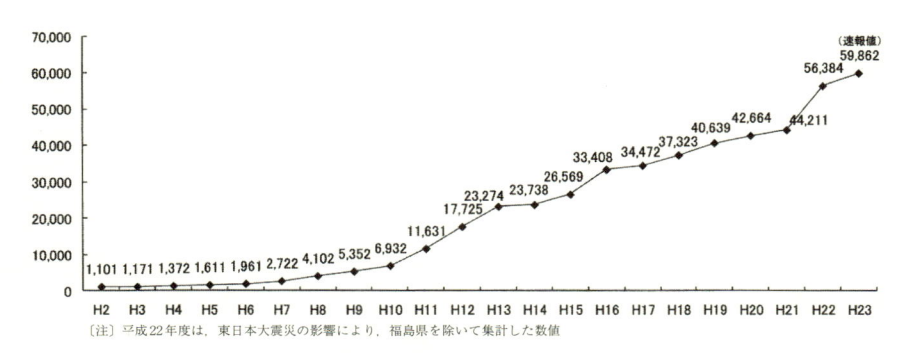

[注] 平成22年度は，東日本大震災の影響により，福島県を除いて集計した数値

図5-6　児童虐待相談の対応件数（厚生労働省，2012）

3．虐待が生じる背景要因

(1) 親の要因

　虐待傾向のある親の特徴として，依存性や受動性が高いこと，衝動性や攻撃性が高いこと，親自身が低年齢であり社会的・情緒的に未成熟であること，子どもの発達についての知識が不足しており，子どもに対する期待が非現実的であることなどがあげられている（西澤，1994）。

　また，虐待のハイリスク要因の1つとしてしばしば指摘されるのが「望まない妊娠あるいは出産」である。花沢（1997）は，妊娠動機の低い妊婦は赤ちゃんに対する接近感情と回避感情とが強く相克している傾向にあることを明らかにし，このような子どもに対する感情の拮抗度の高まりは，親となった際の虐待傾向とつながる可能性を示唆している。

　さらに，近年では，虐待の加害者の要因として，子どもの行動を自己への非難や攻撃と認知してしまう，親の「歪んだ認知」のあり方が注目されている。中谷と中谷（2006）は，虐待行為に影響を及ぼす母親の認知特性は，子どもに対する「否定的認知」（子どもの反抗に対して「つらく感じる」など困惑したり否定的にとらえる側面）ではなく，母親の自尊感情の低さや育児ストレスの高さからもたらされる「被害的認知」（子どもの行動の背後に敵意を感じたり，自分を否定する行為であると被害的にとらえる側面）であることを明らかにしている。そして，親が子どもの行動に対してこのような歪んだ認知スタイルを形成してしまうのは，親自身の自尊感情の低さや貧困な自己イメージ，対象関係上の障害などが関係していると考えられており，その背後に親自身の生育環境上の問題が存在していることも珍しくない。

　子ども時代に虐待を受けた経験のある親が自分自身の子どもに対して虐待を繰り返すリスクが高いという現象を虐待の世代間伝達（transgenerational transmission）という。カウフマンとジグラー（Kaufman & Zigler, 1987）によると，世代を超えて虐待が伝達される割合は30±5％とされている。しかし，一方で子ども時代に虐待を受けたというリスク要因を持ちながら，その70％前後が虐待傾向を示していないことに目を向けることも重要である。親の葛藤に満ちた過去が世代を超えて繰り返されるか否かを決定する要因が何かを明ら

かにすることが、虐待ケースへの適切な介入に役立つと考えられている。

(2) 家庭環境の要因

夫婦間にさまざまな問題や葛藤がある場合、その関係で生じた不満や怒りが子どもに向けられてしまうことがある。また、虐待が生じる家族の特徴として、貧困などの社会経済的な問題を抱えていたり、親族などの拡大家族からの援助が欠如し、社会的に孤立状態であるなど、全般的に家族が不安定で脆弱な状態であることも指摘されている（西澤，1994）。

(3) 子どもの要因

虐待の誘発要因として、子どもが多胎であることや、先天異常、低出生体重児などの医療を必要とする状態で出生するといった子ども側の抱える脆弱性や発達上の問題があげられる。たとえば、被虐待児117例の虐待の背景を分析した諏訪（1995）の研究では、117例のうち低出生体重児が36例、先天異常が10例、双胎が13例あることが確認されている。しかし、子どもの脆弱性やそれに伴うNICU（新生児集中治療室）への入院という事態のみでは虐待のリスク要因とはなりにくいと考えられている。永田ら（2005）は、関係機関との連携が必要であった虐待ハイリスク例20例の検討を行い、妊娠・出産過程での母親の傷つきがケアされていない、子どもに発達のアンバランスさがあり、育てにくい子である、サポート体制が整わないといった複数の要因が重なり合った場合に、虐待のリスクと結びつくことを見出している。

また、これまでの虐待事例の検討では、子どもに知的障害や身体障害があるという報告や、未診断の発達障害が高率に認められること（浅井ら，2002）が指摘されている。しかし、後述するように、虐待行為そのものが子どもの脳の発達や知的発達へ有害な影響を及ぼすと考えられているため、子どもの障害が虐待を引き起こす原因なのか、それとも虐待の結果としてこうした障害が生じるのかという問題があり、虐待と子どもの障害との関係はさまざまな要素を考慮に入れる必要がある。

以上のように、子どもの特徴、親の特徴、夫婦関係のあり方、家族の社会経済的状況、サポート体制など、複数の要因が重なることによって、子どもへの

虐待が生じると考えられている。

4．子どもの発達への影響

(1) 脳の発達・知的発達への影響

　乳幼児期は，神経回路が生後の学習によってどんどん作られていく時期であり，幼児期までに脳は大人とほぼ同じ大きさまで急成長する。そして，それぞれの神経には発達する時期が決まっており，その時期を過ぎると発達が難しくなるという「臨界期」の問題，さらにそれぞれの脳の部位にはダメージを受けやすい年齢があるという「敏感期」の問題が存在する（近藤，2011）。これらの脳の発達の特性を踏まえると，乳幼児期に脳の発達に必要な刺激と栄養が十分に与えられないことや，叩く・揺するといった暴行による直接的な被害を受けることにより，本来の脳の成長が阻害されたり，深刻なダメージを受ける場合があることは容易に想像できるだろう。緒方（2011）は，児童虐待と子どもの知能との関連を実証するため，方法論的に妥当とされる17の先行研究で得られた結果を統計的な手法で統合し，分析を行った。その結果，虐待を受けた子どもの知能はたしかに低く，その程度も決して小さくないことが実証的に示されている。

(2) 心理的発達への影響

　奥山（2000）は，不適切な養育を受けた子どもが持つ発達への心理的な影響について表5-6のようにまとめている。
　虐待を受けた子どもは虐待環境という歪んだ病理的な環境に適応した結果，さまざまな問題行動や性格傾向を発達させると考えられている。ここでは，子

表5-6　不適切な養育(虐待)による発達への影響　（奥山，2000より改変）

	ネグレクト	身体的虐待	性的虐待	心理的虐待
発達への影響	愛着関係の欠乏・歪み 基本的信頼の欠乏 受容されている感覚の欠乏 万能感の欠乏 発達刺激の欠乏 構造の欠乏・歪み	外傷体験 信頼感の低下 罪悪感による自尊感情の低下 事情と暴力の混同 暴力による解決方法の学習	外傷体験 愛情と性の混同 受容できない現実 秘密を守る負担 「汚い」という自己認識 身体への過度の関心	自己否定 外傷体験 信頼感の欠乏 善悪の混乱

どもの心理的発達への影響を主に4つの観点からまとめてみよう。

①心的外傷

虐待的行為を受けること，虐待環境で育つことは子どもの心に大きなトラウマを残す。特に，虐待による心的外傷は関係性トラウマ（relationl trauma）とも呼ばれ，これは養育者との信頼関係における児童の心身の傷つきのことを指している。事故や災害などの不幸な出来事と遭遇して受けるトラウマとは本質的に異なり，根源的なトラウマは身体的危害や危機が，信頼する養育者により加えられるという理不尽さにあると考えられている（渡辺，2008）。トラウマが適切な治療を受けないまま放置されると，心的外傷後ストレス障害（Post-Traumatic Stress Disorder：PTSD）の症状を呈すこともめずらしくない。

②愛着障害

愛着（attachment）とは，ボウルビイ（Bowlby, 1969/1982, 1973, 1980）が提唱した概念であり，養育的な役割をとる特定の対象と子どもとの間の情緒的結びつきのことである。養育者が自分の要求に対して適切に対応してくれることで，子どもは不安や緊張を緩和させ，安全・安心感を積み重ねる。そして，この安全・安心感の感覚が，自分はそのように大切にされる（愛されるに足る）対象であるという自己の感覚を発達させていく（数井，2005）。しかし，虐待環境で育った子どもは，親への接近が安心感の回復に結びつかず，親との愛着は欠如しているか歪んだ形で形成されている。たとえば，虐待を受けた子どもには，特に大人に対して誰彼なくベタベタと甘える傾向が見られることがある。しかし，一見強い愛着を示していたかのように見えた子どもが，大人の子どもへの軽い行動制限などを機に，その大人との関係を完全に断ち，その大人から急激に遠ざかってしまう（ディタッチメント）という姿が見られることもめずらしくない。これらはどちらも虐待環境での自分の安全を確保するための適応的行動とも考えられる。つまり，なじみのない大人に出会うととりあえず「強い愛着」を示すことは，その大人から攻撃を受ける可能性を最大限にとどめる効果がある。一方，大人がしつけ的な行動に出ることは，しつけがエスカレートした形で虐待行為を受けていた子どもにとって，攻撃にさらされる警報となり，自分の安全を守るために大人からできるだけ距離をとろうとする，と理解できるのである（西澤，1994）。

③攻撃性

虐待を受けていた子どもの攻撃性の高さは従来から指摘されている。西澤（1994）は，この攻撃性の高さを3つの観点から説明している。

a. 攻撃者への同一化（identification with aggressor）

子どもは，虐待を受けることによって生じた強い無力感や絶望感を防衛しようとして，自分を虐待してきた親に自分を重ね合わせる。つまり，自分を親と同一化することにより，「力強さ」を獲得し，攻撃する能動的な立場に身を置くことによって，圧倒的な無力感からの回復を図るという意味を持っていると考えられる。

b. 問題解決行動としての攻撃性

虐待は親が子どもとの関係で何か問題を持ったときに，力によってそれを解決しようとするものである。この経験から親の問題解決行動を学習した子どもが，自分が問題に直面すると，身体的な暴力を振るうなどといった力で解決する行動をとるようになる。

c. 親密性と攻撃性の混在

子どもは自分が最も親密さを感じる対象である養育者から攻撃されるという事態に置かれる。こうした関係を持ち続けることによって，子どもは，親密な人間関係には攻撃や暴力がつきものだという認知を持つようになる。

④虐待関係の反復傾向

虐待を受けていた子どもは，自分が過去に大人と持っていた「虐待的な人間関係」を現在の大人との間で再現することがある。西澤（1994）は虐待関係の再現性を以下の3つの観点から説明している。

a. 転移（transference）

子どもは自分にとって重要であった人（養育者）に向けていた感情や態度を，無意識のうちに現在の大人との関係に持ち込む。親との虐待的関係に由来する態度や感情を向けられた大人は，それに対応した否定的な感情や態度を子どもに向けることとなり，現在の人間関係で虐待的関係が再現される。

b. 対人関係の反復傾向（replication）

発達初期に養育者との関係を通して学習した虐待的関係を，人間関係の基本型として身につけ，後に持つ大人との関係はその基本型に影響される。

c. マスタリー（mastery）

　虐待的関係を再現することにより，行動的もしくは認知的に繰り返すことによってその行為に伴ったショックなどの強い感情を和らげる。

5．虐待を受けた子どもと養育者への心理的アプローチ

(1) 子どもと養育者に対する心理療法
①ポスト・トラウマティック・プレイセラピー

　虐待を受けた子どもたちには，自分が体験した虐待行為や虐待的人間関係を遊びの中で繰り返し再現する（ポスト・トラウマティック・プレイ）傾向がある。このように能動的な立場でトラウマ体験を再現することは，子どもにコントロール感の回復をもたらし，自分に無力感を植えつけた体験を克服できるようになる，つまり治療的な意味を持つと考えられている。ポスト・トラウマティック・プレイをトラウマからの回復のために心理療法に利用したのが，ポスト・トラウマティック・プレイセラピーである。トラウマからの回復には，トラウマとなった事柄の「再体験（reexperience）」と，その時点における感情や情緒の「解放（release）」とによって，今まで意識から排除されていたトラウマの記憶を意識内に消化吸収し「再統合（reorganization）」するというプロセスがあり，子どもがこういったプロセスを処理していけるように適切な援助を提供することが，ポスト・トラウマティック・プレイセラピーの重要な課題となる（西澤，1994，2013）。

②修復的愛着療法

　虐待を受けた子どもに愛着の障害が認められることは先に述べた。近年では，ボウルビイらによるさまざまな愛着研究の臨床的適用として，修復的愛着療法が試みられている。修復的愛着療法は，愛着療法にシステム論的な家族療法や行動療法を統合させたセラピーである。藤岡（2008）によると，修復的愛着療法は，以下の5つの構成要素によって体系的に組み立てられている。

a. 愛着上の課題を持つ子どもの理解を深めること

　子どもがどのように感じ，考え，行動しているのか，さらに内的な心理力動を含めて理解する。

b. 子どもとの強い情動のワーク（作業）
　養育者（実親，里親，施設職員等を含む）とつながることを助け，最初の愛着対象への失望や怒りにしっかり接近していくことを援助し，愛することや愛されることへの恐れを解決する。
c. 親として重要な子育て技能の教育
　子ども自身の困難への対処の動機づけを高めていくように親が子どもをサポートできるよう，親を支援する。
d. 親自身の愛着関係の見直し
　愛着の世代間伝達の問題を親の世代で見直し，親自身のトラウマ体験に対する心理的アプローチを行う。
e. 夫婦の絆の再構築
　両親との夫婦面接により，夫婦の問題に子どもが巻き込まれなくなること，夫婦が力を合わせて子どもへ関わっていくという共同作業を行えることを目指す。
　③親－乳幼児心理療法
　虐待をする親には，嫌な受け入れがたい自分の傾向が子どもに投影され，子どもの行動を歪んで解釈してしまう傾向がある。このような親子の関係性の障害を扱う心理療法として，精神分析の理論に基づいた親－乳幼児心理療法がある。親－乳幼児心理療法では，親子間の問題を臨床家が直接観察しつつ，親を最大限にサポートしながら，現在の生活に混入してくる無意識の過去の葛藤を理解することに焦点を当てる。そして，子どもによって親の心に誘発される葛藤を解放することにより，子どもとの健全な親子関係の確立を助けようとする（渡辺，2000）。

(2) 治療的養育

　虐待は子どもの発達に深刻な影響を与え，子どもの性格や人格の形成にも深刻な影響を与える。こうした自己の歪みを回復させるためには，心理療法的アプローチのみでは不十分であり，子どもの生活環境全体が，子どもにとって治療的な効果を持つものでなくてはならない（西澤，2010）。西澤（2010）は，子どもの心理的ケアのモデルを提唱している。このモデルでは，子どもが自分

の生活空間に対して安全であるという感覚，特定の養育者から自分が守られているという感覚を持てることを土台とし，①虐待で歪んでしまった子どもの人間関係のパターンに注目して，その修正を試みる，②現在の養育者が日常生活で愛着の形成を意識して子どもに関わっていく，③子どもが感情をコントロールできるように環境を調整したり，経験したことを整理できるように支援する，④子ども自身が気づいていない問題行動の真の意味を，子どもとともに意識化できるよう働きかけていく，という4点が，子どもの心理的ケアの柱となる。そして，このような適切な治療的養育と心理療法の上に「自己物語の再編集」（過去の出来事の意味をより肯定的な要素を含むように変化させる）という作業が行われる。

5 抑うつ

1．抑うつとは

「抑うつ」は「うつ」と同等の意味を持つ言葉であり，英語の"depression"に相当する用語である。しかし，その概念は非常に幅広く，憂うつな気分状態（「抑うつ気分」）から，病的なレベルの心身の状態（「うつ病」）までをも含む。そのため，「抑うつ，もしくは，うつ（depression）」という用語については，実際にどのような状態を指したものであるのかについて，概念を整理しながら見ていかなければならない。

心理学や精神医学の領域では，"depression"という用語は，主に以下の3つの意味で使用される（坂本・大野，2005）。

(1) 気分としての「抑うつ気分」

抑うつ気分（depressive mood）とは，「憂うつ」，「気持ちが落ち込む」，「気が滅入る」，「むなしい」，「物悲しい」など，意気消沈し，気持ちが晴れない気分状態のことである。このような気分状態は，一時的なものであれば，嫌なことを体験したときなどに，日常的に誰もが経験する感情である。しかし，後述する「うつ病」のような疾病状態においては，気持ちが晴れない状態が数週間

から数ヶ月にわたって持続し，苦悩からなかなか抜け出せない状態に陥る。

(2) 抑うつ症状のまとまりとしての「抑うつ症候群」

抑うつ気分に伴って生じやすい心身の状態を，抑うつ症状（depressive symptoms）という。抑うつ症状は，抑うつ気分を含む気分・感情の障害（不安感，焦燥感，自責感，希死念慮など），意欲の障害（無気力，何をするにも億劫になるなど），興味・関心の障害（好きなことが楽しめない，何事にも関心が持てないなど），思考力の障害（集中困難，思考力の低下など），行動の障害（声が小さく途切れ途切れに話す，動作が遅くなるなど），身体症状（頭痛や身体の痛み，疲労感，食欲減退・体重減少，不眠や早朝覚醒等の睡眠障害など）などさまざまな形であらわれる。これらの症状がまとまって出現すると，抑うつ症候群（depressive syndrome）となる。

(3) 疾病単位としての「うつ病」

疾病としての抑うつが，一時的な落ち込みなどの正常心理の範囲内の抑うつと異なる点は，抑うつ気分とそれに伴う複数の抑うつ症状が明確に認められ，一定期間継続して存在するという点にある。アメリカ精神医学会が定める『精神疾患の分類と診断の手引き　第4版』（DSM-Ⅳ-TR）（American Psychiatric Association, 2000）によると，「抑うつ気分」，「興味や喜びの喪失」，「食欲・体重の大幅な増減」，「不眠または過眠」，「精神運動性焦燥または制止」，「易疲労性・気力減退」，「無価値感・罪責感」，「思考力・集中の減退」，「反復的な希死念慮や自殺念慮・企図」の9つの症状のうち，5つ以上が同一の2週間の間に存在し，さらに，それらの症状のうち少なくとも1つは，「抑うつ気分」あるいは，「興味や喜びの喪失」であることが「うつ病（大うつ病）（depressive disorder）」の要件であるとされる（表5-7）。また，一般身体疾患（甲状腺機能低下，脳血管障害など），薬剤による反応，統合失調症などの他の精神疾患の経過においても，うつ病と同様の抑うつ症状が見られることがあるため，「うつ病」と確定される上では，他の疾患や薬剤反応との鑑別も重要になる。

表5-7 DSM-Ⅳ-TRにおける大うつ病エピソード

A. 以下の症状のうち5つ（またはそれ以上）が同じ2週間の間に存在し，病前の機能からの変化を起こしている。これらの症状のうち少なくとも1つは，(1)抑うつ気分，あるいは(2)興味または喜びの喪失である。
　　注：明らかに，一般身体疾患，または気分に一致しない妄想または幻覚による症状は含まない。
　(1) その人自身の言明（例：悲しみまたは空虚感を感じる）か，他者の観察（例：涙を流しているように見える）によって示される，ほとんど1日中，ほとんど毎日の抑うつ気分
　　注：小児や青年ではいらいらした気分もありうる。
　(2) ほとんど1日中，ほとんど毎日の，すべて，またはほとんどすべての活動における興味，喜びの著しい減退（その人の言明，または他者の観察によって示される）
　(3) 食事療法をしていないのに，著しい体重減少，あるいは体重増加（例：1ヶ月で体重の5％以上の変化），またはほとんど毎日の，食欲の減退または増加
　　注：小児の場合，期待される体重増加が見られないことも考慮せよ。
　(4) ほとんど毎日の不眠または睡眠過多
　(5) ほとんど毎日の精神運動性の焦燥または制止（他者によって観察可能で，ただ単に落ち着きがないとか，のろくなったという主観的感覚ではないもの）
　(6) ほとんど毎日の易疲労性，または気力の減退
　(7) ほとんど毎日の無価値感，または過剰であるか不適切な罪責感（妄想的であることもある。単に自分をとがめたり，病気になったことに対する罪の意識ではない）
　(8) 思考力や集中力の減退，または，決断困難がほとんど毎日認められる（その人自身の言明による，または他者によって観察される）。
　(9) 死についての反復思考（死の恐怖だけではない），特別な計画はないが反復的な自殺念慮，または自殺企図，または自殺するためのはっきりとした計画
B. 症状は混交性エピソードの基準を満たさない。
C. 症状は，臨床的に著しい苦痛，または社会的，職業的，または他の重要な領域における機能の障害を引き起こしている。
D. 症状は，物質（例：乱用薬物，投薬）の直接的な生理学的作用，または一般身体疾患（例：甲状腺機能低下症）によるものではない。
E. 症状は死別反応ではうまく説明されない。すなわち，愛する者を失った後，症状が2ヶ月を超えて続くか，または，著明な機能不全，無価値感への病的なとらわれ，自殺念慮，精神病性の症状，精神運動制止があることで特徴づけられる。

2. 抑うつと関連する人間関係上の要因

　抑うつは，特定の原因によって引き起こされるものではなく，個人内の要因（個人の生育体験，パーソナリティ，認知傾向など）と環境要因（ライフイベント，家族や友人との関係，学校や職場の環境など）が絡み合い生起する。抑うつと関連する個人内外の要因にはさまざまなものがあるが，ここでは主に人間関係上の要因について取り上げる。なお，ここで扱う抑うつ状態とは，疾病レベルの抑うつ（うつ病）に限定されるものではなく，より一般的な抑うつ気分をも含む広義のものである。

(1) 対人関係におけるストレス

抑うつと関連のある要因の1つとして代表的なものが心理社会的ストレスである。その中でも，対人関係におけるストレス（interpersonal stress）（対人関係上のネガティブな出来事や相互作用）は，抑うつや否定的気分との関連が特に強いということが国内外の研究により明らかにされている（Bolger, et al., 1989；Hammen, et al., 1985；高比良，1998）。たとえば，高比良（1998）は，大学生を対象にした調査研究において，ライフイベントを対人領域と達成領域とに分類し，それぞれの領域のポジティブ・ネガティブ両方のイベントと抑うつおよび自尊心との関連を重回帰分析により男女別に検討した。その結果，対人領域におけるネガティブなライフイベントは，男女共通して抑うつとの関連が認められ，その関連は他の性質のイベントと比べて大きいものであることが示された。対人関係上のストレスには，さまざまなものがあるが，橋本（1997）は，「対人葛藤（相手との喧嘩や対立など，社会の規範から逸脱した顕在的な対人葛藤事態）」，「対人劣等（相手と親しくなれないことやまわりから疎外されているように感じるなど，コミュニケーション能力の欠如によって劣等感を触発する事態）」，「対人摩耗（嫌な人との会話や相手に無理に合わせるなど，対人関係を円滑に進めようとすることに気疲れを引き起こす事態）」の3つに分類している。

また，近年では，実際の対人関係上の出来事だけでなく，対人関係に関わる個人の心理的要因が，周囲の人々との関係の持ち方や受け止め方に影響し，対人関係上のストレスを増幅させ，抑うつを生じさせることが示唆されている。たとえば，椙本と山崎（2008）は，大学生を対象に，敵意および意識的防衛性（自分自身の社会的に望ましくない特徴やネガティブな側面を他者に悟られないように意識的に抑制し隠す傾向）と抑うつとの関連を検討し，女性においては，敵意が高く，意識的防衛性が低い場合に，抑うつが高くなることを見出した。この結果について，椙本と山崎（2008）は，敵意がきわめて高く意識的防衛性が低い女性は，相手に対して抱く不信や猜疑心を露骨に表出するため，相手との軋轢やトラブルなどの対人関係の悪化を招き，対人ストレス状況が持続することで抑うつが強まると考察している。ほかにも，黒田（2011）は，対人関係に対する否定的な認知傾向（抑うつスキーマ）が，対人関係上のストレス

を生成し，抑うつを高めるという過程を想定し，大学生および専門学校生を対象とした調査研究により，その仮説を検証している。研究結果からは，対人関係における抑うつスキーマを持つ者は，他者から明らかに否定的反応をされているわけではない状況でも，否定的な反応をされていると知覚することで，ストレスを作り出し，抑うつを高めていることが示唆された。

(2) ソーシャルサポート

ソーシャルサポート（social support）とは，個人を取り巻く周囲の人々からの有形無形の支援を指すものである（嶋，1992）。従来の研究から，ソーシャルサポートは，適応的なストレス対処行動を促進する（Holahan, et al., 1997）などの効果を有することが報告されており，多くのサポートを有する者は，ストレス負荷が高い状況においても精神的健康状態を保つことができるとされる。ソーシャルサポートと抑うつとの関連については，堀と大塚（2010）が，中・高等学校教員を対象とした調査研究を実施し，上司や家族からのサポート量と抑うつの程度との間に負の関連を見出している。また，同僚教員のサポートが多く期待される場合には，仕事の量的負担が高い状況において，抑うつの上昇が抑制されることも示唆している。ほかにも，精密機械工場勤務の男性を対象とした調査（小松ら，2010）では，同僚サポート量が抑うつの程度と負の関連を有し，上司によるサポートは，仕事のコントロールの低さと関連する抑うつを緩衝する可能性が示唆されている。これらの研究結果から，ソーシャルサポートが多いことは，直接的もしくは間接的に抑うつの低減に関係しており，サポーティブな人間関係の欠如は抑うつを高める要因になりうるといえる。しかしながら，ソーシャルサポートは，評価の仕方において，サポートが得られるという期待（知覚されたサポート）か，実際に享受したサポートのいずれを測定しているかという違いで，結果に異なりが見られるため，ソーシャルサポートと抑うつとの関連については，未だ統一した関連が見出せていないという指摘もある（丸山，2007）。抑うつとソーシャルサポートの関連については，今後の研究の蓄積が期待される。

(3) 対象喪失

両親やきょうだい，配偶者，子ども，親しい友人など，自分にとって大切な人との離別や死別は，多くの人々にとって深い悲しみをもたらす体験であり，一時的に抑うつ的な状態を引き起こすものである。重要な他者との別れは，ネガティブな対人ストレスイベントの1つとしてとらえられるが，フロイトが創出した精神分析理論においては，「対象喪失（愛情や依存を向けていた対象を失うこと）」（object loss）という特別な心理的体験と見なし，対象喪失によって引き起こされる心理過程を「悲哀」または「喪（mourning）」と呼ぶ（小此木，1979）。悲哀の心理過程の中で，人は，はじめショックを受け無感覚な状態を体験するが，続いて，失った対象に対する思慕の情や悔やみ，恨み，怒り，自責など愛情と憎しみに関するさまざまなアンビバレンスな感情を体験しながら，次第に気持ちを整理していく。そして，対象の不在という現実を受け入れていくとともに，はじめは失った対象に向かっていた感情が，徐々に対象から切り離され，再び外の世界に向かっていく。このような，対象喪失に関わる悲哀の営みをフロイトは「悲哀の仕事（mourning work）」と呼んだ（小此木，1979）。悲哀の仕事は，相当なエネルギーと時間をかけてゆっくりと進むものであり，一般的には，半年から1年くらい続くとされる（小此木，1979）。その間に，心理的な苦痛や気分の落ち込み，活動性の低下などの抑うつ的な状態が見られることがあるが，日常生活を維持していける水準であれば，正常な範囲内の情緒的反応と見なすことができる。むしろ，対象を失った悲しみを否認し続けたり，悲哀の仕事が中断されたりするような事態に陥った場合，慢性的な抑うつ気分に悩まされたり，身体症状など別の症状に置き換わって遷延化することがある。このように，深刻なうつ状態やうつによる不適応の問題は，対象喪失に関わる悲哀の仕事からの逸脱という点からもとらえることができる。

3．抑うつと自殺の問題

うつ病の症状の1つとして，死への反復的な思考や自殺企図が含まれていることからもわかるように，重篤な抑うつ状態もしくはうつ病状態において，最も危険視されるのは自殺の問題である。特に，うつ病（気分障害）の罹患は，

自殺の危険因子の1つとしてあげられている（高橋，2006）。また，自殺者に対する世界保健機構（WHO）の調査をまとめた研究においても，自殺に最も密接に関連していた精神障害は気分障害であり，自殺者の30.5%が該当していたということが示されている（Bertolote, 2007）。これらのことから，「うつ状態」や「うつ病」の早期発見・早期介入は，自殺防止対策において重要な位置を占めるといえる。

(1) わが国における自殺者数と自殺予備軍の存在

警視庁の自殺統計によると，1998年以降，わが国では年間の自殺者数が3万人を超え続け，2012年に15年ぶりに3万人を下回ったものの（内閣府，2013），依然高い水準にあることが示されている。また，自殺者数の背後には，より多くの予備軍が存在することが想定される。福田（2007）は，確かな数値データは示せないものの，自殺を試みた人は自殺者の10倍存在し，さらにその10倍の人は真剣に死ぬことを考えているとしており，図5-7のような自殺の危険度のピラミッドを想定している。

図5-7では，下から上に行くにつれて自殺の危険度が高まることを示しており，一番下の「希死念慮」とは，漠然と「死にたい」という気持ちを抱いたり，訴えたりするが，具体的な自殺の方法については考えていない状態のことである。2段目の「自殺念慮」は，自殺の方法や場所，時期を思案するなど，自殺についてより具体的に考えている状態である。3段目の「自殺未遂」は死につながる行為を試みるが，幸い死に至らなかった状態をいい，2段目と3段目の間には，自殺手段を実行するために，場所の下見に行くなど実際の行動が伴う「自殺企

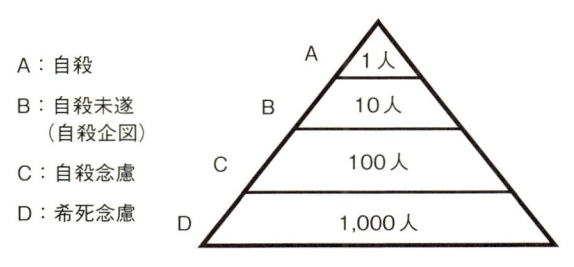

```
A：自殺           A    1人
B：自殺未遂       B    10人
  （自殺企図）
C：自殺念慮       C    100人
D：希死念慮       D    1,000人
```

図5-7　自殺の危険度ピラミッド（福田，2007より一部改変）

図」が位置づけられる。希死念慮や自殺念慮は，軽度の抑うつ状態においても見られることがある。

(2) 自殺の心理と緊急時の周囲の人の対応

自殺の予想は困難ではあるが，うつ病の治療過程において自殺が生じやすいのは，抑うつ気分が強く抑制も強い時期よりも，不安・焦燥が強い，あるいは「生きがいがない」などの億劫感を訴えるうつ状態の初期や回復期に多いとされる（中村，2005）。また，高橋（2006）は，うつ病であるか否かに限らず，自殺に追い込まれる人には以下のような共通の心理があるとしている。

① 「極度の孤立感」：うつ病などの精神疾患の影響だけでなく，幼いころから長年抱き続けてきた個人的な感情であることも少なくない。実際の対人関係の有無とは関係しないこともある。

② 「無価値感」：うつ病などの精神疾患の影響によるものもあるが，虐待体験のように幼少期における不幸な体験から長年抱き続けてきたものであることもある。

③ 「強度の怒り」：絶望感とともに，他者や社会に対する強い怒りを抱いていることがある。そのような怒りが，自分自身に向けられたときは急激に自殺の危険性が高まる。

④ 「窮状が永遠に続くという確信」：絶望的な状況が永遠に続くという確信があり，他者からの助言や解決策は，役に立たないものとして拒絶されてしまう。

⑤ 「心理的視野狭窄」：つらい現状から抜け出す唯一の解決は自殺であり，他に解決策はないという独特の視野狭窄状態に陥っている。

⑥ 「諦め」：様々な感情に圧倒され，苦闘したのちに独特の諦めが生じる。諦めに圧倒されると，周囲の人からは，不安や焦燥が落ち着き，穏やかになったと受け取られかねない。

⑦ 「全能の幻想」：絶望する中で，唯一自分にもできる行為として自殺があるという幻想を抱くことがある。この幻想を抱く時は，自殺の危険が直前にまで迫っているので，直ちに本人を保護するなどの必要な対策をとらなければならない。

自殺は突然生じる場合もあるが，自殺者の大多数は，最後の行動を起こす前に誰かに自殺の意図を打ち明けており，これを的確にとらえられるかどうかが，自殺予防の第一歩となる（高橋，2006）。自殺を打ち明けられたときの周囲の対応としては，高橋（1997），高橋（2006）などに詳しいが，最も大切なのは，まず時間をかけてじっくり話を聴くことである。「死にたい」という言葉はSOSのサインでもあり，本人のつらさや生死の間で揺れる気持ちを十分に受け止めることが大切である。このとき，説教をしたり，励ましたり，話をはぐらかすことは逆効果となる場合が多いので注意が必要である。本人の話を十分に聴いた上で，「死ぬ」以外の選択肢を示す。最終的には専門機関につながるように働きかけることが重要であり，このときに，「一緒に受診してみよう」と働きかけることは試みる価値があるとされる（高橋，2006）。緊急度が高いと判断されるような場合は，本人の安全をまず確保し，確実に専門機関への受診につなげることが最優先となる。

これまで概観してきたように，人間関係は抑うつを引き起こす1つの要因となりうるが，抑うつやそれに伴う自殺の予防・軽減においては他人からの働きかけが必要不可欠であり，その意味で人間関係は適応と不適応の両面に関わっているといえる。

Appendix 2

発達障害と人間関係

* * *

　最近，学校生活できまりを守れない，コミュニケーションが苦手，場の空気が読めない，特定のものへのこだわりが強いなどの特性を持つ子どもが増加している。このような子どもは，発達障害を疑われることが少なくない。発達障害の子どもたちは，上記のような特性から，人間関係をうまく作れないことが多い。

　①対人場面での相互関係，②コミュニケーション，③想像力と行動の3つの点で障害が認められると，広汎性発達障害（Pervasive Developmental Disorder：PDD）と診断される。発達障害への治療・援助は，脳波異常や睡眠障害，イライラ感などに対する薬物療法と，上記の①②③の障害に対する療育（たとえばソーシャルスキルを身につけるなど）を組み合わせて行われている。

　実は，発達障害の実態は正確に理解されているとはいえない。発達障害に対する一般的な理解は，①子どもの発達途上で出現する障害である，②その障害が何らかの形で生涯にわたって持続する，③発達の特定の領域で，社会的な適応上の問題を引き起こす可能性がある，④背景に脳の機能の障害が想定される，という4つにまとめられる（田中，2011）。つまり，人間の生来的な「発達の偏り」が発達障害と呼ばれているものである。敏感さやこだわりなど，その個人のさまざまな部分の発達がアンバランスであるために，自分を表現したり，周囲の人々と関わったりする上で，生きにくさが生じる。

　人間は皆，多かれ少なかれ発達の偏りを持って生まれてくる。それは，誕生後の親や周囲の人々との関係性の中で，大きくなったり小さくなったりする。脳の機能障害があるからといって改善を諦めたり，発達の偏りを固定的にとらえるのではなく，「発達の偏り」とうまくつきあいながら生きていくという長期的な視点が重要である。また，「発達の偏り」を小さくしていくような周囲の人々との関係性が大切である。

第 3 部
人間関係の臨床的援助

Chapter 6 ▶▶▶ 臨床場面の人間関係

　本章では，心理臨床場面における人間関係の特質について考えてみたい。心理臨床場面とは，5章で述べたようなさまざまな不適応や，さらに病理水準の重い精神障害やパーソナリティ障害・神経症などの臨床的問題や精神的な病気を抱えた人々に対する専門的援助の場である。したがってきちんとした枠組みの中で，面接者（臨床心理士や精神科医）と来談者（クライエント）の間で形成され展開していく人間関係である。この特質については，3節において解説する。本書では，特に面接者として心理臨床家（臨床心理士）に焦点を当てて論じる。

　さらに，臨床的援助が適切に行われ，効果をあげていくためには，援助を求める人に対する適切な問題の見立て（これを，アセスメントという）が行われなければならない。アセスメントは，5章1節で述べたように，専門的援助を求める個人に対してのみでなく，その人を取り巻く家族など重要な人間関係をも含んでいる。このアセスメントに従って，心理臨床的援助の方針が立てられ，面接者と来談者の関係は展開していくのである。本章ではまず，1節，2節において，臨床場面におけるアセスメントの理論と実際について述べる。次に，3節，4節において，臨床場面で展開している人間関係の特質と，心理療法の実際について解説する。

1 臨床場面におけるアセスメント

1. アセスメントとは

　何らかの心理的な問題を抱えた人が，援助を求めて専門家のもとを訪れた際，専門家はまずはその人の抱える問題を正確に理解することに努め，その後の支援の計画を立てることになる。ここで援助を求める人はクライエント，援助をする専門家はセラピストや心理療法家，カウンセラーなどと呼ばれる。援助者

表6-1 精神科臨床における心理アセスメントの6つの視点
（および各視点におけるポイント）(津川, 2009)

Ⅰ　トリアージ
　A. 自傷他害の程度
　B. 急性ストレス（悪化しているか）なのか慢性ストレスか
　C. トラウマの有無（含む complex PTSD）
　D. 援助への動機や期待の程度
　E. 今自分が提供できる援助リソース
Ⅱ　病態水準
　A. 病態水準と防衛機制
　B. 適応水準
　C. 水準の変化
　D. 知的水準と知的な特徴（とくに、動作性能力）
　E. 言葉と感情のつながり具合
Ⅲ　疾患にまつわる要素
　A. 器質性障害・身体疾患の再検討
　B. 身体状況の再検討
　C. 薬物や環境因（大気など）による影響の可能性
　D. 精神障害概念の再検討
　E. 症状をどのように体験しているのか
Ⅳ　パーソナリティ
　A. パーソナリティ特徴（とくによい資質）
　B. 自己概念・他者認知を含む認知の特徴
　C. ストレス・コーピング
　D. 内省力の程度
　E. 感情状態
Ⅴ　発達
　A. 平均的な発達
　B. 思春期や青年期の特徴をはじめとする年代ごとの心理的な悩み
　C. 年代に特有の症状の現れ方
　D. 発達障害傾向の有無とその程度（発達の偏り）
　E. ライフ・プラン
Ⅵ　生活の実際
　A. 地域的な特徴
　B. 経済的な面
　C. 物理的な面（地理、家屋など）
　D. 生活リズム
　E. 家族関係を含む対人関係

が援助の対象であるクライエントの情報を収集，分析し，援助方針を設定する一連の行為をアセスメント（assessment）と呼ぶ。

　臨床場面でのアセスメントは「見立て」とも呼ばれ，医学的な「診断」とは異なる意味合いを持つ。たとえば，クライエントが何の病気であるのか，その判断を行うことが診断であるが，臨床場面でのアセスメントは単に特定の病名に当てはめるという行為ではなく，その問題の生じた背景や原因を理解し，その人に合った援助方針を組み立てるという総合的な行為を指す。

　それでは，アセスメントではクライエントについてのどのような情報を得る

必要があるのだろうか。表6-1は津川（2009）が精神科臨床におけるアセスメントの視点として掲げたものである。精神科臨床では特にトリアージと呼ばれる，クライエントの問題の緊急性を把握することや，病態水準の把握が重要となるが，ここにあげられた6つの視点は精神科以外の臨床場面でも共通する部分が幅広く取り上げられている。また，クライエントのパーソナリティや対人関係のパターン，育った環境なども含め，問題点のみでなく，クライエントの持つ自助能力，その後の援助にいかすことができそうな環境資源などにも目を向ける必要がある。

　さらには，心理アセスメントではクライエントの問題を見立てながら，自分が援助者として適任か，あるいは他の専門家への紹介が必要であるかなど，援助者としての自己を振り返りながらクライエントの話に耳を傾ける必要がある。このように，アセスメントは幅広い情報を収集し，援助者としての支援方針を生成していくという複雑な行為である。そのためマクウィリアムズ（McWilliams, 1999）は，アセスメントは観察可能な行動を症状のリストに照合していく診断よりも，推論的，主観的かつ芸術的な過程であると述べている。

2．面接によるアセスメント

(1) 面接の構造

　クライエントと直に接することができる面接場面からは，クライエントに対する多くの情報を得ることができる。こうした面接によるアセスメントには，医療機関などで行われる診断のための面接など，あらかじめ質問内容が決められている構造化された面接と，心理療法やカウンセリングといった相談場面に見られる，個々の事例にそった対話による構造化されていない面接とに分けることができる。

　構造化された面接は，援助者側が知りたい情報をクライエントに対して質問する形で進められる。たとえば，年齢や家族構成といったクライエントに対する具体的な情報，いつからその症状が始まったのかなど，症状に関する情報を収集する。通常は相談が開始された初期の段階で，援助者側が積極的に事実関係を確認する形で面接が進むことが多い。そして，アセスメントにより援助方

針が定まり，クライエントとの間で心理療法の継続に合意が得られた後は，次第にクライエントとの自由な対話により面接が進むようになる。このように，心理療法の過程の中で，構造化された面接から非構造化された面接へと，面接の構造も変化していく。

また，心理療法にはさまざまな技法が用いられるが，認知行動療法など各回の面接の進め方の枠組みが明確な技法もあり，各技法により面接の構造化の程度もそれぞれ特徴が見られる。

(2) 初回面接（インテーク面接）

相談に訪れたクライエントと初めて出会う初回面接（インテーク面接）と，必要に応じてその後の数回の面接の中で援助者はクライエントの相談内容を確認し，アセスメントを行う。その際，初回面接までにクライエントに対して何らかの情報を得ていることが多い。たとえば，電話での申し込みの場合，そのときに話された内容ややりとりから，クライエントのパーソナリティや対人関係能力をある程度知ることができる。また他の援助機関から紹介された場合などは，事前に他の専門家からの情報が届いていることもある。また申し込みが誰によってされたのかということも，有益な情報となる。本人が困って相談を申し込んできたのか，または本人は相談に行きたくないところを，家族が積極的に申し込んできたのかなど，申し込みの状況から，困っている当事者が誰なのか，クライエントの相談の意欲などを知ることができる。このように，出会う前に知りえた情報から，クライエントのイメージは形成され始める。

そして，初回面接ではクライエントはさまざまな思いを抱えて相談の場を訪れる。援助者に何とか助けてほしいという，すがるような思いや期待を持っていることもあれば，その一方で，見知らぬ他者と出会う緊張や，相談することの不安や不信感を抱えていることも多い。熊倉（2002）は，こうした初回面接に挑むクライエントが持つ不安を「来談時不安」と呼び，クライエントが言葉にできない不安や緊張感を抱いて来談することを治療者が知っていることが大事であると述べている。初回面接では，クライエントがどのような思いを抱いてこの場にやってきたのかということを十分に配慮しておくことが，その後の援助にもつながる視点となる。

(3) 面接からわかること

　それでは面接ではクライエントについて，どのような情報が得られるのだろうか。熊倉（2002）は，面接によって得られる情報として，主観的所見，生活史・家族歴，観察所見をあげた。主観的所見とは，「学校に行けない」「人と会うのが怖い」など，クライエント自身の語る訴えを指す。また面接によって得られる観察所見とは，外見（体型，服装，印象など），姿勢，態度，振舞い，表情，話し方などが含まれる。そして，これらの面接で得られた情報と，来談に至った経路，他の機関からの紹介状，家族面接などから得た情報などの面接外で得られた所見を総合してクライエントの問題を理解していくことになる。

　また，クライエントが感じている来談理由と，援助者の見立ては異なる場合もある。援助者はクライエントの話をただ聞き出すのでなく，そこから専門的な見立てを行っていく。この作業について土居（1992）は，専門家は相手が問題とすることを聞いて，それを新たに理解し直さなければならないとし，「相手の話がわかってしまってはいけないのであって，相手の話のわからないところが見えてこなければならない」と述べた。援助者は，クライエント自身がどのような言葉で来談理由を述べたのか，語られていないが援助者から見てクライエントが抱えている問題は何かなど，多層的に理解を組み立てていく。しかし多くの場合，問題を抱え，困難の最中にいるクライエントは，自分のことをわかりやすく語ることはできない。特に相談に訪れた初期の段階では，話す内容にまとまりがなかったり，時間軸が入り乱れたりしやすい。それに対して土居（1992）は，援助者がクライエントの語る内容をあたかも「ストーリーを読む」ように聞かなければならず，それはクライエントがどうして現在の苦境に陥ったのかを小説の読者がプロットを読むことで主人公の運命を理解することと似ていると述べた。

　このようにして援助者はクライエントの様子や語られた内容からクライエントの問題を見立てていく。そして，援助者が理解した内容をクライエントと共有し，その後の援助方針を確認する作業が行われる。またここでは，援助者が自説を組み立てるというより，援助者とクライエントとの関わり合いの中から自ずと見えてきたものを言葉にし，共有していくことになる（成田，2007）。

3. 心理検査を用いたアセスメント

(1) 心理検査の有効性と留意点

　面接で語られた内容や，クライエントの様子，あるいは家族など周囲の人からの情報だけでは，アセスメントに必要な情報が十分に得られない場合もある。そのような場合，心理アセスメントの1つのツールとして心理検査が用いられることがある。心理検査には大きく分けて質問紙法と投映法と呼ばれるものがあり，クライエントの問題に応じて必要な心理検査を選択し，実施することとなる。その際，必要に応じていくつかの心理検査を組み合わせて実施することをテスト・バッテリーと呼ぶ。

　心理検査では面接や家族からの情報だけでは補うことのできないクライエントの特定の側面に対する情報を得ることができる。面接で得たクライエントに対する見立てが，心理検査の結果，より明確に裏づけられることもあれば，予期していなかった側面を知る場合もある。たとえば，人間関係でトラブルを繰り返してきたクライエントに対し，心理検査を実施したところ，強い対人不安があることがわかった。さらにテストバッテリーを組み，知能検査も実施したところ，コミュニケーションに関わる知的能力の発達の遅れが明らかになり，日常場面でどのような支援をすればよいかを考えるヒントを得るという場合もある。

　また，臨床場面で行われる心理療法の多くは，クライエントとセラピストの1対1の人間関係であり，日常場面では集団の人間関係が苦手なクライエントでも，面接の場では落ち着いて過ごすことができることもある。そのため，面接で見る姿と，日常生活で問題を抱えている姿が遠くかけ離れてしまうこともある。その際，心理検査を用いることで，面接という限られた状況だけでは現れにくいクライエントの特性を見極めることができ，今後の経過の予測や，病態が悪化したときの精神病理的な水準をある程度予測することができる。

　このように，心理検査はクライエントを理解するために非常に有効な手段であるが，クライエントを理解するという目的にそった検査を選択すること，クライエントから検査の実施に対する合意を得るなど，倫理面に配慮することも重要である。また心理検査は数分で終わるものから，数時間に及ぶものまで負

担の程度も幅が広いため，安易な使用は慎しみ，クライエントにかかる負担を配慮しながら実施する必要がある。

そして心理検査を受ける側には，どんな検査をされるのか，それで自分の何がわかるのか，自分が知りたくなかった病名が明らかになるのではないか，結果はどう伝えられるのかなどさまざまな不安が生じる。安心して検査に臨んでもらえるよう，検査に対するクライエントの気持ちを十分に汲み取り，結果の伝え方などを事前に話し合っておくなどの工夫も必要となる。

また実施した心理検査の結果をいかす方法として，竹内（2009）はセラピストの見立てと方針に役立てることのほか，クライエントによる自己理解の深化，スタッフや家族のクライエント理解の深化などをあげている。検査の結果が本人に伝えられない場合もあるが，伝える場合も，専門家に伝える場合とは異なり，クライエントにとって理解しやすく，また役立つ内容を伝えるなどの工夫が行われる。さらに本人以外の家族，学校関係者など第三者に検査の結果を有効に伝えることも重要である。しかし，心理検査の結果はクライエントの重要な個人情報であり，本人の了解を得ず，家族など第三者に伝えてはいけないなど，情報の共有には倫理的な配慮も欠かせない。

(2) 質問紙法

質問紙法とは，問題となっている事柄についての一連の質問が用紙に印刷され，それに対する回答を分析することで，その人のパーソナリティや問題を理解する心理検査である。個人のパーソナリティの測定を行う質問紙法の多くは，作成の際に問題を十分に吟味し，妥当性や信頼性の検討が行われ，全国的に標準化されているのが特徴である。

代表的な質問紙法としては，パーソナリティを測定する「矢田部ギルフォード（YG）性格検査」（表6-2），「MMPI」（ミネソタ多面人格目録）があげられる。また「顕在性不安検査（MAS）」，「SDS自己評価式抑うつ尺度」など，不安や抑うつ状態といった特定の傾向（状態，症状）を知るための検査も用いられる。

質問紙法の利点としては，実施方法が簡易で，多くの場合数分で終了するような短時間での実施が可能な点が挙げられる。また，質問項目も明確で，答え方も「はい」「いいえ」「どちらでもない」のいずれかを選ぶといった，選択式

表6-2 矢田部ギルフォード(YG)性格検査で測定される性格特性

尺度	英名	和名
D尺度	(depression)	抑うつ性
C尺度	(cyclic tendency)	回帰性傾向
I尺度	(inferiority feeling)	劣等感
N尺度	(nervousness)	神経質
O尺度	(lack of objectivity)	客観性の欠如
Co尺度	(lack of cooperativeness)	協調性の欠如
Ag尺度	(lack of agreeableness)	愛想の悪さ
G尺度	(general activity)	一般的活動性
R尺度	(rhathymia)	のんきさ
T尺度	(thinking extraversion)	思考的外向
A尺度	(ascendance)	支配性
S尺度	(social extraversion)	社会的外向

のものが多い。そのため，検査の意図が伝わりやすく，検査を受ける側の負担も少ない。また，一定の手続きに従い採点や解釈ができるため，結果の分析も比較的容易に行うことができる。結果の解釈も，検査者の主観が入り込みにくく，客観的な視点を保ちやすいのが特徴的である。

しかし一方で，質問紙法は回答が容易なため，クライエントの側に検査に対する抵抗がある場合は，まじめに回答しないなど，回答が操作されやすいというデメリットがある。そのため，質問紙法の実施に際しても，クライエントとの信頼関係を築くことは重要であり，結果の解釈の際にも，クライエントの検査への意欲や検査時の態度も配慮する必要がある。

(3) 投映法

質問紙法と同じく，性格検査の1つとして用いられるものに投映法があげられる。質問紙法が具体的な質問項目に対する回答を求めるのに対し，投映法は何らかのあいまいな刺激を与え，それに対する反応が分析対象となる。

代表的な投映法であるロールシャッハ・テストでは，インクでできたシミが描かれた図版を渡し，それが何に見えるかを問うという方法を用いる。ここで描かれたシミは明確な形態を持たず，クライエントが自由な連想で何に見えるかを答えていく。質問紙が，「はい」か「いいえ」といった明確な回答ができるのに対し，投映法では刺激のあいまいさに加え，クライエントの回答方法も幅広く自由度が高いのが特徴である。回答の自由度が高く多義的であるため，結果の解釈も複雑となり，熟練を要する。

投映法の代表的なものとしては，ロールシャッハ・テストのほかに，「P-Fスタディ」（絵画欲求不満テスト），「TAT」（主題統覚検査），「SCT」（文章完成法テスト），描画検査などがあげられる。描画検査には，「実のなる木を1本描いてください」と教示される「バウムテスト」や，「風景構成法」，「S-HTP」（統合型家・木・人物画法）などさまざまな技法が用いられる。

深津（2006）は，投映法ではパーソナリティ構造，内的葛藤，対象関係，病態水準，退行のあり方とその水準，あるいは行動化の可能性，予後の予測などについての情報を得ることが可能であり，クライエントと出会った初期の数回の面接では容易には観察されがたい内的世界が，前意識レベルまで投映される特性があると述べている。そして，質問紙法がクライエントの意識的な次元が現れるのに対し，投映法は前意識あるいは無意識的な次元まで読み取ることができるとされている。こうした質問紙法と投映法の特性をいかし，両者をうまく組み合わせてテスト・バッテリーを組むことで，クライエントを多面的に理解することができる。

4. 発達のアセスメント

質問紙法や投映法は主にクライエントのパーソナリティを理解するための心理検査であるが，他の代表的な心理検査として，クライエントの能力を測定する知能検査と発達検査があげられる。特に子どもを対象としたアセスメントでは，学校での不適応の背景に発達の遅れや偏りが見られる場合もあり，発達のアセスメントの視点は欠かすことができない。

個人の年齢に対して，何らかの能力の発達が遅れていたり過剰だったり，アンバランスさが見られ，それにより日常生活を送る上で何らかの支障が見られ，周囲とうまくいかなかったり，本人が生きづらさを感じている状態は発達障害と呼ばれ，近年たいへん注目されている（アペンディクス2参照）。発達障害には自閉症スペクトラム障害や注意欠陥多動性障害，学習障害，その他これに類する脳機能障害が含まれ，通常，低年齢で発現するものとされている。発達障害のある子どもは発達が盛んな乳幼児期の発達の順番が定形発達の場合と異なっていたり，遅れたりということが部分的に見られる。しかし，乳幼児期に

表6-3　日本版WAIS-Ⅲの検査内容

群指数		測定される能力	構成される下位検査
言語性検査	言語理解	言語的な意味の理解力。言語的な説明能力。一般的な知識。抽象的な言語能力。	単語 類似 知識
	作動記憶	聴覚的な短期記憶。処理・操作のための記憶能力。	算数 数唱 語音整列
動作性検査	知覚統合	視覚的情報を統合する能力。得られた情報をもとに推理、処理する能力。	絵画完成 積木模様 行列推理
	処理速度	処理のスピード。視覚的短期記憶。	記号探し 符号

　発達のところどころに「おかしさ」が見られることがあっても、その後、一見何の問題もないように見えることもある。そのため発達障害は、「障害らしくない障害」「見えにくい障害」（鳥居、2009）といわれ、そのまま発達障害に気づかれずに大人になることも往々にしてある。このように、日常生活での様子を見ているだけでは、その人の発達の状態を知ることは難しく、そのような場合に活用されるのが、知能検査や発達検査である。

　発達検査は乳幼児や就学前の子どもに対して発達の状態を調べるものである。発達検査には、実施方法や検査用具、判定方法が標準化された中で観察を行うものと、養育者への質問紙の実施によるものとがある。代表的な発達検査として、「新版K式発達検査」「遠城寺式乳幼児分析的発達検査」「乳幼児精神発達診断法（津守式）」などがあげられる。

　また、知能検査は「ビネー式知能検査」と「ウェクスラー式知能検査」が代表的である。ビネー式知能検査は、日本では田中ビネー式知能検査が知られており、1歳から成人までの問題が、やさしい問題から難しい問題へと順に並べられているのが特徴である。結果は精神年齢（MA）と生活年齢（CA）の比から算出された知能指数（IQ）で表される。

　ウェクスラー式知能検査は、3歳10ヶ月〜7歳1ヶ月の幼児を対象としたWPPSI、5歳〜16歳11ヶ月を対象としたWISC-Ⅳ、16歳〜89歳を対象としたWAIS-Ⅲがある。ウェクスラー式知能検査では、全体的なIQだけでなく、言語性IQと動作性IQが算出され、さらにそれを構成する4つの群指数（言語理解、

知覚統合，注意記憶，処理速度）のバランスを見ることができる（表6-3）。

これらの発達検査や知能検査を用いることで，日常場面や面接では知ることのできない個人の発達のバランスを知ることができる。しかし，検査結果がIQなどの数値で算出されることで，数値の高い低いにのみ注目してしまったり，発達障害の安易なラベリングになってしまわないように注意しなければならない。発達障害と単に診断するだけになってしまうと，困っている子どもたちの病態，病理の本質を把握して，的確で根気強い治療努力を続けることにはつながっていかないと村田（2009）が指摘するように，発達のアセスメントでは特にこの点に注意が必要となる。

5．コミュニティのアセスメント

ここまで主に心理療法の対象となるクライエント個人へのアセスメントについて述べてきた。しかし，実際の臨床場面では，スクールカウンセラーや学生相談などの教育現場での支援，企業への支援，災害地域への支援など，個人レベルの支援だけでなく集団レベルへの支援が求められる状況も多い。田嶌（2009）は，アセスメントを①本人自身のレベル（個人のレベル），②家族のレベル，③外部集団（会社や学校，地域等）のレベル，④外部集団や地域のレベルの4つのレベルに分けている。そして，そのそれぞれについて，問題の解決に向けての促進要因，抑制要因，維持要因の3つの要因に分けてとらえることで，誰がどこにどう働きかけることで変化をもたらしやすいかのアセスメントを行うとした。たとえば，不登校の小学生の事例の場合，個人レベルでの介入だけでなく，家族間では父親に積極的な役割を持ってもらったり，集団レベルでは，担任にクラスでの居場所を作ってもらう，保健室の活用など，所属する集団も含めたアセスメントと介入を行っていく。

このような支援はコミュニティ・モデルの心理援助であり，山本（2001）は，伝統的な心理援助が相談室などの密室で援助活動が行われるのに対して，コミュニティ・モデルの心理援助では学校や職場などその人が生活をしている場の中で行われるとしている。このように，臨床場面の特性に応じて，個人のアセスメントだけでなく，その人の所属する家族，学校，地域といったコミュニティ

のアセスメントを行い，援助資源として活用していくことも重要である（8章参照）。

2 家族関係のアセスメント

1．アセスメントと家族

　アセスメント（assessment）とは，査定と訳され，主に経済の文脈で使われてきた術語である。金銭や等級などの価値，すなわち豊かさを調べて評価するといった意味で用いられる。類似した学術用語に診断（diagnosis）があるが，診断は医学用語であり，分類や分析といった意味合いが強い。特に疾病の原因の追求や，問題のありかを突き止めるといった意味で使われ，医学では治療とともに，診断自体が1つの体系を持っている。

　馬場（1997）は，心理アセスメントについて，言い表すのはなかなか難しいとしつつ，以下のように説明している。すなわち，心理アセスメントとは，その人はどういう考え方や感じ方や，物事の判断の仕方や振る舞いをする人か，問題となっている行動は，どのような内面の歪みから生じているのか，無理に抑えられている感情や過剰に表現されている感情があるか，その無理や歪みの質および程度はどのようか，身体的・気質的な障害がある場合，それに伴う心理的な困難はどのようか，その人の現在持っている力potentialityはどのようか，などを含んだ人物理解と描写をすることである。

　このように，心理臨床においてアセスメント，または査定という言葉を用いる背景には，アセスメント対象の問題を見極めるにとどまらず，アセスメントの先に続く心理臨床的援助の対象が持つ可能性や潜在的な力といったものも視野に入れ，その全体性を把握するという意味が含まれる。そこでは，対象の生きてきた歴史や関係性といった文脈に対する理解も自ずと必要となるだろう。その意味で，特に臨床実践において，家族という視点を抜きに個人の歴史や対人関係を把握することはほぼ不可能である。なぜならば，家族とはその人の生きてきた歴史と不可分であり，かつ現在においてその人が生きている主たる環境でもあるからである。もしその人にとって「家族」と呼べる人物がこれまで

にいなかったとしても、そのこと自体がかけがえのない歴史であり、その人が生きる場所の姿である。すなわち、家族体験とはどのような個人とも切り離しがたい領域であるといえる。

また、アセスメントの方法が何であれ、還元論的に家族と個人の関係をとらえると、どうしても「問題」や「原因」としての家族といった像が浮かび上がりやすい。しかし同時に、家族は慈しみ育む環境でもあり、情緒的・道具的な支えや資源にもなりうるという視点を持つことが重要であると考えられる。

2．家族アセスメントの視点

大熊（1988）は、家族のアセスメントに関しては2つの次元があると述べている。1つは時間的な次元である。家族の発達に伴って、家族の構造やダイナミクスがどう変化するか（したか）、現在の状態は発達段階や治療（カウンセリング）の見通しの中でどのように位置づけられるか、治療によって問題は解決されたかという視点である。これは時間軸にそったアセスメントで、縦の次元である。もう1つは横の次元といえるものである。すなわち、特定の時点で家族の状態がいかなるものであるかの把握である。このほかにも、経済状態、コミュニケーションを含む交流パターンやそれを規定するルール、問題に対する家族の解決機能は、両者に共通する視点であるとしている。

また、主に個人療法の観点から臨床的援助の対象となる個人を理解するために、その背景としての家族について理解するという場合だけでなく、家族自体がアセスメントの対象となる場合がある。後者は特に、家族療法や家族心理学といった領域で重視されており、家族成員間の相互作用や、家族システムの視点から、成員とシステムの相互作用を描き出すという作業が行われる。布柴（2008）は、家族を1つのシステムとしてとらえるとき、家族システムを家族の「構造」、「機能」、「発達」という3つの属性から説明することが可能になると述べている。家族の「構造」とは、家族員の数や、父親、母親、きょうだいなど家族の構成員を指す。「機能」は、家族員がお互いに影響し合い、繰り返されるコミュニケーションのパターンや、秩序立ったある規則性を持って繰り返される家族独特の役割パターンと定義される。「構造」と「機能」は密接に関連しており、時間

の流れとともに変化していくことになる。結婚や子どもの誕生や自立，成員の死といった「発達」に伴い「構造」や「機能」も変化させつつ，家族独自の適応した型を持って変化していくという。しかし，家族の構造はともかく，相互の関係や家族力動，コミュニケーションのありようそのものを把握するということは並大抵のことではない。実際に利用可能な方法論も多くはない。家族合同面接の場面を直接観察するにしても，アセスメントを行う側に相当の訓練と技量が求められるものと思われる。

3. アセスメントの方法

　次に，狭義の心理アセスメントである，技法としての心理検査について実例をあげて見ていく。心理検査とはアセスメントのために用いられるものであるが，その背景理論や目的はさまざまであり，通常いくつかの検査を組み合わせて実施されることが多い。これをテスト・バッテリーと呼ぶ。複数の検査をうまく組み合わせることによって，対象を多角的，かつ立体的に把握することが可能となる。

　また，アセスメントが行われる場面は，大きく，研究が目的の場面と，臨床実践の中で行われる場面に分けられる。本節では特に，臨床実践の文脈での心理検査を用いた家族関係のアセスメント技法を概観する。

(1) 投映法

　投映法（projective technique）とは一般に，多義的であいまいな，非構造的刺激に対する反応をもとに，被検者のパーソナリティを評価する検査方法の総称である。ここでは，描画法，ロールシャッハ・テスト，TAT（主題統覚検査），SCT（文章完成法テスト）により家族関係をアセスメントする方法について述べる。

　①家族画

　家族画は，家族関係に関する検査で代表的なものである。そもそも描画法自体が，心理学的な検査や心理療法の手法として比較的古くから用いられてきた。描画の中でも特に人物画は，子どものように言語的なコミュニケーションが難

しい対象に対する，非言語的な知能検査として用いられていた。その明細化の程度によって知能を測るというものである。その後，描画法はパーソナリティを把握する投映法としても用いられるようになり，アセスメントのみならず，描画療法，すなわち心理療法の方法としても用いられるようになった。対象も子どもに限らず，あらゆる年齢を対象に適用され，描く対象や方法も含めて多様な形で発展している。

家族画とは，描画法のうち，1枚の用紙に家族全員の姿を描くことを求めるものである。石川（1986）によれば，家族画には，「ある家族を描きなさい」という教示によって施行されるDAF（Drawing A Family）と，「あなたの家族を描きなさい」という教示によって施行されるFDT（Family Drawing Test）の2つがある。前者の場合は，架空の家族が描かれることも多く，描画を実施した後に行う面接（Post Drawing Interview：PDI）では各人物の性や年齢，役割などの説明を求めることになる。後者の場合は，絵の中の人物が誰であるか被検者が同定しない場合，そのことを尋ねる必要がある。

動的家族画テスト（Kinetic Family Drawing：KFD）は，上記の家族画の発展形であり，バーンズとカウフマン（Burns & Kaufman, 1972）によって考案された。それまでの家族画では静的なものが得られることが多かったのに対し，動的（kinetic）な要素を求めたことがその特徴である。「あなたを含めて，あなたの家族のみんなについて，何かしているところを描いてください。ただし，スティック状（棒状）や漫画風ではなく，人物全体を描くようにしてください。家族の人たちが，何らかの行為や動作をしているところを思い出して描いてください」との教示から始められる（傍点は筆者）。日比（1986）によれば，家族描画に何らかの運動性が加味されるならば，得られる情報の質と量が飛躍的に増加し，多くの意義ある臨床的知見を獲得することができるという。また，動的家族画で描かれる「行為」は具体的であり，それだけに家族関係における当該人物を特徴づける場合も多いが，その反面，具体的であるがゆえに合理化され，社会化された形をとる場合も多い。また，動的家族画では，描画に被検者自身がとらえた家族間相互作用（family interaction）が投映される点に特徴がある（日比，1986）。実際のKFDの例を図6-1と図6-2に示した。図中の人物に割り振られた数字は描かれた順番を示す。

図6-1　KFDの例(食事)　　　　　　　図6-2　KFDの例(稲刈り)

　図6-1では，祖母や兄夫婦と甥を含む拡大家族の団らんの様子が生き生きと描かれている。図6-2ではおそらくは家業であろう農作業にいそしむ様子が描かれており，その関係はより協同性が高いことがうかがえる。図6-1と図6-2は同じ教示により描かれたものであるが，これだけでも，それぞれの被検者にとって「家族」のイメージが多様であることがうかがえる。

　これ以外にも，動的家族画を発表したバーンズによって，円枠家族描画法 (Family Centered Circle Drawing：FCCD) という方法も考案されている。これはあらかじめ中央に円が描かれている画用紙を用いて，その中に家族成員を描き，円の外側に連想されるものを描くという方法である。母親，父親，自分の順番で3枚の描画を行う (Burns, 1990)。また，自分が5歳のときを想定して動的家族画を描く，退行動的家族画 (Retarded Kinetic Family Drawing：RKFD) という方法もある (Furth, 1988)。

　以上に示した家族描画法は，個人の主観的な家族のイメージを反映しているものである。一方家族画の中でも，家族成員全体の相互関係を直接的に把握するために用いられるものが，合同動的家族画テスト (Conjoint Kinetic Family Drawing：CKFD) である。石川 (1986) によれば，合同動的家族画は動的家族画のように教示の中でではなく，現実に家族を動かす方法である。具体的には，①家族全員を4つ切画用紙の置かれた机に着席させる，②各成員にクレヨンを1色 (20色中) 選ばせる，③あなた方家族が何かしているところを描いてください，どんな大きさでどこへ描いてもよい，自分を描いても他の成員を描いてもよい，順番に1人ずつ描いても同時に描いてもよいと教示する，④色は

途中で変えない，⑤自由に話し合いながら開始させる，といった特徴がある。また，合同動的家族画に表れる家族成員間の相互作用は，他の描画によるそれよりも事実に近いというよりも事実そのものであり，アセスメントの手段としてよりも治療的な方法論として用いられることが多いとしている。これは，個人に実施される動的家族画などで描かれるものが，より空想的なものであり，表層的なものから無意識的なものまで射程におさめた内的なイメージをとらえる方法であることと対照的である。それぞれの特徴をおさえた上で利用されることが重要である。

このように家族画と一口にいっても，さまざまな方法がある。いずれにせよ，家族画に限らず臨床場面におけるアセスメントにおいて描画法を実施する場合には，その解釈は描画に描かれた情報のみによってなされるのではなく，描画後の質問（PDI）や描画中の行動観察，その他の情報源からの被検者の情報を総合してなされるべきである。

②合同ロールシャッハ・テスト

ロールシャッハ・テストは，インクブロットが印刷された10枚の図版を用いて，被検者がそこに見立てて，言語化して報告した反応をもとに，個人のパーソナリティを把握する投映法である。ロールシャッハ図版の刺激はまさに多義的であいまいであり，どのように見えてもかまわず，また，そのインクのどの部分に反応してもよいという自由なものである。ロールシャッハ・テストの実施と解釈には多様な流派が存在する。

ロールシャッハ・テストを個人のパーソナリティではなく，集団のコミュニケーション過程や集団力動の理解に利用する方法が，合同ロールシャッハ・テスト（Consensus Rorschach Test：CRT）である。合同ロールシャッハ・テストでは，10枚の図版が何に見えるのかを，集団の合議で決める。検査者は反応決定のプロセスの中に浮かび上がる，その集団の相互作用や力動をすくい取り，アセスメントを行う。合同ロールシャッハ・テストの場合，検査者が同席するだけでなく，場合によってはビデオ撮影やone way mirrorなどを利用して，合議で反応を決める過程を観察しプロセスを分析する。また，カードの利用枚数や時間制限など，実施手続きに統一したものはなく，場合によってまちまちである。合同ロールシャッハ・テストのうち，合議を行う集団が家族の

場合には，時に家族ロールシャッハ・テスト（Family Rorschach Test）と呼ばれることもある。各個人でテストを実施した後に，家族合同のテストを行い，結果を合わせて検討するというテスト・バッテリーが組まれる場合もある。

　高橋（2006）によると，合同ロールシャッハ・テストの有効性は①インクブロットを見て出される反応は，無数に可能であり，正解がないので，誰もが意見をだすことができること，②対象者が自覚することなく，他のメンバーを無視したり，あるいは圧力をかけたりする様子が，そのコミュニケーション過程の中で理解されやすいこと，③インクブロットは，古今東西を問わず，種々の文化の対人関係を測定できる，通文化的な手法であること，④インクブロットをめぐって意見交換することは，日常生活場面とは関係がなく，検査による副次的な問題を残す危険性があまり生じないことである。また，合同ロールシャッハ・テストでは，合議のプロセスのみならず，何が最終的な反応として選ばれたのかも重要である。馬場（1989）は，相互交流を見るということだけであれば家族の1日の会話を記録してみることもできるであろうが，そこでロールシャッハ・テストの図版を使うことによって，その家族成員の認知や判断にどれだけ客観性があるかとか，どういう方向でどれほど歪んでいるかということが，基準に照らして判断できるところに意味があると述べている。

③TAT

　TAT（Thematic Apperception Test：主題統覚検査）とは，被検者に絵を見せて物語を作ってもらい，その物語からパーソナリティに関する知見を得る投映法である。TATはマレー（Murray, 1943）によって考案された。TATの図版はいくつか種類があるが，最もよく用いられるマレー版は，1枚の白紙を含む31枚の図版からなる。その中から何枚かを選び，被検者に1枚ずつ見せて物語を作ってもらう。マレーの方法では20枚を選ぶが，まず年齢や性別を問わずに用いる図版がある。それ以外は，男性（少年含む），女性（少女含む），少年，少女といった対象によって異なる図版を用いるように構成されている。また，TATでは，ロールシャッハ・テストとは異なり，厳密な記号化がなされることはなく，共通した解釈尺度などが設けられているとはいえない。そのため，臨床場面で用いられることもロールシャッハ・テストと比較して少ない。しかし，大山（2004）によれば，解釈の柔軟性があるからこそ，臨床的には豊

富な素材を提供してくれる可能性も持っており，この柔軟性を最大限にいかしつつ使用するためには，技法の本質への了解が必要であるという。

マレーによるTATの分析方法は，欲求－抑圧分析と呼ばれるものである。鈴木（2006）によると，空想ないしその産物である物語は出来事（eventないしepisode）からなり，出来事は，主体を駆り立てる力とこの力が向けられる対象，およびこれらの相互作用の成り行きに分解されうる。願望，欲動，意図，期待など，主体から発し，主体を駆り立てる力は欲求（need）と総称される。主体に働きかけ，また主体から働きかけられる人的・物理的環境が主体に対して持つ力は圧力（press）と総称される。また，欲求と圧力の力動的構造は出来事の主題（theme）と呼ばれる。欲求－圧力分析では，物語の主人公を見極め，その主人公の持つ欲求やその強さ，環境から主人公への圧力やその強さ，欲求と圧力の関係やその結末などを理解していく。主人公は被検者が最も同一化している人物であり，主人公を知ることが被検者を知ることになる。

しかし，先に述べたように，欲求－圧力分析は必ずしもTAT分析の標準というわけではない。図版の用い方から解釈方法に至るまで，その後もさまざまな研究が続けられているが，TATに関しては，検査法の発展がロールシャッハ・テストに見られるような一定の標準化された手続きに洗練される前の段階にあるというよりも，むしろ分析と解釈がそもそも定量的・マニュアル的になりにくく自由度が高いことこそが大きな特徴であるともいわれる。そのような検査であるゆえに，やはりTAT実施には検査者の力量が試されるともいえる。

また，欲求－圧力分析の例でも示されるように，TATから導かれる被検者の物語は，個人と環境（他者や物も含む）との間の関係性，あるいは関わりの状態を示す情報が多く含まれていると思われる。図版そのものを見ても，家族に限らず恋人や友人といった他者との関係性が物語のテーマとして賦活されやすい様子が描かれている。TATに対しては，そのような点から，家族関係のアセスメントとしての利用価値が指摘されているといえよう。馬場（1990）によれば，TATは家族の情報を得るのに有効な方法として注目されており，TATの原理を応用した家族関係査定の検査も数多いという。安香（1989）も同様にTATが家族関係を調べるのによく用いられることを指摘しており，TAT図版（マレー版）には「家族」がたいへんよくでてくるので，そういう

意味では「TATと家族」を語ることはTATそのものを語ることと同じといってもよいほどであると述べている。TATを通して家族関係をアセスメントしようとする場合，まずはTAT図版それぞれに，一般的にどのような家族関係が投影されやすいかを抑えていくことが重要になると考えられる。

④SCT

SCT（Sentence Completion Test：文章完成法テスト）では，未完成の文章が提示され，被検者はその刺激に続く文章を思いつくまま自由に書き足し，完成させることが求められる。出来上がった文章を通して，被検者の特性を理解する検査である。もともとは言語連想法から派生したものであるといわれる。未完の文章を提示して完成を求めるという形式での情報収集のやり方は，比較的作成が簡便である。それゆえ，研究目的に応じて刺激文を自由に作ることができる（小林，2004）。つまり，研究において被検者の家族関係への認識や感情に関する情報を集めたいという目的を持った場合，「私の家族は……」「私の父は……」「私にとって母は……」など，家族に関する刺激で構成されたSCTを作成し，結果を分析して利用することができる。これがSCTの利用法の1つである。ロールシャッハ・テストやTATと異なり，集団でも施行できる点も，この場合は利点となるだろう。

もう1つ，狭い意味でSCTという場合，それは被検者のパーソナリティや特性をアセスメントするための心理検査を指すことがある。代表的なものとして精研式文章完成法テストがあげられる（佐野・槇田，1972）。これはパーソナリティの全体を概観する目的で作成されたものであり，市販されている。刺激文はpartⅠ，Ⅱともに30項目からなる。精研式SCTでは，パーソナリティを4側面，その決定因を3要因に分けて設定してあるが，決定因の中に家族的要因が想定されている。精研式SCTの刺激項目を見ても，自分と父母との関係や，家族に対するイメージなどを喚起する刺激は多数設定されている。特に家族関係のアセスメントという観点から見れば，このような刺激から得られた内容に注目していくことで，多くの情報を収集することが可能になるものと思われる。

(2) 質問紙法

質問紙法（questionnaire method）には，大きく分けて，標準化された既成

のものと，何らかの目的に対応するように作成して用いるものとがある。1節においても紹介したように，前者は矢田部ギルフォード（YG）性格検査や，MMPI（ミネソタ多面人格目録），UPI（学生精神的健康調査），CMI（コーネル・メディカル・インデックス）など多岐にわたり，性格特性や心理的な健康の程度を測定するために用いられることが多い。質問紙には，その目的に対応する質問が印刷されており，被検者がそれに1つずつ答えていくという手続きでなされる。測定されるのは，その個人の意識レベル，あるいは認知レベルの性格特性であると考えられる。

投映法は，対象の持つ無意識的な家族関係のイメージをとらえようとするものであった。一方，質問紙による家族関係の査定は，親子関係や夫婦関係といった特定の関係に焦点を当てているものが多い。特に親子関係に関する質問紙では，親と子，あるいはその両方の，養育態度に関する認知を測定しているものが主である。親は自分の養育態度に対する自己認知を，子は親の自分に対する養育態度をどのように認知しているかを，質問項目によって回答する。

家族関係のアセスメントに用いられる既存の質問紙はいくつかあるが，ここでは，親子関係診断テスト（diagnostic test of parent-child relation）を取り上げる。

親子関係診断の質問紙の代表的なものは，サイモンズ（Symonds, 1937）の理論を出発点に作成されてきた。サイモンズは，親の態度やしつけなどが「過保護（over-protection）－拒否（rejection）」「支配（dominant）－服従（submissive）」の直交軸によって4分割された領域のどこに当てはまるかによって，養育態度を分類した。その理論に基づき作られたものが，田研式親子関係診断テストと，その改訂版であるTK式診断的親子関係検査である。これは精研式文章完成法テストと同様に市販されている。

田研式，TK式では，両親用と児童・生徒用の尺度があり，得点はパーセンタイル値に変換され，診断グラフに表示される。田研式の下位尺度は両親用，児童・生徒用ともに，Ⅰ.「拒否」の①消極的拒否，②積極的拒否，Ⅱ.「支配」の③厳格型，④期待型，Ⅲ.「保護」の⑤干渉型，⑥不安型，Ⅳ.「服従」の⑦溺愛型，⑧盲従型，Ⅴ.「矛盾・不一致」の⑨矛盾型，⑩不一致型の10からなる。ここでの不一致とは，両親間の不一致を示す。検査の結果は前述のように診断

Chapter 6 臨床場面の人間関係

```
        支配
   3 ─────── 4
 (厳格型)   (期待型)
2              5
(積極的拒否型) (干渉型)
拒               保
否               護
1              6
(消極的拒否型) (不安型)
   8 ─────── 7
 (盲従型)   (溺愛型)
        服従
```

型	父	母
9 矛盾型		
10 不一致型		

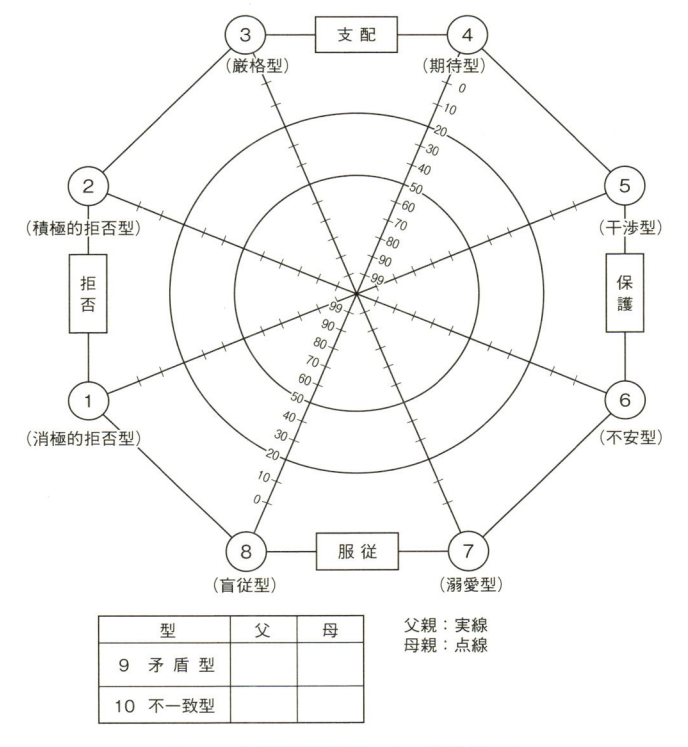

父親：実線
母親：点線

図6-3　親子関係診断テスト　診断グラフ

グラフに表される（図6-3）。それぞれの値はパーセンタイル値で示されるが，理論的には中心に近いほどよい傾向を示している。この診断グラフによって，親や子が認知する養育態度が「安全地帯（50％以上）」「中間地帯（20〜50％）」「危険地帯（20％以下）」のそれぞれどのあたりに位置するのかが視覚的に示される。また，グラフの利用で，それぞれの下位尺度間のバランスも見て取れる。さらに，親と子の結果を比較することで，親子間での認知のずれについても考察が可能となる。

　これ以外にも，日本で市販されている親子関係診断は，多数見受けられる。研究レベルでも親子関係の測定を目的に作られた質問紙は国内外問わず多い。親子関係ではなく，家族システムの機能を評価する尺度には，オルソンの円環

表6-4 FACES Ⅲの項目

1	私の家族はお互いに助けを求め合う。
2	問題を解決する時，子どもの意見に従う。
3	私たち家族はお互いの友人をよく知っている。
4	子どもは，しつけについて意見を言える。
5	私たちは自分の家族たちだけで何かをするのが好きである。
6	家族の中で，さまざまな者がリーダーシップをとる。
7	私たち家族は，家族以外の者よりも，お互いを親密に感じている。
8	私の家族は何かをする時，そのやり方を工夫して変える。
9	私たち家族は，自由な時間はいっしょに過ごすのが好きである。
10	私たち親子は，罰についていっしょに話し合える。
11	私たち家族は，互いに強い結びつきを感じている。
12	私たち家族の中では，子どもが決定権をもっている。
13	家族で何かをする時は，私たちは全員集まる。
14	家族の決まりは，その時々で変わりやすい。
15	私たちは，家族でいっしょにすることをすぐに思いつける。
16	私たち家族は，その場に応じて，家事を分担する。
17	相談があれば，家族の誰かに話すことができる。
18	家族の中で，誰がリーダーなのかがわからない。
19	家族のまとまりはとても大切である。
20	誰が何をやるという，家での仕事分担ははっきり決まっていない。

〔注〕奇数が「凝集性」，偶数が「柔軟性」。5件法。

モデル（3章1節の図3-1参照）による家族関係査定法（Family Adaptability and Cohesion Evaluation Scales：FACES）があり，日本語版も作成されている（立木，1999）。表6-4に西出（2006）により邦語訳されたFACESⅢの項目を示す。

また，その他の技法としては，円形のシールを家族に見立てて配置する家族イメージ法（Family Image Test：FTI）などがある（亀口，2006）。

4．おわりに

特定の道具によらないアセスメントとして，近年発展めざましい乳幼児研究などでは，観察や面接といった方法に重きが置かれている。また，家族システムを治療の対象とする家族療法の場面においても，家族成員間のやりとりや行動を丁寧に観察するアセスメントは重要である。家族療法の実践や訓練では，ビデオ撮影や，one way mirrorによる観察，インターフォンを通じた即時的な介入や助言が行われる方式も普及している（亀口，2010）。

ここまで見てきたように，家族に関するアセスメントの方法にはさまざまな

ものがあるが、当然のことながら、臨床実践では特定の道具を使った検査法だけがアセスメントではない。親子や家族を対象とした実践に限らずとも、そもそも臨床実践において、面接から、また様子を観察することから対象を理解しようとすることは、アセスメントの基本である。特に検査法を用いる場合であっても、その実施、結果の解釈と適切な利用は、必ず検査者と被検者が存在する場でなされる。その意味で、アセスメント場面もセラピー場面と同様に、きわめて臨床的であるといえる。

3 心理臨床場面における人間関係

1. 心理臨床場面における人間関係の特質と心理臨床面接

心理臨床活動は、専門的援助を求める人(クライエント)とその援助を提供

表6-5 心理臨床家の職域と仕事の内容(下山, 2009)

職域	職場	仕事の内容
教育	学校内の相談室、大学の学生相談室、教育センター、各種教育相談機関、適応指導教室等	児童期、思春期、青年期の発達成長の援助を行う。方法としては、本人に対する心理援助のほかに親との面接や教師へのコンサルテーションを行う。学校臨床や学生相談は、この領域の活動である。教師との協働が重要となる。
医療・保健	病院・クリニック(精神科、心療内科、小児科、老年科等)、保健所、精神保健センター、リハビリテーションセンター等	病気やけが等のために医学的治療を必要とする人の心理面での援助を行う。心理テスト等を用いたアセスメントや心理療法のほかにデイケアやコンサルテーション等の活動を行う。医師、看護師等の医療関係者との連携が重要となる。
福祉	児童相談所、療育施設、心身障害者福祉センター、女性相談センター、障害者作業所、各種福祉機関等	心身の障害者への福祉を心理面で援助する。生活全般に関わる心理援助が多くなり、臨床心理的地域援助が活動の中心となる。ケースワーカーや福祉関係公務員との協働が重要となる。
司法・矯正	家庭裁判所、少年鑑別所、刑務所・拘置所、少年院、保護観察所、警察関係の相談室等	社会的処遇を決定する際に心理面での調査を行うための、心理テストをはじめとする臨床心理査定が重要となる。また、処遇の遂行や矯正に向けての臨床心理面接も重要な仕事となる。裁判官等の司法関係者や警察官等との協働が重要となる。
労働・産業	企業内相談室、企業内健康管理センター、安全保健センター、職業安定所、障害者職業センター、EAP等	青年期、成人期を対象に職業生活の遂行の援助を行う。企業内での相談では、職場内へのコンサルテーションなどの臨床心理的地域援助やライフサイクルの発達課題を考慮した臨床心理面接が行われる。職業相談では、職業適性を調査する臨床心理査定が重要となる。上司等との協働が行われる。

する人(心理臨床家・臨床心理士)が,心理臨床的援助を行うという目的に従って,特定の時間と場所で行うという,専門的な特質を持った人間関係である。心理臨床場面とは,そのような心理臨床の実践活動の行われる場面である。今日,心理臨床的援助を求められる場は多岐にわたり,さまざまな領域で心理臨床家が働いている。心理臨床家の職域と仕事の内容は,表6-5のように大別される。

　これらのいずれの領域においても,心理臨床面接は,最も重要で中心的な位置づけにある。まず,心理臨床面接について具体的に紹介してみたい。

(1) 初回面接(インテーク面接)

　初回面接とは,クライエントから援助の申し込みがあったときに,心理臨床家がそのクライエントに初めて行う面接である。心理臨床家は,最初にそのクライエントから話を聞く面接を設定し,クライエントが何を必要としているのかを聞く。その最初の出会いが,初回面接である。わが国の心理臨床では,インテーク面接と呼ばれることもある。

　初回面接,あるいはインテーク面接においては,クライエントの問題の聞き取りと評価が行われるので,それ自体が診断や査定・アセスメントのプロセスを含んでいる。そこで得られた理解をもとに,援助的なプロセスに入っていくのか,あるいは,アセスメントのための面接をさらに続けて行うのかは,クライエントの期待や要求,心理臨床家の援助技法,相談機関の特性などによって異なってくる(鑪・川畑,2009)。

(2) 査定(アセスメント)面接

　査定面接は,心理臨床家がクライエントの問題の性質を理解し,さらにその問題がどのような背景から生じてきているのかを見極めるために行われる面接のことをいう。心理臨床面接に持ち込まれる問題は,クライエント個人の内的問題だけでなく,家族・学校・職場などの生活環境の中での相互作用を含む困難な場合が多い。たとえば,子どもの不登校に関する相談の場合,問題の背景には子ども自身の精神的な問題,母子関係や父子関係の葛藤,教師との関わりやいじめの問題など,さまざまな要因があり,多くの場合それらが複雑に影響

表6-6　心理臨床家と一般の精神科医の比較 (鑪・名島, 2010)

	心理臨床家	一般の精神科医
クライエント理解	臨床心理学的〈不適応論〉に立つ（とかく心理主義的・人間学的な見方）	精神医学的〈疾病論〉に立つ（とかく生物学的・記述的・類型論的な見方）
診断	インテーク面接——内的生活史（主観的）心理テストによる診断（一応，客観的）	病歴——外的生活史（客観的）直感的診断（主観的）
治療関係（態度）	クライエント中心的立場——社会的責任は少ない（共感的・非指示的傾向）	管理的立場——社会的責任が重い（指導的・再教育的傾向）
技術上の特色	いわゆる〈カウンセリング的〉〈聞き役的〉面接が多い　集団指導の技術（集団療法・家族療法・生活療法・リハビリテーションなど）　心理・行動の数量化と統計処理の技術　チームワークのマネージメント的役割（メンバー間の潤滑油，相談役的）	いわゆる〈ムンテラ的〉（説得・評価的）面接が多い　薬物・医学的な諸技術の利用　チームワークのリーダー的役割（診療体制や組織・病棟の規律や雰囲気を決める）

（前田重治『心理臨床』　星和書店　1981年より）

し合っている。

　この査定（アセスメント）は，表6-6に示したように，医師の行う診察・診断とは性質の異なるものである。医療においては，まず患者の訴えや症状を聞き，身体機能や生理的変化を検査し，病気の原因を特定し，診断する。そして，その診断に基づいて投薬や手術などの治療へと進む。これらは専門家としての医師の判断による。それに対して，心理面接においては，クライエントと心理臨床家との，目的を持った話し合いそのものが査定であり援助の行為なのである。

(3) 心理療法（心理的援助面接）

　クライエントの求める問題の解決について心理学的な援助が役に立つと考えられる場合には，援助面接のプロセスに入っていく。心理学的な援助は，一般に心理療法（psychotherapy）と称される。それについてはさまざまな理論や技法があり，面接の進め方にもさまざまなものがある。心理療法場面における人間関係の特質については，4節で論じる。

(4) コンサルテーション

　コンサルテーションは，専門家の意見を求めるクライエントに，専門家とし

ての意見や情報を提供する面接のことをいう。これには2つの場合がある。第1は，問題を抱える本人ではなく，その人に関わる専門家が，問題の理解と援助をより効果的に行うために別の専門家から助言を受ける場合，第2は，問題を抱える本人やその家族が，専門家の意見を求めて来談する場合である。後者の場合，その内容は初回面接で行うこととほぼ同じであり，実際に初回面接のことをコンサルテーションと呼ぶこともある（鑪・川畑，2009）。

　このように多くの心理臨床的援助は，面接という形で行われる。そのため，クライエントと心理臨床家の相互交流のあり方が非常に重要な意味を持っている。心理臨床面接においては，クライエントと心理臨床家との間に交わされる言葉が重要な役割を持つ。クライエントの言葉をどう理解しどのような言葉を返すかというやりとりは，心理臨床家になっていくための重要な基礎的訓練の1つである。

　また，面接場面での相互交流の中では，言葉のやりとりだけでなく，表情や態度，声の質などの非言語的コミュニケーションや身体感覚などにも注意を払う必要がある。それらは，心理面接を構成する重要な要因である。さらに，心理臨床面接，特に心理力動的な心理療法面接においては，問題の理解（アセスメント）のプロセスと，問題の解決，つまり援助的なプロセスが並行して進んでいく。心理面接においては，問題の本質を理解するというプロセスそのものの中に，援助的な変化を引き起こす側面があり，援助的関わりの中で問題の本質がより理解されるのである（鑪・川畑，2009）。

2. 心理臨床面接の基本ルール

　このように心理臨床面接は，専門的な目的と特質を持った人間関係である。そして，この人間関係を媒介にして，心理臨床家がクライエントに心理学的な援助を行っていく活動である。それでは，心理臨床面接は他の人間関係とどこが異なるのだろうか。心理臨床場面での人間関係には，「心理面接の基本ルール」と呼ばれるものがある。

　私たちが社会や組織の中で生活していくためには，いろいろなきまりや規則がある。また日常生活の中での対人関係や，スポーツやゲームにもルールがあ

る。心理臨床家とクライエントの関係のルールもまた，人間関係のルールであるが，専門的な援助関係に見合うようにできている。このルールの中で，心理臨床家もクライエントもともに守られ，日常生活とは異なる人間関係が保証されることになる。このようなルールがあるからこそ心の内部の秘密や苦しいことや複雑な心の問題が安心して語られ，問題解決へつながる話し合いが可能になるのである。

　それでは，このようなルールとは具体的にはどのようなものだろうか。それらは，面接の契約，面接の時間と頻度，面接の場所，料金などの取り決めである。また，心理面接を本人だけの個人面接として行うのか，親の来談も求め，親子並行面接として行うのかなどの取り決めも含まれる。これらは，面接構造と呼ばれる。心理面接は，多くの場合，毎週1回，1回につき45～50分，同じ曜日の同じ時間に，特定の面接室で行われる。

　心理面接のルールの中には，「時間を一定にして守る」「同じ場所で面接を行う」「それ以外の時間や場所では会わない」「話された秘密は守る」など，たくさんのものがある。このようなルールによって，面接者とクライエント双方に安心感が与えられ安全感が保証される。つまり，心理面接のルールは，クライエントを無用な気遣いや不安から守るものであり，同じように心理臨床家もこのような気遣いや不安から守られている。さらに，基本ルールがあることによって，面接者-クライエント関係の性質が浮き彫りになるのである。たとえば，一定の時間を超えても話を続けようとしたり，料金のほかに贈り物を持ってきたり，面接場所を面接室の外に変えて会いたがったりして，基本ルールを逸脱しようとするクライエントがいる。その場合，クライエントがどうしてこの時期にこのような逸脱した行動をしようとするのか，ということを吟味することによって，面接者-クライエント関係の性質を深く知ることができる。そして，このように逸脱して特別な関係を持とうとするクライエントの動きは，クライエントの心理的問題に深く関係している。したがって，これらの逸脱行為はクライエント理解について重要な資料を面接者に与える手がかりとなるのである（鑪・名島，2010）。

3．心理臨床面接の基本的態度

これまで述べてきたように，心理臨床場面は専門的な特質を持った人間関係であるため，クライエントに対する心理臨床的援助を達成するために，面接者に求められる基本的な心理的姿勢や態度がある。この問題に対して，大きな影響を与えたのが，ロジャーズ（Rogers, 1942, 1951）である。ロジャーズはアメリカを代表する臨床心理学者の1人であり，クライエント中心療法という心理療法を提唱した。

ロジャーズによれば，人間は本来，自分の内側に，何が自分を不安にさせているのかに気づき，より積極的な生き方を模索し，可能性を実現していく力を持っている。したがって，心理臨床家が心がけることは，クライエントが自分自身をありのままに表現できるよう，温かく受容的な態度を維持することである。助言したり叱咤激励するのではなく，クライエントの内的体験を理解し，問題を克服しようとするクライエントの努力を，誠実に受容することが心理臨床家の仕事である。

ロジャーズは，心理面接場面で心理臨床家がとるべき基本的な態度を，「心理療法の3原則」と呼んだ。それは，無条件の肯定的関心，共感的理解，自己一致の3つである。

(1) 無条件の肯定的関心

心理臨床家に求められる第1の基本的な態度は，無条件の肯定的関心である。人間が自己の経験を否定せず，ありのままの自分でいることができるためには，他者から無条件の肯定的関心が払われる必要がある。心理面接場面では，面接者がこの無条件の肯定的な関心をクライエントに対して示すことにより，クライエントが自らの経験に開かれていくようになる。無条件の肯定的な関心は，クライエントの感情や行動について，特定のものだけを肯定するのではなく，クライエントを価値のある存在として，人間全体として受容することを意味する。

(2) 共感的理解

第2の基本的な態度は，共感的理解である。面接者はクライエントの主観的な世界に入り込んで，その中でクライエントが経験していることを感じ取ろうとする。それは感覚，知覚，意味，記憶，そしてそれらに付随する情動的な要素など，すべての経験を含むものである。それは，面接者自身がクライエントの心の世界に入り，「あたかもその人であるかのように」イメージし感じ取り理解することである。しかしそれはクライエントの世界に埋没してしまうのではなく，同時に，クライエントの状態を客観的に見る姿勢も重要である。たとえば，面接者は，クライエントが感じているであろう怒りや恐怖を感じ取るが，そうした強い感情に巻き込まれて自分を見失ってはならない。面接者なりの視点を維持しながら，面接者としての立場を貫くことができなければ，ただ感情に流されるだけでクライエントを援助することができなくなるからである。

(3) 自己一致

ロジャーズが第3にあげた自己一致は，面接者自身の自己経験と自己概念の一致した状態のことを意味する。クライエントに向き合うとき，面接者の自己の経験は正確に面接者自身に感じ取られ，それが排除されることなく，面接者の自己概念に包含されていることが望まれる。そのような状態にあるときが面接者は自分を守ろうとする防衛的な構えがなく，自分のありのままの姿でそこにおり，統合性を持った安定した存在としてクライエントに接することができる。クライエントに伝える言葉は，面接者の真実で純粋な経験に裏打ちされている必要がある。また，面接の場で経験している感情を否定することなく，ときにはそれをオープンに表現するといった自己開示が求められるとロジャーズは考えたのである。

以上の3つの基本的態度はいずれも重要であるが，共感的理解や受容が可能になるためにも，自己一致の要素は不可欠であると考えられている。仮に，面接者が共感的で，受容的な態度を示していたとしても，それが見せかけの態度にすぎなければ，真の共感や受容にはならないからである。また，クライエントの内的体験をくみ取るには，面接者自身が自らの経験に開かれていなければならない。こうした観点から，ロジャーズは，面接場面では，自己一致の要素

が最も基礎的な条件になると指摘している（鑪・川畑, 2009）。

ロジャーズの「心理療法の3原則」の考え方は，第2次世界大戦後まもなくわが国に紹介され，日本の臨床心理学に大きな影響を与え，心理臨床活動に取り入れられていった。心理臨床家の専門的教育・訓練の視点や方法も整えられ，実際の心理面接場面での面接者の応答の仕方が，心理面接の応答技法として教育されている。

ロジャーズのクライエント中心療法は，4節で紹介する精神分析的心理療法や認知行動療法とは，立場を異にする。しかしながら，クライエントに対する肯定的関心や共感的理解，面接者自身が心を開きありのままでいることという，クライエントに向き合う基本的な心の姿勢は，どの理論的立場に立つ心理臨床家にとっても共通して求められる基本的な姿勢である。

4 心理療法場面における関係性の実際

1. 心理療法の関係性と治療構造

心理療法におけるセラピストとクライエントの関係は，援助を受ける者と援助をする者という2者関係が基本であり，その関係性は2人が出会うところから始まる。この関係は日常の対人関係とは異なり，それぞれの役割が定まっているのが1つの特徴である。成田（2003）は，セラピストの役割として，①クライエントの依頼にこたえうる知識と技術を持つ専門家としてクライエントの依頼を受け入れる，②治療構造を設定し維持する，③クライエントに傾聴し理解する，④理解したところをクライエントに言葉で伝達することによって，クライエントの問題（不安，葛藤）をいま一度クライエントの中に差し戻す，⑤クライエントが自分の問題に自分で対処できるようになるよう，面接の中でのセラピストの役割をできるだけ小さくするように努めるの5つをあげた。そしてクライエントの役割として，①自分の問題の解決を求めて専門家に助力を依頼する，②治療構造を守る，③自分の内界を包み隠しなく言葉にする，④セラピストの介入を受け入れて自分の言動の意味を理解できるように努め，自分の問題（不安，葛藤）を今一度自分の中に引き受ける，⑤自分の問題に自分で対

処できるようになるの5つをあげた。

　成田が述べるように，セラピストは治療構造を設定する役割を持っている。治療構造とは，心理療法をどのくらいの頻度で行うのか，何曜日の何時にするのか，料金はいくらかなどといった，心理療法の枠組みを指す。さらに，心理療法が行われる部屋をどこに設けるか，また部屋の中には落ち着いて話ができる椅子と机を用意しておくなど，心理療法の場を設定することもセラピストが設定する治療構造の1つである。たとえば，子どもに対する心理療法では，その子どもの心の世界を表現するための遊具をそろえておく必要があるし，クライエントによってはセラピストと顔を向き合わせて話すことに強い緊張を感じる場合もある。このような場合は，その部屋のどこに椅子を置くのかといったことも，クライエントとの話し合いで決めていくことで，クライエントが安心して心理療法に来ることができるようになる。

　そして心理療法の開始時には，治療構造についてセラピストとクライエントの間で話し合いが行われる。馬場（1999）は，心理療法の始まりでは，まずクライエントとの間で，心理療法の方法についての双方が合意を得るプロセスがどの心理療法においても共通することであると述べている。そして，心理療法を継続するには，クライエント本人が続けていこうとするモチベーションと意志が不可欠であるとしている。たとえば，クライエント自身が周囲から勧められて心理療法に訪れたが，本人の動機づけがあいまいである場合もある。また，心理療法を受けるよりも，病院や福祉など別の援助機関に行く方が，クライエントのニーズに合致している場合もある。このように，クライエントの心理療法に対する意欲や目的を確かめ，セラピストの方でも引き受けられるかどうかを検討し，お互いに合意をした上で，心理療法は開始されることになる。

　さらに，心理療法のプロセスが進み，クライエントの問題が解決してくると，来談の回数を週に1回から月に1回へと減らしていくなど，治療構造はクライエントの状態に応じても変化していく。このように治療構造についても，心理療法のプロセスにそってクライエントとセラピストが話し合い，お互いが合意しながら心理療法は進められていく。

　また治療構造に対するクライエントの態度や意見の中に，クライエントとセラピストの関係性が現れたり，クライエントの対人関係のパターンが現れるこ

ともある。たとえば，毎回時間通りに来談する人もいれば，必ず5分ほど遅れてくる人もいる。また終了の時間が来ても，退室を拒み，もっと話したいと訴えるクライエントもいる。これらの背景には，セラピストへの甘えや依存，セラピストが自分に関心を持っているかを試す行為など，治療構造に対するクライエントの行動がセラピストとの関係性を象徴している場合もある。そのため，一貫した治療構造が保たれることは，それ自体がクライエントの心的世界を表現する場としても機能するといえる。

2．主な心理療法の技法と関係性

心理療法はセラピストとクライエントの生身の人間のやりとりを通じて展開するため，そこでは2人の間にさまざまな関係性が生じる。そして，その関係性は心理療法の技法の持つ特性によって，それぞれ特徴が見られる。ここでは心理療法のさまざまな技法のうち，まずは言語を用いた心理療法として精神分析と認知行動療法の2つを取り上げ，それぞれの関係性の特徴を見ていく。そして最後に，子どもを対象とする心理療法として遊戯療法における関係性の特徴を述べる。

(1) 精神分析における関係性

精神分析は，1890年代後半にフロイト（Freud, 1900）によって創始された心理療法の1つの理論体系であり，その後も多くの後継者により発展を続けている。

フロイトは，心には意識と自分が全く意識していない無意識の部分，さらに普段は無意識の中にあるが，注意を向けると意識に上がってくる部分である前意識があると考えた。そして，受け入れがたいつらい体験は無意識の中に抑圧され，それが身体症状などに転換されると考えた。そのため，無意識に抑圧されていたものを意識に戻すことで，症状が改善されるとした。フロイトは精神分析の過程で，クライエントが病気を治したいと思っているにもかかわらず，治療に抵抗する力が働くことを発見し，これを抵抗と名づけ，なぜ抵抗が生じるのかということに注目した。心理療法はクライエントの問題の解決を目的と

するものであるが、セラピストとクライエントの間でさまざまな感情が湧き起こる。たとえばクライエントにとっては、自分の問題の解決よりも、セラピストに認められたい、甘えたい、叱られたいなどさまざまな欲求が生じ、これらの欲求が心理療法の場面でセラピストに向けられることがある。精神分析ではこのようなクライエントからセラピストに対して向けられる欲求や言動を転移と呼ぶ。また心理療法の中では、反対にセラピストの側にもさまざまな情動が引き起こされる。たとえば、特定のクライエントに対して、ひどく親しい気持ちを感じ、「この人を何とか助けてあげたい」という気持ちが湧いてきたり、また反対にあるクライエントに対しては嫌悪感が引き起こされることもある。こうしたセラピスト側に引き起こされる反応は逆転移と呼ばれる。

初期の精神分析では、転移はクライエントがかつて別の他者に向けていた感情が、心理療法が進む中で無意識にセラピストに向けられるようになったととらえ、その感情の意識化が行われることで治療が進展すると考えられていた。たとえば、クライエントの母親との関係が、セラピストとの間で再現されていることを心理療法の中で解釈し、クライエントが自己理解を深めるというようなことである。

転移や逆転移に代表されるように、セラピストとクライエントという生身の人間関係をベースとした心理療法では、双方にさまざまな心の交流が生じる。そのためフロイトは、セラピストはクライエントの転移に対しても中立性を保ち、「平等に漂う注意」(Freud, 1912) を払うことが重要であると考えた。これはセラピストの主観や先入観を排除して、自らの内に沸き上がる連想を最大限に開放する姿勢で話を聴くことである。このように精神分析では、セラピストとクライエントとの関係の中で、クライエントがそれまで自分の中でうまく受け止めきれないでいた感情が表現されることを目指していく。

そして精神分析の場で語られることは、セラピストとの関係性の中で生じるものであると考え、面接の場で取り扱っていくことも積極的に行う。たとえば、クライエントが自分の息子の学級担任に対して、「あの先生は息子のことを何もわかっていない」と不満を話すとき、セラピストは学級担任への不満として聞きながらも、もしかするとセラピストに対しても同じように「セラピストは私のことを何もわかっていない」と感じているのではないかと連想が浮かぶこ

とがある。その連想を「今お話を聞いていて，ここでも同じようにわかってもらえていないと感じられているのではないかと思いましたが，いかがでしょうか」と伝えることで，クライエントが今ここで何を感じているのかを話し合うことができる。またクライエントにとっては「自分のことをわかってもらえていない」という感覚やそれに伴う孤独感は，これまでの対人関係で繰り返し体験されてきたものかもしれないと連想することもできる。このようにクライエントの語りを現実的な水準だけでなく，セラピストとの関係性の文脈からとらえ直したり，クライエントがこれまで抱えてきた中核的なテーマを探索するなど，セラピストはクライエントの語りをさまざまな水準で理解し，その理解をクライエントに伝え，そこでのやりとりを丁寧に行っていく。これらの関わりを通して，クライエントの自己理解は多様化し，複雑でより柔軟なものへと変容していく。

　この例にあげたように，フロイト以降の精神分析では，セラピストとクライエントの関係性をより積極的にいかす理論が誕生している。コフート（Kohut, 1977）の提唱した自己心理学では，フロイトが客観的な態度を重視したのに対し，セラピストがクライエントに対する共感から得た情報を重視している。ここでの共感は「代理の内省」とも呼ばれ，セラピストがクライエントの中に共感的に入っていき，クライエントの歴史，感情，思い，考え，心配，希望，それらをクライエントがどのように体験し，表現するかを熟知すること，そのことでクライエントの内的体験に近づくことが重視されている（Wolf, 1988）。

　またストロロウら（Stolorow, et al., 1987）の間主観性理論では，クライエントについてセラピストが客観的な知識を持っているとは考えず，セラピストが有しているのは，多種多様な情報源や人生の経験に由来したセラピスト自身の主観的準拠枠（個人がものをとらえる際の系統的な原理や思想）であり，その主観的準拠枠を持ってセラピストはクライエントの語りを，自分にとって筋の通ったテーマや関係性へとまとめるという視点に立っている。そして，古典的な精神分析ではクライエントの中だけのプロセスとして考えられてきた転移，抵抗など心理療法で出現するさまざまな症状は，それが出現してくるセラピストとの間主観的な文脈を抜きには語れないとされている（Stolorow, et al., 1987）。さらに森（2010）は間主観性理論では，クライエントの力動的な葛藤

の意味を理解し，セラピストがそれを説明的に解釈するといった，言葉によるやりとりに加え，クライエントがその瞬間瞬間において表出する言葉以外のものをめぐるやりとりにも目を向けると述べている。このように，セラピストは客観的で中立的な立場に立つことを目指した古典的な精神分析から，現代の精神分析では，セラピストとクライエントの関係性は相互に影響を与え合うものであるとし，その相互性をより積極的な形でいかす方向に発展している。

　また伝統的な精神分析は週に3回から5回の面接を行うことが原則であるが，現代においては週に1回程度の頻度に変化しており，このようなスタイルで行われる心理療法は精神分析的心理療法と呼ばれている。こうした変化について，一丸（1998）は時間的，経済的な制約という現実的な理由のほかに，時代によるクライエントの変化や，日本の文化に根ざした形に変化したと述べており，フロイトが創始した精神分析は時代の変化や各国の文化に応じて，その後も発展を続けている。

(2) 認知行動療法における関係性

　精神分析やクライエント中心療法といった心理療法が発展するなか，これらの心理療法の治療効果に疑問を呈する形で，科学的な実証性を重視した心理療法の技法として認知行動療法が誕生した。認知行動療法は，1人の創始者により編み出された技法ではなく，いくつかの技法が統合され，発展してきた技法である。1960年代以降，パブロフ（Pavlov, 1927）やスキナー（Skinner, 1953）らの学習理論を基盤とした行動療法が心理療法の技法として開発された。さらに，エリス（Ellis, 1975）の論理療法，ベック（Beck, 1976）の認知療法などが誕生し，これらの流れが統合され，認知行動療法というアプローチが発展した。

　ベックは抑うつが生じ，維持されるプロセスにおいて，特有の非論理的・非現実的な思考パターンがあることに気づき，これを認知の歪みとしてとらえた。そして，歪んだ認知を修正することが行動の変容を生じさせるとした。また坂野（1995）は，認知行動療法で取り上げる「認知」とは，ある特定の状況で個人の中に一時的に引き起こされた内的な反応パターンであり，さらにそれは個人の中に一貫した反応スタイルとして存在し，基本的には過去の経験を体制化

した持続性を持ち，将来の経験や行為に影響を及ぼすものと述べている。たとえば，過去の失敗や傷つきによって「自分はダメな人間だ」「誰からも好かれるはずがない」と考えることが癖になっている人がいたとする。その人がこの認知のパターンがあまりにも習慣化してしまうと，相手にそのつもりがなくても，些細な反応から「やっぱり嫌われた」と思い込んでしまうことがある。これは現実の相手の気持ちを無視した否定的な認知の歪みといえる。

　こうして個人の中に習慣化されてしまった認知の歪みを修正することで，問題の解決を目指すのが認知行動療法の特性である。たとえば認知パターンの1つとして，ある特定の場面において生じる瞬間的な思考やイメージを自動思考と呼ぶ。先にあげた例のように，相手の些細な言動を見て「やっぱり嫌われた」という考えが瞬間的に浮かぶといった心の中に瞬間的に生じる思考を指す。自動思考の1つには絶対的2分法思考というものがあり，これは白か黒かという2分法な思い込みである。認知行動療法ではまずクライエントが自分の自動思考を自覚できることを目指し，その後，自動思考の背景となるより深いレベルの認知（スキーマ，信念などと呼ばれる）を想定し，明らかにしていく。そして認知行動療法ではクライエントが自分の認知とそれに伴う行動や感情のパターンを自覚し，自己コントロールできるようになることを目指していく。

　伊藤（2005）は，認知行動療法の基本モデルとして，個人と環境の相互作用に注目する視点と，個人の中で起きている個人内相互作用に注目する視点を持ち，これらがその人の認知，行動，気分・感情，身体反応とどのように相互作用を起こしているかを見るとしている。そして認知行動療法を通して，歪んだ認知を「修正する」のではなく，認知の「幅を広げる」「柔軟性を高める」ことを目的とすると述べている。

　認知行動療法では，ワークシートなどを用いてこれらの相互作用を視覚的に示し，クライエントが自分の問題を理解しやすいような工夫が施されている。そして伊藤（2008）は認知行動療法におけるセラピストとクライエントの関係性を両者がチームを形成し，協同的に問題解決を図るというスタイルを有するのが特徴であると述べた。

　実際の認知行動療法の進め方としては，必要に応じて，クライエントが自らの生活を振り返るためのワークシートを記入するといったホームワークが課さ

れたり，今が心理療法のどの段階であるのかを毎回のセッションで明確に示すことで，心理療法の進行がクライエントにわかりやすいよう外在化するなどの工夫が行われる。また，日常生活での具体的な問題解決の対処方法を一緒に考えたり，リラクセーション法やロールプレイングを行うことで，クライエントの問題解決スキルを高める技法を用いることもある。このように，認知行動療法は精神分析やクライエント中心療法といった他の心理療法の技法に比べ，セラピストの介入が具体的かつ積極的で，心理療法の構造が明確であることが特徴的である。

(3) 技法を越えて共通するもの

ここまで心理療法の技法として精神分析と認知行動療法というそれぞれ異なった特性を持つ技法を紹介してきた。しかし，両技法はともに異なった特徴を持ちながら，それぞれの技法の中に共通する要素も含まれている。

岡野（2008）は，精神分析の本質はあくまでも無意識間のコミュニケーションであるのに対し，認知行動療法の場合は，セラピストもクライエントにも直接認識される思考内容や，表面に現れた行動を扱うというように，両者で想定しているセラピスト-クライエント間のコミュニケーションのレベルが異なるとしている。しかし，岡野は現実の臨床場面では，クライエントの無意識と治療者の意識レベルの間の交流も，またその逆も活発に起きており，実際のクライエント-セラピスト間のコミュニケーションは非常に複雑であり，さまざまなレベルでのコミュニケーションが同時に起きていると述べた。たとえば認知行動療法で自動思考を明らかにする段階で，クライエントのより深いレベルの認知を明らかにするプロセスは，精神分析におけるクライエントが自分の無意識レベルの問題に気がついていくプロセスとも類似している。このように，精神分析的なプロセスでも認知行動療法においても，セラピストはクライエントとの対話を通じて，クライエントが自分のことをよりよく知ることを手助けし，問題の解決をともに図っていくことになる。

(4) 遊戯療法における関係性

ここまでは言葉を使った心理療法における関係性を述べてきたが，心理療法

の技法には，言葉のみでなく，イメージや身体を用いるさまざまな技法が発展してきた。その中でも，子どもに対しては遊びを用いた心理療法が行われる。

　子どもにとって遊ぶことは心身の発達に欠かすことのできないものであり，子どもは遊びを通してさまざまな心の世界を展開する。夢中になって遊ぶことは，子どもにとって楽しさを与えるだけでなく，自己治癒的な働きをもたらす。この遊びの自己治癒的な機能をいかし，治療技法として用いるのが遊戯療法である。田中（2011）は，遊戯療法とは，子どもの「遊ぶ」という直接的・具体的な関わりの中に顕在化された子どもの問題の意味をセラピストが読み取り，その読み取ったものを相手の問題の解決や改善のために役立て，対応していく治療的な関わりであると述べている。

　遊戯療法でのセラピストの関わりは，大人との言語を用いての心理療法に比べると，より感覚的で身体的な関わりとなる。たとえば，遊戯療法で子どもが一所懸命砂団子を作っているとき，セラピストはその子どもにとってその遊びが何を表現していくのかを想像して関わっていく。子どもにとって砂団子はおにぎりで，それをセラピストに差し出してくるかもしれない。セラピストは差し出されたおにぎりを食べる遊びを続け，「ありがとう。おいしそうね。（口をもぐもぐと動かし）ああー，おいしい」と言葉で返し，2人の間で起こる情緒的な交流を楽しむかもしれない。もしくは，子どもにとっては，砂団子を作る遊びはごっこ遊びではなく，砂団子を丸めるという行為そのものに心地よさを感じているかもしれない。そのときセラピストは，子どもが砂を丸める行為をそっと見守るかもしれないし，子どもの手の動きに合わせて「ぎゅっ，ぎゅっ」と，子どもが感じているであろう身体感覚に言葉を添えるかもしれない。さらに明確に子どもの気持ちを言葉で表現して伝えることもある。このように，日常場面での遊びのように，子どもと単に楽しく遊ぶことが遊戯療法の目指すものではない。遊戯療法では遊びに象徴される子どもの心の世界をとらえ，それをセラピストが遊びや言葉を介しながら子どもに伝え返すという相互交流の中で子どもの問題の改善を目指していく。

　遊戯療法の中でのセラピストの関わり方について，アクスライン（Axline, 1972）は，表6-7に示した「8つの基本原理」を掲げた。アクスラインはクライエント中心療法のロジャーズ（Rogers, C. R.）の影響を受け，非指示的遊戯

表6-7 アクスラインの遊戯療法の8つの基本原理

1	セラピストは子どもとの間に良いラポールができるような，温かい親密な関係を作らなければならない。
2	セラピストは子どもをありのままの姿で受容する。
3	セラピストは，子どもが自分の気持ちを自由に表現できるように，おおらかな雰囲気を作り出す。
4	セラピストは子どもの表現している気持ちを敏感に感じ取り，子どもが自分の行動を洞察することができるように，子どもの気持ちを伝え返す。
5	セラピストは，子どもの問題解決能力を信じ，尊重する。選択したり，変化する責任は子どもにある。
6	セラピストは子どもの行動や会話を指示せず，子どもの主体性に従う。
7	セラピストは治療をやめようとしない。治療は緩慢な過程であって，セラピストはそれをそのようなものとして認めている。
8	セラピストは，治療が現実の世界に根をおろし，子どもにその関係における自分の責任を気付かせるのに必要なだけの制限を設ける。

療法の重要性を述べている。遊戯療法では，クライエントである子どもの遊びの流れを尊重しながら，アクスラインの8つの基本原理にあるように，セラピストは必要に応じて制限を設ける。これは遊びの時間を決めることであったり，双方に危険を及ぼすような行為は制止することなどである。

また，ここでの制限は日常での遊びの中でルールを守ることとは異なる。たとえば，遊戯療法の中で子どもとセラピストがカードゲームをする際，子どもがずるをしてセラピストに勝とうとすることがある。このようなことが日常の遊びで起こると，ルールを破ったことを子どもは注意されるだろう。しかし遊戯療法では，子どもが勝つことにこだわるのはどうしてなのかを理解することが重要となる。日常では自分に自信が持てず傷ついている子どもが，遊戯療法の中で勝ち続けることで強い自分のイメージを必死で守っているのかもしれない。このような場合，セラピストが遊戯療法ですべき対応は，単純にルールを守ることを求めるのではない。弱い自分のイメージをセラピストの側が引き受け，（できるだけ自然な形で）負けて悔しがる姿を見せることもある。そして，子どもの中に自信が芽生えるようになると，次第に手ごたえのある強さを持った対象として，セラピストも本気の対決を挑むようになるだろう。このように他の心理療法と同じく，遊戯療法でも子どもの心の変化に応じて，セラピストが返す反応も変化していく。

また子どもとの遊戯療法とともに，その子どもの養育者（主に母親や父親）に対する面接を行うことも，子どもへの支援では不可欠である。この際，子どもとは別の担当者が親との面接を行うこともあれば，同じセラピストが担当す

る場合もある。

　子どもが何らかの問題を呈し，専門家の援助を求める場合，その親はすでに対応に困り果て，親としての自信をなくしているものである。セラピストから自分の対応を批判されるのではないかと不安を抱いている場合も多い。そのため親面接では，まずは親が自分の気持ちを安心して語ることができる場であると感じられることが大切である。

　橋本（2000）は親との面接では，セラピストとの「2人の協同作業」という関係が築かれて初めて，親は自らを語ることが可能となると述べている。そして，特に母親にとって子どもは自分の一部として体験されやすく，対象化されにくいため，面接で語られる「子ども」には，意識されていない母親の思いが重なって語られる場合があると述べている。このように親面接では子どもの問題解決をともに考えながらも，次第に親が個として潜在的に抱えていた問題が立ち現れてくることも多い。そのため親面接では，親が子どもを支えることを現実的に支援する視点と，親自身の個としての語りに耳を傾ける視点をともに持つことが重要となってくる。

Chapter 7
人間関係のスキルとトレーニング

1 人間関係のスキル

1．人間関係をスキルでとらえる

　「人間関係」という概念が扱う範囲は，3章で見た通り，きわめて広い。この広範な「人間関係」は，学問的立場によってさまざまなとらえ方をしているが，ここでは，ソーシャルスキル（social skills）でとらえる立場を紹介する。

　人間関係は，一方の人間Aが他方の人間Bに何らかの対人反応を示し，それに対してBがAに何らかの反応を返し，これに対してさらにAが反応をするというように，対人反応の交換だと考えることができる。

　対人反応の交換は，テニスや卓球での球の応酬に似ている。テニスや卓球で，相手に上手に球を返すには，それなりのスキル（技術）が必要であり，最初は下手であっても練習するうちに上手になる。これと同じように対人反応にも何らかのスキルが必要である。一定のスキルがあるからこそ，対人反応の交換が可能になり，人間関係を成り立たせることができるのである。対人反応の交換を可能にしているこのスキルのことをソーシャルスキルと呼んでいる。

2．ソーシャルスキルの定義と種類

　ソーシャルスキルは，いわば人づきあいに関わる技術のことであるが，学問的定義には，「特定の社会的課題の適切な遂行を可能にする特定の能力（McFall, 1982）」などのように能力的側面を強調する定義と，「目的指向的で相互に関連があり，状況に適切であり，学習され，統制された一連の社会的行動（Hargie, et al., 1987）」などのように行動的側面を強調する定義があった。しかし，「能力」は「行動」として現れ，現れた「行動」はひるがえって「能力」の形成に寄与する。そこで近年では，「能力」と「行動」の両者を統合して，一連の「過程」

第3部　人間関係の臨床的援助

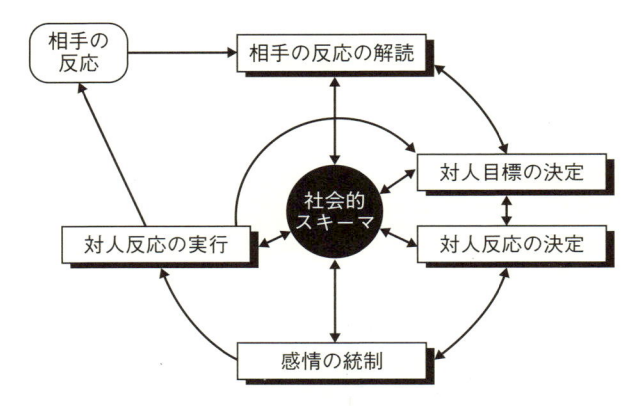

図7-1　ソーシャルスキル生起過程モデルv.3（相川，2009）

としてとらえる定義が主流になっている。

　このような流れを踏まえて相川（2009）は、「ソーシャルスキルとは、対人場面において個人が相手の反応を解読し、それに応じて対人目標と対人反応を決定し、感情を統制した上で対人反応を実行するまでの循環的な過程」と定義している。この定義を図示したのが図7-1のソーシャルスキル生起過程モデルである。

　このモデルの中心にある「社会的スキーマ」は、人間関係に関するさまざまな知識が体系化され一定の構造を持っている情報群のことである。この社会的スキーマがあるから、的確に「相手の反応の解読」ができ、「対人目標と対人反応の決定」や「感情の統制」が可能になり、「対人反応の実行」ができる。

　ソーシャルスキルの具体的な種類には、さまざまなものがある。たとえば、子どもに必要なスキルとして、友達づくりスキル（援助を申し出る、活動に誘うなど）、主張性スキル（感情や意見を率直に表現する、不合理な要求を断るなど）、対人間問題解決スキル（解決策をできるだけたくさん考え出す、解決策を用いたときに起こりうる結果を予測するなど）があげられている（佐藤，2006）。一般成人に必要なスキルとしては、自分自身をあらわにするスキル（ボディ・メッセージを使う、「私」メッセージを送るなど）、内気に打ち克つスキル（恥ずかしいという思いと戦う、最初の出会いを作るなど）、人間関係を深

めるスキル（徐々に個人的な情報を明らかにしていく，約束を守って信頼を形成するなど），怒りを管理するスキル（自己教示を使う，思考スキルを使うなど）などがあげられている（ネルソン＝ジョーンズ，1993）。

3．ソーシャルスキルで人間関係をとらえる意義

「ソーシャルスキル」という概念で人間関係をとらえるメリットは，①人間関係は，ソーシャルスキルによって成り立っている，②ソーシャルスキルは，学習して獲得したものであり練習で改善できる，③したがって人間関係は，練習で改善できる，という3段論法を成立させられる点にある。

人間関係に困難を感じている人や悩んでいる人がいた場合，その原因が，当人の性格や遺伝的要因などの固定的な要因にあるとするならば，診断名をつけることはできても，当人に対してどのような臨床的援助をなすべきなのか展望が開けない。これに対して，人間関係の臨床的問題はスキル（技術）の練習不足が原因だと考えるならば，臨床的援助は，人間関係の練習をさせることだという道筋が見えてくる。そこで実際に，人間関係の問題を抱えている人たちに，対人反応に関わる知識や技術を体系的に教えて練習させようとする試みが行われるようになった。この種のトレーニングを総称してソーシャルスキル・トレーニング（social skills training：以下SSTと略す）と呼んでいる。

以上のように，人間関係をソーシャルスキルの観点でとらえる意義は，①人間関係の問題を抱えている人たちはスキルの練習が不足している人たちだと考えることを可能にし，②人間関係に問題を抱えている人たちにスキルのトレーニングをさせることが理論的に妥当であることを示せる点にある。

4．ソーシャルスキルのアセスメント

ソーシャルスキルについて研究を進めるためには，ソーシャルスキルの程度を測定する必要がある。また，ソーシャルスキルのトレーニングのためにも測定は必要である。トレーニングを実施するには個人の状態を客観的に把握しておく必要があるからである。

トレーニングのための測定では、スクリーニングとアセスメントを区別して考える（Merrell & Gimpel, 1998）。スクリーニングとは、大勢の人の中からトレーニングの対象となる人を見つけ出すために行う測定のことである。これに対してアセスメントは、スクリーニングで引っかかった人のどのようなソーシャルスキルが、どの程度、問題なのかを明らかにする測定のことである。トレーニングのためにはスクリーニングという大雑把な測定だけでなく、アセスメントという詳細な測定が必要になる。

トレーニングは、アセスメントの結果に基づいて行われ、トレーニング後もアセスメントを実施してトレーニング効果を検証し、その結果に応じて次のステップのトレーニングを行う。このようにトレーニングとアセスメントは表裏一体の関係にある。

アセスメント法にはさまざまなものがあるが、「誰が評定するのか」という観点から分類すると、他者評定法と自己評定法の2つに分類できる。

(1) 他者評定法

他者評定法は、アセスメントの対象者以外の他者が、対象者のソーシャルスキルを評定する方法である。この方法は、「誰が評定するのか」という観点をさらに推し進めると、以下の2つに分けることができる。

①仲間評定法

仲間評定法は、対象者と同じカテゴリーに入り、対象者と日常的に接触している知り合いや友人などの"仲間"が、対象者を評定する方法である。

代表的な方法は、学校現場で用いられるゲスフー・テストである。これは、ソーシャルスキルの観点から記述した行動特徴を読ませ（たとえば、「おもしろい話をして人を笑わせるのは誰ですか」）、これに当てはまる人物を、集団内の成員相互に指名させる方法である。仲間から多くの指名を受けた者は、当該のソーシャルスキルが高いと判断される。

仲間評定尺度法もしばしば使われる。これは、複数の質問項目を示して、対象者にどの程度当てはまるかを、"仲間"がポイント尺度上で評定する方法である。

②専門家評定法

　ここで言う専門家とは，カウンセラー，教師，医師や看護師，保健師やケースワーカー，あるいは職場の人事担当者などのことである。専門家評定法とは，このような専門家が専門性に基づいて対象者を評定する方法である。具体的には，面接法，行動観察法，ロールプレイ法，評定尺度法などがある。

　面接法は，専門家が対象者と面談して，当人から直接，情報を収集する方法である。収集する情報は，対象者にとっての問題や課題は何か，どのような対人場面で，どのようなソーシャルスキルの遂行を苦手としているのか，その結果どのようなことを経験しているのかなどである。面接法の妥当性を高めるために，あらかじめ面接項目を決めておき，それに応じたチェックリストを用意しておく。

　行動観察法は，教室，職場や病棟など，対象者にとって自然な環境の中で，行動を直接観察する方法である。あらかじめ観察すべき行動を定義しておき，チェックリストを用意しておく。同じ対象者をさまざまな場面で，複数回観察することが望ましい。

　ロールプレイ法もよく用いられている。この方法は，対象者に一定の模擬場面を提示して，その場面の中での役割を演じさせる方法である。模擬場面は，対人葛藤場面や主張性を要求される場面が用いられる。たとえば，「あなたは今，Aさんと一緒に，あなたの好きなテレビ番組を観ているところです。ところが，Aさんが急に別の番組に変えてしまいました。あなたが見ていた番組は，もうすぐ終わるところで，あなたはその終わりのところが観たかったので困っているところです」（ベッカーら，1990）。このような場面で，対象者が演じた行動を得点化して，ソーシャルスキルの巧拙を測るのである。この方法は，自然な環境の中では出現しにくい対人場面を体系的に提示できるので，どの対象者にも同じ条件で行動観察ができる利点がある。

　専門家評定法の中で頻繁に行われているのが，評定尺度法である。これは，専門家が，妥当性の確認されている評定尺度を用いて対象者を評定する方法である。用いる評定尺度は，対象者が子どもか成人か，健常者かそうでないかなどに応じてさまざまなものが開発されている。

(2) 自己評定法

　自己評定法は，対象者自身に自分の認知傾向や行動傾向を評定させる方法である。この方法の典型例は，妥当性が確認されている評定尺度を対象者に渡して評定させる評定尺度法である。用いられる評定尺度は，対象者の属性や特性に応じてさまざまなものが開発されている。この方法は頻繁に行われているが，対象者が自分を客観視できる能力が一定程度あることを前提としている。幼児，知的障害を持つ人などには適用できない。

　自己評定法の一種に，自己監視（セルフモニタリング）法がある。これは，日常の出来事を対象者に日誌風に記録させる方法である。対人的な事柄，たとえば「断ること」が，いつ，どこで，どのような状況で，誰に対して起こったのかを一定の書式に則って記録をさせる。この記録を分析してソーシャルスキルの程度を測定するのである。この方法の利点は，進行しつつあるソーシャルスキルを長期間にわたって測定できる点である。

　なお，自己評定には，回答者が「自分のことをよく見せたい」という意図や無意識の欲求による反応歪曲が起こる恐れがある。自己評定法の結果の解釈に際しては，この反応歪曲のことも考慮に入れる必要がある。

　自己評定法は，他者評定では得ることのできない情報，たとえば感情や認知傾向などを調べるために用いる方がよい。

　以上述べてきたさまざまなアセスメント法には，それぞれ長所と短所がある。したがって，いずれか1つの方法のみを用いることを避け，アセスメントの目的に応じて，複数の方法を組み合わせて用いることが望ましい。

2 人間関係のトレーニング法

1．トレーニングの基本的な流れ

　SSTと総称される各種のトレーニング技法は，認知行動療法の諸技法を応用している。各技法によってトレーニング手続きに違いはあるが，多くの場合，図7-2に示した流れで行われる。

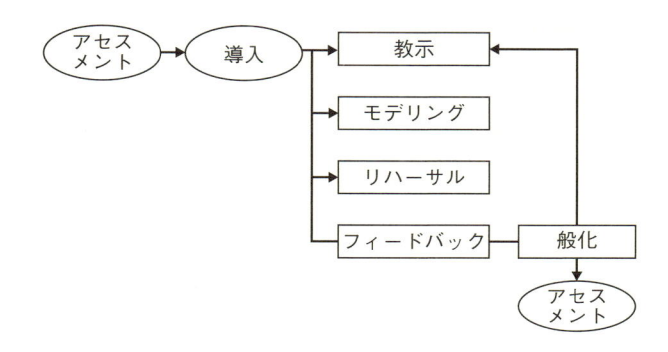

Chapter 7 人間関係のスキルとトレーニング

図7-2 SSTの基本的な流れ（相川, 2009）

(1) 導入

導入は，これから始まるSSTについて説明する段階である。SSTとは何をすることなのか，クライエントの抱えている問題になぜSSTが必要なのか，どのような効果が期待できるのかなどを説明する。

導入では一方的な説明よりも話し合いを心がけ，クライエントの「やってみよう」という動機を高めることを目指す。そのためにクライエントが抱えている問題は，練習次第で変えられることを強調する。

(2) 教示

教示は，クライエントに獲得させる具体的なスキル（以下，「標的スキル」と記す）について説明する段階である。標的スキルが，クライエントの対人目標の達成にとって重要であることを強調した上で，標的スキルの具体的な実行方法を説明する。

(3) モデリング

モデリングとは，モデル（手本）によって標的スキルをクライエントに示して観察させ，模倣させることである。モデルは，トレーナー自身や，標的スキルをすでに獲得している者にやってもらうライブモデルと，写真やビデオやゲームなどの登場人物を示すシンボリックモデルがある。ライブモデルによるモデリングでは，ロールプレイを用いることが多い。いずれの場合も，クライエン

トとモデルに何らかの類似性や共通性があるとモデリング効果が増す。

モデリングにおいては①対人状況をはっきりさせる，②適切で効果的なスキルを具体的に示す，③モデルの反応が肯定的結果を生むことを見せる，必要がある。その上で，モデルの反応のどこが適切なのかクライエントに意見を出させる。

(4) リハーサル

リハーサルとは，教示とモデリングで示した標的スキルを，クライエントに繰り返し練習させることである。リハーサルには，標的スキルの実行順序や対人関係の知識を口頭で繰り返し反復させて記憶の定着を促す言語リハーサルと，実際の反応を反復させて体に覚えさせる行動リハーサルがある。行動リハーサルでは，何らかの対人場面を設定して，そこで標的スキルを実演させるロールプレイを用いることが多い。

(5) フィードバック

フィードバックとは，クライエントがモデリングやリハーサルで示した反応に対して，適切である場合には賞を与え，不適切である場合には修正を加えることである。与える賞は，一般には「ほめること」であるが，クライエントが子どもの場合には，お菓子などの物理的報酬を与えたり，一定の数を集めると好きな物と代えられるトークンを与えたりすることもある。

フィードバックには，標的スキルを適切なものに修正させる働きがあり，また，クライエントが「標的スキルを使おう」とする動機を高める働きがある。そこで，クライエントの反応の中から，肯定的な側面を見出してフィードバックする。クライエントの反応が不適切であったり不十分であったりした場合は，否定的な言い方を避けて，「こうすればもっとよくなる」というような肯定的な言い方をする。

なお，図7-2に示したように，フィードバックの結果によっては，教示やモデリングやリハーサルに戻って，やり直すこともある。

(6) 般化

般化とは，練習した標的スキルをトレーニング以外の場面で実践するよう促すことである。そのために，実生活で標的スキルを積極的に使うよう教示するだけでなく，実生活で使うことを宿題として与えることが多い。

宿題の課題は，実施しやすく成功確率の高いものを選び，実施状況をノートなどに記録させて提出させる。提出させたものに対してフィードバックを与えたり，次回のトレーニングで取り上げたりして，宿題とトレーニングを有機的に結びつける。

以上に示した基本的な流れの背景には，一方的に"治す"のではなく，クライエントとともに"一緒に問題解決にあたる"という発想がある（坂野，1995）。

2．ソーシャルスキルが生起するまでの各過程のトレーニング

SSTの対象となるスキルは，図7-1に示した各過程である。つまり，「相手の反応の解読」「対人目標と対人反応の決定」「感情の統制」「対人反応の実行」の各過程で必要とされるスキルである。実際のSSTでは，これらの過程すべてを取り上げるのではなく，アセスメントの結果に基づいてクライエントに応じたプログラムを組んで，いずれかの過程におけるスキルを以下に述べるような方法で重点的にトレーニングする。

(1)「相手の反応の解読」のレーニング

相手の反応の解読スキルについては，次のようなトレーニングが行われる。

クライエントに，写真やビデオで人物の動きや表情を示して，登場人物の非言語的メッセージを読み取るときに注目すべき手がかり，たとえば，姿勢，口角の上がり方，指先の緊張度などについて「教示」する。その後，別の写真やビデオで人物の動きや表情を示して，その人物の非言語メッセージを，特にどのような感情を伝えようとしているかを読み取る練習をさせる（リハーサル）。その結果に応じて「フィードバック」を与える。

(2)「対人目標と対人反応の決定」のトレーニング

「対人目標と対人反応の決定」過程は，意思決定を要求される過程なので，この過程のトレーニングは，意思決定に関するトレーニングになる。意思決定のトレーニングでは，問題解決療法（problem-solving therapy）の考え方を応用して，次のような一連の意思決定スキルを獲得させる（ネズら，1993）。

①問題志向の態度：まず，問題解決に対する全般的な構えを作る。そのために，対人的な問題が生じたときそれを問題として自覚すること，問題に対処する能力は練習で高められること，などを強調する。

②問題の定義と目標設定：対人的な問題は，当人でも問題の本質が何であるかわからないことが多い。そこで，問題に関連する情報をすべて集める，それらの情報を事実と推測（仮説や解釈）に区別する，問題を作り出している要因を明らかにする，などのステップを教える。その上で，現実的な目標を設定させる。

③さまざまな解決策の案出：ブレイン・ストーミングの技法を用いて，解決策をできるだけ数多く考え出させる。この時点では，各解決策の良し悪しの判断は保留し，数多くの解決策を考えることを優先させる。

④解決策の決定と実行方法の検討：実行の可能性，実行した際の結果などの観点から各解決策を評価させ，最良と思われる解決策を選ばせる。また，それを実行する具体的な手順や方法を考えさせる。

⑤解決策の実行と効果の評価：最良と思われた解決策を実行させ，効果を評価させる。その結果に応じて再び②へ戻り，一連のステップを繰り返させる。

トレーニングの最終目的は，最良の解決策を選ばせることではなく，以上の，一連の意思決定スキルを身につけさせることである。

(3)「感情の統制」のトレーニング

感情の統制に関するトレーニングでは，対人場面で生じる不安や緊張，怒りなどのコントロール法を教える。具体的には各種のリラクセーション法，自己教示訓練（self-instructional training），怒りや不安の管理訓練（anger-management training／ anxiety-management training）などである。たとえば，自己

教示訓練は以下のように行われる（マイケンバウム，1989）。

自己教示とは，出来事やその意味について自分自身に語りかける会話であり，無意識的に発せられる一種の自動思考である。否定的な自己教示は，自己評価や感情を否定的なものにする。そこで次のようなステップを踏んで，自動化している否定的な自己教示を意識させ，自己認知を修正して感情をコントロールする方法を身につけさせる。

①自分の自己教示パターンを記録，観察させ，そのパターンに気づかせる。
②除去したい否定的な自己教示を少なくし，望ましい自己教示を作らせる。
③モデリングやロールプレイなどを用いて，新しい自己教示を声に出して練習させる。
④模擬場面で，自己教示をささやき，さらに心の中でつぶやく練習をさせる。
⑤現実場面で実行させ，その結果を評価させる。

以上のトレーニングで肯定的な自己教示の仕方を教えて，その結果として感情をコントロールするのである。

(4)「対人反応の実行」のトレーニング

「対人反応の実行」のトレーニングは，適切な対人反応についての学習（練習）が不足しているか，誤った学習をしているクライエントに対して行う。

トレーニングの一連のステップは，図7-2で示した流れに従う。つまり，まず，トレーニングの必要性や，その仕組みや手順，期待される効果などをクライエントに伝え（教示），クライエントに必要な標的スキルをモデルによって示し，観察させる（モデリング）。教示やモデリングによって示した標的スキルを実際にやらせたり，ロールプレイさせたりし（リハーサル），その結果に対して，よかった点を強調した言語的強化を与え，さらに，どうすべきかなどの情報を与える（フィードバック）。最後に，トレーニングで獲得した標的スキルを日常場面で実践するよう促し，宿題を与える（般化）。

対人反応の実行のトレーニングでは，不適切は対人反応を修正させ，適切で効果的な対人反応を新たに獲得させて，対人反応のレパートリーを拡げることに力点が置かれる。

3．トレーニングの形態

わが国で行われている各種のSSTの形態には，3種類がある。

1つは，1人のトレーナーが1人のクライエントに対して行う個別SSTである。これは，カウンセリング場面の中で行われることが多い。

2つめは，同じ問題を抱えている人や同じ障害を持つ人を集めて小集団で実施する集団SSTである。典型的なのが，統合失調症などの精神的な障害を持つクライエントを対象にした社会生活技能訓練（佐藤，2008）や，発達障害など特別支援教育の対象となる子どもたちを対象としたトレーニング（井澤ら，2007）である。集団の大きさは，性別に配慮しながら9人くらいまでとし，メンバーの中から1人か2人のリーダーを決めておき，1人か2人のトレーナーが実施する。わが国の少年院で行われているSSTも集団SSTである。

3つめは，既存の集団をそのまま使う形態である。現在，活発に行われている，学級内の子ども全体を対象にSSTを実施する「ソーシャルスキル教育」（佐藤・相川，2005；相川・佐藤，2006）や，職場内で行われる研修でのトレーニングは，この分類に入る。既存集団でのSSTは，外見は集団SSTに似ているが，集団内に当該の標的スキルを必要とする人と必要としない人が混在している点が異なる。

集団で実施する形態がわが国で一般的なのは，個別SSTよりも効率的だからであるが，集団で実施する固有の利点がある。

① メンバーをモデルにできるので，複数のライブモデルを提示できる。
② リハーサル場面を実践的に構成できる。
③ トレーナーだけでなく，ほかのメンバーからもフィードバックを与えることができる。ほかのメンバーからのフィードバックは，場合によってはトレーナーからのものよりも信憑性や価値が高い。
④ トレーニング場面と日常場面が同じ顔ぶれなので，クライエントを受け入れて般化を促す人的環境を整えやすい。

4．トレーニング法の実際

ここでは，SSTが実際にどのように行われるのかを示すために，シャイな大学生を対象に行われた事例（相川，2000）の概要を紹介する。

このトレーニングは個別SSTであり，1人のトレーナーが個別にクライエントに対応した。トレーニングは全部で15セッションから成っていた。

第1セッションで，トレーニング全体の「導入」をした。トレーニングの必要性，手順など，教示内容をあらかじめ文書にしておき，それをクライエントに配布して，トレーナーが口頭で説明した。説明後，クライエントからの質問に答える形で，補足説明を加えた。

第2セッションから，個々のスキルのトレーニングに入り，全部で13種類のスキル（非言語的スキルの使い方，会話の維持の仕方，不満の述べ方，共感の仕方，援助の頼み方，理由のたずね方，人のほめ方，人にほめられたときの反応の仕方，意思決定法，葛藤の処理法，自分の立場の守り方，断り方，地位の異なる人とのやりとりの仕方）を取り上げた。

このうち，第4セッションでの「不満の述べ方」を具体的に示す。

まず「教示」部分で，第3セッションの宿題をチェックした。続いて，この日の標的スキルである「不満の述べ方」について，どのような意義があるのか，どのように不満を述べたらよいのかなどを記したA4の用紙1枚を配り，口頭で説明した。その後，不満を述べることに関するクライエントの日常体験を聞いたり，クライエントからの質問に答えたりした。

「モデリング」では，不満の述べ方の「消極的な例」「攻撃的な例」「主張的な例」の順に，演劇部の学生がこれらを演じているビデオを視聴させた。それぞれの例が終わるごとにビデオを止めて，どこが拙いのか，どこが適切なのかポイントをあげて説明を加えた。

「リハーサル」では，ロールプレイによって行動リハーサルを行った。対人場面は，「あなたにはAさんと一緒に書かなければならない歴史のレポートがあります。しかしAさんは期日が迫っているのに，Aさんの分担である年代表を作ろうとしません。あなたはそのことを不満に思い，明日までに作ってくるように言いたいと思っています」というものであり，どのようにAさんに言う

か考えさせた後，トレーナーを相手に実際に演じさせた。その様子をビデオカメラで撮影した。
　「フィードバック」では，撮影しておいたロールプレイの様子を再生してクライエントに示しながら，適切な部分を指摘してほめ，まだ不足している部分についてアドバイスを与えた。それに基づいて，もう一度ロールプレイを実施した。つまり，フィードバックの結果を受けてリハーサルの段階に戻った。
　「般化」では，「友人のAさんが約束の時間に遅れてきたために，あなたとAさんは映画館に着くのが遅れてしまい，上映に間に合いませんでした。あなたはAさんが遅れてきたことに不満を感じています」という対人場面が記された宿題シートを手渡し，次回までに，どのように反応すべきか宿題シートに回答してくるよう求めた。また，教示で用いた説明文と同じ趣旨の文書を手渡し，その場で読ませ（言語リハーサル），さらに次回までによく読んでくるよう指示した。
　以上の第4セッションは，時間にして約75分であり，ほかのセッションも大学の講義時間である90分内に収めた。このような手続きを繰り返して，13種類のスキルを順次，トレーニングした。
　この具体例からもわかるように，トレーニングの実施に際しては，説明用紙を配布したり，ビデオカメラを使ったり，あるいはポスターを壁に貼っておいたりして，トレーニングが単調にならないよう配慮する必要がある。また，スキルの定着と般化を促すために宿題を課すことは有効である。
　トレーナーは，明るく暖かい受容的な態度を保ち，楽しい雰囲気作りを心がける。クライエントに一方的に押しつけるようにして教え込むのではなく，話し合いながら進めることが基本である。また，クライエントの感情的な反応，たとえば反発や飽きなどにも配慮しつつ，親しみのある声で話し，ゆったりしたペースで進めることが基本である。
　トレーニングは，クライエントに試行錯誤の機会を与える場であり，クライエント自らがソーシャルスキルについて考える場である。

Chapter 8 ▶▶▶ 地域の臨床的援助

1 コミュニティ援助とは何か

1．コミュニティ援助の視点

　心理臨床家などの心の専門家が行う地域の臨床的援助は，「臨床心理学的地域援助」，「コミュニティ心理学的アプローチ」，「コミュニティ援助」などと呼ばれている。本章では，「コミュニティ援助」という表現を使っていこう。ここでいう「コミュニティ」とは，箕口（2011）の定義に従い，地理的区分としての地域社会を示すだけではなく，人々がともに生き主体的に働きかけていく生活環境システム全体を意味するものとする。学校や職場を含む集団，より大きな組織やそれを支える制度，それを取り巻く文化的環境，さらにはインターネットを通して結ばれたバーチャルコミュニティなどが含まれる。

　そもそも，なぜ地域で臨床的援助を行う際には，コミュニティ援助という視点が必要なのだろうか。ある若手の心理臨床家の経験を例にあげてみよう。彼は，大学と大学院で臨床心理学を専攻し，精神分析や分析心理学，クライエント中心療法など主要な臨床理論を勉強した。その過程は，深く険しいものであったが，クライエントと治療者の1対1の関係性から生じる個人の心の動きを理解し，それに基づいて治療的に働きかける方法を学んだ。彼の身につけた心理臨床実践は，理論によって，心の理解の仕方や働きかける方法は異なるものの，クライエントの日常生活の場とは異なる面接室で，ある程度の期間，継続的にクライエントと関ることができる枠組み（治療構造）があることが共通していた。これは「クリニックモデル」や「相談室モデル」と呼ばれるものである。大学院修了後，彼は，心理臨床家として精神科クリニックに勤務する傍ら，スクールカウンセラーとしてある中学校に派遣された。クリニックでは，与えられた面接室に腰を据え，医師から紹介された患者に定期的にカウンセリングを行うことができた。学生時代に学んだ「クリニックモデル」が役立つ職場であ

り，患者個人の心を探求し治療することで現場のニーズにこたえている感覚が得られたのである。

その一方で，彼はスクールカウンセリングを始めるとすぐに，これまで学んできた「クリニックモデル」では，学校現場のニーズに十分こたえられないことに気づき，戸惑いを覚えた。彼が直面した状況は，次のようなものであった。

① 用意された相談室で待っているだけでは生徒はやってこない。また，やってきたとしても，その相談内容は，心理的問題よりも，学校生活に密着した現実的な問題が多い。
② 教師や保護者から相談を受けるが，継続的というより短期間の相談が多い。
③ 校内で生じる危機的な場面（いじめや暴力事件）で即時的な対応を求められる。
④ 教師やPTAに向けた講演，生徒に向けた心の授業を依頼される。
⑤ 生徒と関わる支援者は，教師をはじめ，医師，スクールソーシャルワーカー，児童福祉士，ボランティア・スタッフなど多職種であり，心理臨床家はその中の1人にすぎない。
⑥ 学校には，学年会議，生徒指導会議，保健会議など，生徒の支援に関わる委員会がいくつかあるが，それぞれの委員会の間では必ずしもスムーズな情報交換が行われておらず，カウンセラーは，意見の異なる委員会の狭間に立たされることがある。

このような状況は，クリニックの面接室でクライエントが来談するのを待つのとは異なり，心理臨床家の方が，学校という相手の生活場面に出向き，その場で援助活動を行うことから生じている。援助を行っている場所が相手の日常生活場面であれば，クリニックの中でクライエントと会うときとは違ったニーズが出てくるのは当然のことであり，それに応じた心理臨床家の動き方が求められることになる。彼はこのような状況をこれまで習ってきた理論の中にどう位置づけてよいのかわからず，自分の役割と対応に戸惑いを覚えた。そこで必要となったのが，相手の生活の場（コミュニティ）で心理的援助を行うコミュニティ援助の視点であった。

2. コミュニティ援助の定義と理念

(1) コミュニティ援助の定義

コミュニティ援助とは具体的にどのような援助を示すのだろうか。山本（2001）によると，コミュニティ援助（臨床心理学的地域援助）は，「地域社会（コミュニティ）で生活を営んでいる人々の，心の問題の発生予防，心の支援，社会的能力の向上，その人々が生活している心理・社会的環境の整備，心に関する情報の提供を行う臨床心理学的行為」と定義される。

ここで重要なことは，コミュニティ援助では，対象者を「地域社会で生活を営んでいる人々」と位置づけている点である。先のスクールカウンセリングの例で言えば，現実生活から切り離された存在として生徒を理解するのではなく，学校というコミュニティで生活を営む生活者として生徒をとらえることになる。そのように対象者を理解すれば，「クリニックモデル」で重視されるような，日常から離れた面接の枠組みの中でクライエントを理解し治療するのではなく，日常的なコミュニティの中でクライエントを理解し支える，という姿勢が生まれる。

(2) コミュニティ援助の理念

表8-1に，コミュニティ援助の理念をまとめておこう。

表8-1 コミュニティ援助の理念 (山本，2001より作成)

1	コミュニティ感覚	クライエントも治療者も同じコミュニティの一員という感覚
2	社会的文脈人間	家庭，学校，地域といった社会との関係の中でクライエントを理解する
3	地域社会との連携	地域社会との連携の中で援助する
4	予防を重視	押し付けがましくなることに配慮しつつ，問題の発生予防を重視する
5	強さとコンピテンスを重視	弱いところではなく，強いところに焦点を当てる
6	エンパワメントの重要性	クライエントが，自らの生活に対する統制力を獲得する過程を重視する
7	非専門家との強力	地域住民やボランティアスタッフなどの非専門家と協力して援助する
8	黒子性の重視	コミュニティのメンバーが主役となり，専門家は，陰からそっと見守る
9	サービス提供の多様性と利便性	クライエントが利用しやすく，かつ，多面的な援助サービスを用意する
10	ケアの精神の重要性	問題解決といったキュア（治療）ではなく，ケアの精神を重視する

このようにコミュニティ援助には多くの理念があるが，これらの背景には，

日常生活の中でクライエントを理解し支える，という姿勢が共通している。表8-1にある10の理念は，ただ別々に羅列されたものではなく，お互いに重なり合うものであり，1つのまとまりとしてコミュニティ援助の実際面での主軸をなしているのである。

3．コミュニティ援助の目標と介入

(1) コミュニティ援助の目標
　コミュニティ援助の目標は「人と環境の適合性」を図ることである。「人と環境の適合性」とは，「生活体としての人（または集団）が物理的－社会的要素を含む生活環境との間で，調和した機能的関わりが持てる状態にあること」を指している（北島，1995）。端的に言えば，人の適応状態には，個人の要因と環境の要因の2つがあり，コミュニティ援助では，その2つの相性（適合性）をよくすることが必要ということである。

(2) さまざまなレベルの介入
　コミュニティ援助には，いくつかの異なったレベルの介入がある。それは，個人レベルの介入とコミュニティレベルの介入の2つに大別される。より詳細に見ると，次の5つの介入がある（Murrell, 1973；原，1995）。
　①個人の再配置：個人にも環境（社会システム）にも直接働きかけることなく，個人を別の環境へと移行，再配置し，個人とシステムの組み合わせを変えることで，適合性を回復させる。
　②個人への介入：個人の環境への適合度を改善するために直接個人に向けられた介入で，個別カウンセリングが当てはまる。
　③システムへの介入：環境そのものに介入し，システムの内部に機能や構造面での改善を図ることで，環境とその中に生活する個人や集団との適合性を回復する。
　④システム間介入：複数のシステム間の介入で，2つ以上の社会システムに所属している個人の役割葛藤を軽減し，システム間の交流が円滑にできるようにするために行う組織的変革である。

⑤ネットワーク介入：コミュニティ規模の介入で，個人にとって，コミュニティ側の心理的社会的感受性が高くなるように，個々のシステムをネットワークで結び，新しいコミュニティを作り出す。

①と②は，個人の再配置を含めた個人レベルの介入であり，個人の臨床的援助を行う心理臨床家にもなじみ深いものである。③から⑤はコミュニティレベルの介入であり，コミュニティの変革を強調する場合には，このレベルの介入が重視される傾向にある。

地域で臨床的援助を行う心理臨床家は，個人レベルの介入とコミュニティレベルの介入の両方を視野に入れ，変わるべきは個人なのか，環境なのか，その両方なのかと問い，「個人と環境の適合性」を回復するために，どのレベルに介入するべきかを選択しなければならない。

4．個人臨床とコミュニティ援助の比較

このようにコミュニティ援助は，個人への臨床的援助とは大きく異なる特性を備えている。表8-2は，個人臨床とコミュニティ援助の姿勢の違いを示したものである。

表8-2　伝統的個人臨床とコミュニティ援助の比較（山本，1986より作成）

	伝統的個人臨床	対	コミュニティ援助
1	個人を対象	⇔	集団，コミュニティ，地域社会を対象
2	治療	⇔	予防，教育
3	専門家中心の責任性	⇔	コミュニティ中心の責任性
4	病気	⇔	来談者の生活，生きざまの構造
5	疾病性（illness）	⇔	事例性（caseness）
6	病気の治療	⇔	心の成長促進
7	セラピー	⇔	ケアを基盤
8	パターン化したサービス	⇔	柔軟なサービス
9	単一のサービス	⇔	多面的，総合的サービス
10	1人で抱える	⇔	コミュニティで抱える，ネットワークつくり
11	サービスの非連続性	⇔	サービスの連続性
12	専門家中心	⇔	非専門家の尊重，活用

この表から読み取れるのは，コミュニティ援助では，心理臨床家の活動の場が，面接室から地域社会に広がっていること，それに伴い，援助対象が個人か

ら地域へ，援助関係が専門家中心からコミュニティ中心へ，提供されるサービスが単一のものから多面的なものへと変化していることである。

5．個人の理解に基づいたコミュニティ援助

　表8-2のように，個人臨床とコミュニティ援助を対比することは，それによって両者の違いが鮮明に浮かび上がってくるため，心理臨床家の役割や視点を整理する上でとても役に立つ。ただし，ここで改めて確認しておきたいのは，このような2項対立的図式は，1つの側面を拡大し単純化してしまい，そこに含まれる多様性や柔軟性をとらえ損ねる危険もあるということである。たとえば，個人臨床では，クライエントの日常生活のニーズをまったく考慮に入れず，専ら個人の心のみを扱うかというとそうではなく，ケースによっては，生活場面にアプローチしたり，多職種とのネットワークでクライエントを支えたりするだろう。同様に，コミュニティ援助でも，個人の心理を見立てないまま，単に生活場面に介入し，ネットワークにつないで事足れりとしているわけではない。個人の心理的理解に基づいてネットワークにつなぐこともあれば，つなぎながら理解することもある。心理臨床家が地域で臨床的援助を行う利点は，このように個人を心理学的に見立て，それに基づいたコミュニティ援助ができる点にある。

　これはとても大切なことであり，もしも，個人の心理を理解する姿勢のないままコミュニティ援助を行ったならば，かえってクライエントの利益や福祉に反することもある。たとえば，クライエントの生活場面でやみくもに多数の人が関わることが，かえってクライエントを混乱させることもある。また，クライエントにとってここは立ち止まって心の作業を行うことが必要と思われる場合でも，安易な現実的介入を行うことで，クライエントの心の作業が滞り，行動面で悪化する方向に働いてしまうこともある。とりわけ，生活場面への介入は，多くの人が関わるために心理臨床家にも予期しえない影響をクライエントに与えやすい。援助を求める人は，受け身的な状態にいることが多く，自らを守ることができないことも多い。コミュニティ援助は，単にクライエントの環境に介入するのではなく，誰に対して，どのように，どのタイミングで介入す

るのかを総合的に判断することが求められる。そのため，個人の心を理解しつつ環境に関わる，または，環境に関わりつつ個人を理解するという姿勢が欠かせないのである。このような実践のよい例として，杉村（2000）の被災者への心のケア，兒玉（2001）のHIVカウンセリング，田嶌（2005）の不登校児への援助などが参考になるだろう。

6．コミュニティ援助の展開

コミュニティ援助が求められる背景には，臨床的援助についての社会的ニーズの高まりに伴い，心理臨床家の活動領域が拡大したことが関連する。現在，コミュニティ援助が行われている主な臨床領域と実践内容を図8-1に示す。

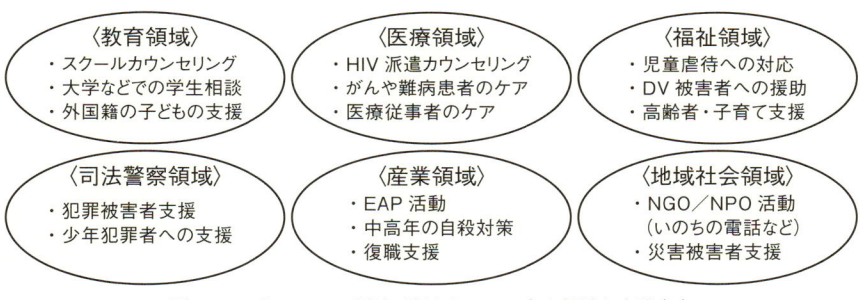

〈教育領域〉
・スクールカウンセリング
・大学などでの学生相談
・外国籍の子どもの支援

〈医療領域〉
・HIV派遣カウンセリング
・がんや難病患者のケア
・医療従事者のケア

〈福祉領域〉
・児童虐待への対応
・DV被害者への援助
・高齢者・子育て支援

〈司法警察領域〉
・犯罪被害者支援
・少年犯罪者への支援

〈産業領域〉
・EAP活動
・中高年の自殺対策
・復職支援

〈地域社会領域〉
・NGO／NPO活動
　（いのちの電話など）
・災害被害者支援

図8-1　コミュニティ援助が行われている主な領域と実践内容

このように，コミュニティ援助の領域は多岐にわたっており，その実践内容も，今後ますます広がっていくことが予想される。たとえば，近年，注目されている分野としては，震災被害に遭われた人々へのケア，生徒のいじめや自殺が発生した学校の緊急支援，地域の自殺予防対策，ニートやひきこもりといった若者の問題などがあり，こういった社会的ニーズに対するコミュニティ援助のさらなる展開が期待される。

2 コミュニティ援助の方法

コミュニティ援助においても，クライエントへのカウンセリングや心理検査

といった個人臨床の援助方法が用いられるが，コミュニティ援助に特有の方法もある。ここでは，その中でも主要なものについて取り上げていこう。

1．危機介入

　危機介入は，コミュニティ援助の代表的な方法の1つであり，危機状態にあるクライエントに対して行われる短期的な介入である。キャプラン（Caplan, 1961）によれば，危機状態とは，人生上の重要課題に遭遇して，当人がこれまで用いてきた対処方略では克服できない場合に，一時的に生じる情緒的混乱と動揺をきたす状態のことを指す。たとえば，進学，就職，結婚，出産，転職，定年などのライフサイクル上の発達課題，加えて，事件や事故，病気や天災といった偶発的出来事に遭遇した場合に危機状態が生じやすい。危機介入は，そのようなクライエントの危機を見立て，危機状態そのものの解決に焦点を当てた介入を行うことで，クライエントを以前のような心の均衡状態に回復させることを目的としている。

　危機状態が持続する期間はおおよそ1～6週間程度，近年では数日～2，3ヶ月ともいわれている。したがって，心理臨床家は，その間にタイミングを見計らって介入する必要がある。面接回数は1セッション～5・6セッションであることが多い。

　危機介入では，クライエントへのカウンセリングを行うが，長期間にわたって行うカウンセリングのように，危機に陥った心理的背景の分析を通して，クライエントの人格の変化や自己成長を目指すのではない。危機介入によってクライエントに心の変化が生じることはあるが，介入の目的は，あくまでも危機状態からの回復にあり，危機状態から回復した後は，クライエントをコミュニティで生活を営む人々とのつながりの中で支えていくことになる。したがって，危機介入では，心理臨床家は現実的な感覚を持って危機場面に介入し，クライエントと環境との適合性の回復を図ることが肝要となる。

　危機介入を行うかどうかは，クライエントのニーズは何か，クライエントの危機状況をどのように見立てるか，どのようなカウンセリングが適しているかといった観点から心理臨床家が判断する必要がある。危機介入の具体例として

は、いのちの電話による自殺予防，被災者の支援，不登校や職場不適応の支援，死別による急性悲嘆反応の援助などがあげられる。

2．コンサルテーション

　コンサルテーションとは、「2人の専門家（一方をコンサルタントと呼び，他方をコンサルティと呼ぶ）の間の相互作用の1つの過程である。そしてコンサルタントがコンサルティに対して，コンサルティの抱えているクライエントの精神衛生に関係した特定の問題をコンサルティの仕事の中でより効果的に解決できるよう援助する関係」である（山本，1978）。すなわち，心理臨床家（コンサルタント）は，直接クライエントと関わっている人（コンサルティ）と，クライエントの理解やケースの対応について話し合い，コンサルティの援助者としての機能を高めることを目的とする。

　コンサルティは，コミュニティの中で何らかの援助的役割を持つ人，たとえば，学校の教員やPTA関係者，病院における医師や看護師，企業の人事系職員，行政の福祉職員などが多い。一例をあげると，総合病院内科の看護師から，入院中のがん患者が他の患者やスタッフに暴言を吐くので困っているといった相談が精神科に属する心理臨床家に寄せられ，コンサルテーションが始まる。このような場合の手順として，コンサルタントは，コンサルティから当該患者について詳細な情報を集める。その際，コンサルティの所属するコミュニティ（ここでは内科病棟）のサポート源も見立てることが大事である。次に，コンサルティの職業人（ここでは看護師）としての専門性や価値観を尊重し，問題解決に向けた対処法を検討し具体案を伝える。たとえば，話し合いの中で，その患者の暴言が，がんを患ったことによる不安反応として理解できるなら，①患者の不安を軽減するために病気や治療の説明を再度行う，②もし暴言が収まらないときには，担当医師と協力して当該患者の部屋を移動するよう取り計らう，③家族と話し合う機会を持つ，などの対応が出てくるだろう。

　この例でもわかるように，コンサルタント−コンサルティ関係は，治療者−クライエント関係のような治療関係ではなく，専門家同士の対等な関係であり，コンサルタントからの助言をどのように問題解決にいかすかは，コンサルティ

次第ということになる。面接回数は1セッション〜数セッションで終わることが多い。

コミュニティ援助の方法としてコンサルテーションが用いられるのは，コンサルタントがコンサルティを支えることで，当該クライエントへの援助，ひいては，そのクライエントとコンサルティが属するコミュニティ全体のサポート機能が波及的に高まることが期待できるからである。

3．セルフヘルプグループ

セルフヘルプ（自助）グループは，共通した問題を抱える当事者が地域でお互いに支え合う活動のことである。1930年代に米国でアルコール依存者のグループであるＡＡ（Alcoholics Anonymous）が始められたのを皮切りに，現在までに多くのグループが組織化された。わが国においても，現在，さまざまなセルフヘルプグループが存在し活動を行っている（高松，2004，表8-3参照）。

セルフヘルプグループの機能としては，①問題の解決，②問題との付き合い方の学習，③安心できる居場所の提供，④情報交換，などがある。また，当事者が他のメンバーを支えることが自らを支える原動力となる効果（ヘルパー・セラピーの原理）も期待される。

表8-3　セルフヘルプグループの種類（高松，2004より作成）

領域	具体例
病気や障害	精神障害・身体疾患を持つ人 慢性病や難病を持つ人
嗜癖（依存）	アルコール・薬物依存を持つ人 摂食障害を持つ人
暴力などの被害者	犯罪被害・DVに遭った人 子どものころに虐待に遭った人
マイノリティ	ゲイやレズビアンの人 外国籍の人
不登校や引きこもり	不登校をしている人 引きこもりの人
死別	配偶者を亡くした人 親や子を亡くした人
専門職	被害者支援をしている人 燃え尽き症候群の人

心理臨床家がグループの開設や維持に協力することはあるが、基本的に当事者たちの自主性や自発性が最も重視される。専門家は一歩後ろに退き、グループを背後から支える黒子役に徹することが期待されている。グループにおいて、専門家が主導的役割を担う場合は「サポートグループ」と呼び、「セルフヘルプグループ」とは区別される。

個人面接を行う上でも、心理臨床家はこのような当事者同士が地域で支え合う活動に関心を寄せることが肝要である。たとえば、不登校児の親に対するカウンセリングを行っている場合、その地域で「不登校の親の会」があるのかどうか、そのグループはどのような機能を果たしているのかについて日頃から情報を集め、クライエントに役立つようであれば、そのグループに紹介することも視野に入れてよいだろう。

4. サポートネットワーク作り

コミュニティ援助で行われるサポートネットワーク作りには、クライエント個人のサポート源を広げることを目的とした介入から、コミュニティのサポート機能そのものを強化することを目的とした介入まである。

実際の活動面では大きく分けて3つの側面がある（田中、1995）。
① クライエントが新たなソーシャルサポートを得るために、個人と既存のサポート資源をつなげる。
② クライエントが必要とするサポート源が見出せない場合は、NPOなどを組織化し、新たなサポート源を生成する。
③ 既成のサポートネットワークにおいて相互の連携を図り、サポートシステムを構築する。

①は、心理臨床家が、個人への臨床的援助の際にも行っていることであろう。先に述べたように、不登校児の親に対して、「不登校の親の会」を紹介することは①に含まれる。②と③が求められるのは、クライエントの普段のサポートネットワークがとても貧弱である場合や、クライエントが既成のサポートネットワークから抜け落ちる場合である。たとえば、地域で生活する精神障害者、ひきこもりやニートの若者、犯罪やDV（Domestic Violence、夫婦間暴力）の

被害者，外国籍の子どもなどは，既成のネットワークから必要なサポートが受けられないことがある。このような場合に，②や③のようなサポートネットワーク作りが求められるのである。

心理臨床家がサポートネットワーク作りを行うには，医療，福祉，教育などさまざまな分野の専門家と相互連携が不可欠である。異なる職種における協力形態として，近年は，コラボレーションという概念が注目されている。コラボレーションとは，「協力して働くこと」を意味し，「異なる専門分野が共通の目標の達成に向けて，対等な立場で話し合いながら，責任とリソースを共有してともに活動を計画・実行し，互いにとって利益をもたらすような新たなものを生成していく協力行為」と定義される（藤川，2007）。このように異なる分野の専門家がチームを組んで，一定期間ともに作業する機会があるならば，コミュニティ援助は格段に行いやすくなるだろう。

5．予防教育

予防には，1次的予防（問題の発生を防ぐこと），2次的予防（早期発見・早期介入により，問題の慢性化を防ぐこと），3次的予防（問題が発生した後の2次被害や2次障害を防ぐこと）がある。このようなさまざまなレベルの予防を目指して行う心理教育やプログラムのことを予防教育という。

予防教育の対象者は大きく2つに分けられる。1つ目は，すべての健康な人々を対象にしたもので，普遍的予防と呼ばれる。学校や職場で行われる禁煙や交通ルールの講演などがそれに当たる。2つ目は，将来問題を抱える危険の高い集団（リスク・ポピュレーション）を対象としたもので，選択的予防と呼ばれる。うつ病のスクリーニング検査で抽出された新入生や新入社員への心理教育やスキルトレーニングなどが含まれる。

近年では，問題の「予防」というやや消極的な概念ではなく，さらに進めて，問題に打ち勝つ強さや，問題からの回復力（resilience，レジリエンス）を育成することを目的とした「健康促進」や「成長促進」という概念が注目されている。

3 コミュニティ援助の実際

本節では，地域社会領域におけるコミュニティ援助の実践例として，筆者が関わっているNPO法人マインドファースト（Mind First：以下，MFと略記）の活動を紹介する。

1．MFの概要

MFは，「地域の人々のメンタルヘルスの向上を図ることによって，すべての人が地域で生き生きと暮らせる社会の実現」を理念とし，メンタルヘルスの推進と心のケアシステムの充実に向けて活動を行っているNPO団体である。スタッフは，地域に住むメンタルヘルス・ユーザー（当事者），臨床心理士，精神保健福祉士，看護師，保健師，医師，など多職種から構成されている。

次に，MFの活動指針を，要点を絞ってまとめておこう。

①社会生活場面におけるメンタルサポート
②精神的不健康状態の予防とプライマリケア（初期ケア）
③適切なメンタルヘルスケアを受けるための情報提供や利用しやすい社会資源の開拓
④当事者やその関係者の負担の軽減及び支援者への助言や技術支援

これらの概要からわかるように，MFは，地域住民に対してメンタルサポートを提供し，ケアシステムを推進することを目的に活動しているNPO団体であり，その指針は，個人レベルの支援にとどまらず，コミュニティ全体の支援を視野に入れたものである。MFでは，メンタルケアを必要とする当事者を，精神医療サービスの「恩恵を受けとる患者」としてとらえるのではなく，自らの問題解決や心の健康の維持のためにサービスを「利用する主体」としてとらえ，彼らを「メンタルヘルス・ユーザー」と呼んでいる。このような呼び名にもコミュニティ援助の発想が見て取れる。

2. 主な活動内容

(1) 個別支援

コミュニティの中に設置された面接室において，一定の訓練を受けたカウンセラーが，定期的なカウンセリングを実施している。相談内容は，人間関係や性格上の問題，ひきこもり，夫婦の問題，DV，子育ての悩みなど幅広い。面接室まで来ることができない人のために，カウンセラー（主に保健師や精神保健福祉士）が訪問支援（アウトリーチ）も行っている。

また，県の地域自殺対策緊急強化基金事業からの助成を受け，数年前から，心の危機相談（クライシスサポート・カウンセリング）を展開している。対象は，自殺を考えている人やその家族などの「心の危機状態」にある人たちであり，その援助には，本稿で紹介した危機介入の技法をはじめ，コンサルテーションやサポートネットワーク作りなどコミュニティ援助の方法が用いられている。

(2) グループによる支援

個別支援と並行し，グループによる支援活動を実施している。現在行われているものは，①「自殺で大切な人を亡くされた人たちの支援グループ」と②「ひきこもりに悩む家族への支援グループ」の2つである。これらは，「セルフヘルプグループ」のようにユーザーが自主的に運営するグループではなく，MFが企画・運営している「サポートグループ」であり，集団療法の経験豊富なスタッフが，ファシリテーターとして積極的に活動に参加しているのが特徴である。

(3) ピアサポート活動

ピアサポートとは，「仲間同士（ピア）の支え合い（サポート）」という意味であり，ここでは，メンタルヘルス・ユーザーがお互いを支え合うために行う活動を指す。MFでは，①ピアによるグループ活動，②ピア相談員による電話相談，の2つが実施されている。①のピアによるグループ活動では，ユーザーが定期的に集まり，互いの近況を報告し合い，メンバーから提出される話題について話し合う。話題は毎回異なるが，体調管理や人間関係の問題，さらには，

日常生活におけるさまざまな苦労などが話し合われる。セルフヘルプグループに近い形態であり，スタッフは，黒子役として，側面から活動を支える役割を担っている。②のピア相談員による電話相談は，ユーザーである当事者が，MFの実施するピア・カウンセリング研修を受けてピア相談員になり，地域に住む他のユーザーに対して電話相談を行うという活動である。これは新たな試みであり，ピア相談員の人数は未だ少ないが，①のグループ活動と連動して，今後のダイナミックな展開が予想される。

(4) メンタルヘルスサポーターの養成および専門家・専門機関へのコンサルテーション

MFでは，毎年，メンタルヘルスサポーターの養成講座を実施している。講座を修了し一定の基準を満たした者に対して，MFのカウンセラーとしての認定を行っている。また，その後の援助サービスの質を担保するため，ベテランスタッフによるグループ・スーパービジョンを定期的に実施し，カウンセラーはそこで研鑽を積めるシステムとなっている。さらには，介護・福祉施設などから依頼を受け，コンサルテーションも随時行っている。

(5) 啓発活動と研究活動

地域において心の健康に関する啓発活動（予防教育）を行うことは，コミュニティ援助の重要な方法の1つである。MFでは，メンタルケアに関する冊子を作成，配布したり，地域の医療福祉機関や教育機関からの講演依頼を引き受けたりしている。また，研究活動として，スタッフが国内外の関連学会に参加し，情報の収集や発信を行っている。

3．コミュニティ援助の意義と課題

このように，MFでは本稿で述べたコミュニティ援助の多くが実践レベルで展開されている。最後に，MFの活動の意義と課題を検討することで，コミュニティ援助の実際について考えてみよう。

(1) ユーザーのニーズに応じた多面的な援助

　まず，MFの活動は，ユーザーのニーズに応じた柔軟で多面的なケアやサポートを提供していることに意義がある。実際の支援場面では，ユーザーにとって個別相談が望ましい場合もあるし，訪問支援や危機介入が望ましい場合もある。また，個別支援ではなく，グループによる支援やピアサポートが適している場合もある。どの支援が選ばれるのかは，ユーザーのニーズとケースの状況によって異なるが，利用できる選択肢の幅が広く，かつ，利便性が高いことは，ユーザーにとって大きなメリットなのである。MFのグループによる支援は，公的なサポートにはつながりにくいユーザーの選択肢の1つであり，居場所を見失った人の受け皿として機能している。また，ピアサポート活動では，専門家ではなくピアの方が相談しやすいと感じるユーザーの選択肢として，そのニーズにこたえているのである。

　このように多様なチャンネルの支援を準備することは，コミュニティ援助を行う上で重要であるが，その一方で，多面的な方法，とりわけ集団活動による支援の中で生じてくる実践的課題もある。たとえば，グループによる支援では，参加人数がなかなか安定せず，集団力動をいかした活動にまで発展しにくい。ピアサポート活動では，時にピア同士の間で意見の衝突やトラブルが生じることもある。MFでは，このような場面が生じるたびに，ユーザーとスタッフがそれぞれの意見を出し合い，新たな解決法を探し出しているが，その試行錯誤の中から生まれる新たな工夫や方針にも大きな実践的価値がある。心理臨床家にとっても，ユーザーや非専門家の意見をはじめ，医師や保健師，精神保健福祉士といった心理学以外の専門家の考えを具体的に知るよい機会となる。

(2) コミュニティレベルの援助

　次に，MFでは，メンタルヘルスサポーターの養成や専門家へのコンサルテーションおよび予防啓発活動などを積極的に行うことによって，個人レベルだけではなく，コミュニティレベルのサポート力を向上させている点にも意義がある。たとえば，メンタルヘルスサポーターの養成には，専門的資格の有無にこだわらず門戸を広げた形で参加者を募集しているが，その背景には，コミュニティ援助は，限られた専門家だけが行うものではなく，非専門家を含めたコミュ

ニティのメンバーが参画し協働することによって効果が生まれるという発想がある。実際的にも，サポーター養成講座には，毎年，募集人数以上の応募者があり，参加者は講座で学んだ心の健康に関する知識や援助方法をそれぞれの日常場面で活用されている。もちろん，養成講座を実施するには，実施者の専門性を高める努力が欠かせない。また，スタッフ間で綿密な話し合いをする必要があることから，実施者側にはかなりの負荷が生じるだろう。しかし，このような活動は，それを上回る意義とおもしろさが感じられるものである。

(3) NPOとしての地域援助活動

さらに，MFでは，コミュニティ援助の分野において，NPOが担う役割の重要性を示唆している点も意義深い。NPOの行うコミュニティ援助は，行政的支援よりもユーザーのニーズに迅速に対応することができる。また，新しいことにも挑戦しやすい。MFの行っている自殺予防のためのクライシスサポートカウンセリング，ピアによる電話相談は新しい試みであり，既存のコミュニティの中ではカバーできない問題やニーズに対する新たなサポート源を生み出している。その一方で，NPOは地域に認められ地域に根づいていくことができなければ，その役割や機能は十分発揮されないというシビアな面がある。NPOは，その自主性やスタッフ間の親密性ゆえに，ややもすると緊張感や厳密さに乏しい団体になることもある。そのようなことを避けるために，NPOの組織としてのルール作りは欠かせない。MFでは，立ち上げの当初から定款，規約，実施要領を作成し，活動上の問題が生じた際には，そのルールに立ち返り，それを拠り所として課題解決を図ることで組織運営を行っている。

また，活動資金を確保し，活動を継続させていくこともNPOの抱える課題である。MFでは，地域からの募金に加えて，県の地域自殺対策緊急強化基金事業からの助成金を獲得することで活動の幅が広がっているが，その助成金を得たことで，今度はその目的に合わせた活動（ここでは地域の自殺予防）が大きなウェイトを占めるようになるというプロセスも生じてくる。助成金は毎年必ず獲得できるという保証はないことから，このようなプロセスは，ある意味で「出たとこ勝負」という側面がある。しかし，これは決してコミュニティ援助にとってマイナス面ばかりではない。MFのように主軸となる活動の理念や

指針が定まっており，それに基づいて実践が行われていれば，むしろ，このような展開そのものが，その場その場のコミュニティのニーズを汲み取りそれに応じることにつながるだろう。

　MFの活動を通してわかるように，コミュニティ援助には，人，場所，タイミング，といった多くの要因が相互に影響する偶然性に満ちたプロセスが生じる。そこでは当然ながら，当初の計画通りに行かないことも多く出てくるだろう。コミュニティ援助を行う心理臨床家に求められるのは，状況の変化や降りかかる課題を楽しむことができる心のゆとりであり，希望を失わない粘り強さである。今後，多くの心理臨床家がこのようなコミュニティ援助に関心を持ち，実践に従事していくことが期待される。

感謝すると健康と幸せが手に入る？

＊ ＊ ＊

　健康や幸せになるためにはどうしたらよいのだろうか？
　世の中にはさまざまな言説が飛び交っているが，アメリカの心理学者エモンズは「感謝すればよい」と答えている。エモンズは，21世紀になって始まったポジティブ心理学の観点から，次のような実験を行って自らの主張を実証している（Emmons & McCullough, 2003）。
　実験参加者を無作為に，感謝群，煩雑群，出来事群の3群に分けて，過去1週間を振り返る記録を10週間にわたってつけさせた。記録内容は，感謝群は「ありがたいと思ったことや感謝したこと」を，煩雑群は「イライラしたり面倒だと思ったりしたこと」を，出来事群は「心を動かされるような出来事」をそれぞれ5つあげることであった。また，各群の参加者に，気分，体調，睡眠の量と質，運動時間，カフェインやアルコールの摂取量，精神的状態，対人的な状態などを尋ねた。実験2では，2週間にわたって毎日，記録をつけさせた。
　実験の結果，自分の生活を振り返って，感謝することを数えあげることは，気分，体調，人生に対する評価に肯定的効果があり，ほかの人に道具的・情緒的サポートを行いやすくなることがわかった。
　要するに，感謝をすれば心身が健康になり，人間関係も良好になって幸せになれるという結果であるが，感謝を数えあげることは，神の恩寵を説くキリスト教の教えが背景にある。しかし私たち日本人の多くはキリスト教的な背景を持っていない。また私たちは，人に何かしてもらうと「ありがとう」と感謝をするだけではなく，「すみません」と言って相手が支払ってくれたコストに対して謝罪をする（相川，2010）。このような日本人でも，感謝を数えあげることが健康や幸福に効果を及ぼすのであろうか。
　実験の追試をしてみたが（相川ら，2013），感謝の効果は実証できなかった。実証の仕方が悪かったのかもしれない。さらなる検討を加える必要がある。

Last Chapter ▶▶▶ よりよい人間関係を目指して

1 変貌する現代社会と人間関係

　人は家族や友人，恋人，職場の同僚や上司，地域の人たちとつながりを持ち，相互に影響を与え，支え合いながら生活を営んでいる。人はまわりの人たちとの関係の中でしか生きていけない存在であり，生きるということは，そのまま他者との関係を生きるということであろう。しかし今日，家庭をはじめ，学校，職場，地域社会など，さまざまな生活の場で人と人が親密な関係を保つことは難しくなってきており，人間関係の希薄化や歪みが目立ってきている。

　家庭では，夫婦や親子，きょうだいが相互に愛情と信頼関係を有していることが大切である。家族の信頼関係が希薄で安定性がないと，充実した生活や仕事をするのは難しい。しかし現在，家族が揃って食事をしたり，話をしたりする風景は少なくなり，「家族団らん」が減ってきている。同じ家で生活をしながら，それぞれが学校や塾，仕事に忙しく，食事の時間が別々であったり，顔を合わせて話をしたりすることがないという家庭も少なくない。家族の絆が弱まり，家族の機能が低下して，親子関係や夫婦関係の歪みが現れてきている。子どもの虐待やひきこもり，ドメスティック・バイオレンス，離婚の増加などはそうした例であろう。また，今日の超高齢社会の問題として，1人暮らしの高齢者，いわゆる独居老人が増え，孤独感や健康への不安を抱えながら生活している人たちが増加し続けている。大学を卒業しても就職できず，親元で暮らす若者たちや，結婚をしない人たちも増加している。家族の形態は多様であるが，今後，そのありようはさらに変容していくかもしれない。

　学校は，幼児期，児童期から青年期まで子どもたちのパーソナリティや自我の発達にとってきわめて大切なコミュニティである。学習や遊び，課外活動を通して，いろいろな友だちや仲間と知り合い，関わり合うことで，さまざまな影響を受けて成長していく。友だちの作り方やつきあい方，コミュニケーションのとり方，問題解決の方法，そして人間関係そのものを体験的に学んでいく

Last Chapter　よりよい人間関係を目指して

こともできる。また，教師の人柄や価値観，思想にふれ，自己の価値観や性格の形成，進路選択などに強い影響を受ける場合もあるだろう。

　しかし一方で，学校ではいじめや不登校，校内暴力などは一向に減少する傾向にない。最近では，いじめや教師の体罰による自殺が大きな社会問題になっている。2012年，わが国の自殺者数は，15年ぶりに3万人を下回ったものの，若年層の自殺は減少しておらず，むしろ増えている。児童生徒の自殺数は353人（内閣府・警視庁調べ，2011年）であり，およそ1日に1人，尊い子どもの命が奪われているのである。いじめや不登校などのほかに，友人関係をはじめ，性格や学業の問題，受験，進路などの悩みを抱える児童生徒は多く，学校のカウンセリングルームや保健室の利用は増加している。発達障害（アペンディクス2参照）など指導や関わりの困難な児童生徒，保護者からのクレーム，教師への暴力も増えており，教員を取り巻くストレスも強まるばかりである。精神疾患による休職者数は，1999年（1,942人）から2008年（5,400人）までの10年間で約3倍に増え，教員のメンタルヘルス問題は深刻である。

　職場では，働く人たちの連帯感が薄れ，ドライな人間関係が広がっている。同じフロアで仕事をしていても，会話することもなく，連絡や報告はメールで済ます人たちが多くなっている。また，経済不況により経営の厳しい企業が多いため，仕事は増えても人員は増えず，自分のまわりの人たちに構ったり，気づかったりする余裕は少ない。最近では「無縁社員」という言葉も使われているように，同じ職場にいながら他の社員とほとんど会話もなく，孤独感や孤立感を感じている人たちが6割以上いるという報告もある（産業能率大学総合研究所，2011）。そのような状況を改善しようと，職場内での会話や交流を促す試みを始めている企業も出てきているほどである。今日の職場では，多くの人たちが仕事や人間関係の問題で強いストレスを抱えており，うつ病をはじめ，燃え尽き，適応障害，過労死は増え続けている。とりわけ人間関係を基盤にして成り立つ仕事，たとえば，医療や看護，保健，介護などの仕事に従事する人たちの間に人間関係のストレスが多く，うつ病や燃え尽きが多発している。4章でもふれた通り，ヒューマンサービス職のメンタルヘルスは深刻な状況にあり，人材の確保と離職対策が大きな課題となっている。

　地域社会の人間関係も希薄化している。今日「濃密なつきあい」や「向こう

三軒両隣」といった関係を持つ人たちは一部に限られてきており，地域住民のつながりや連帯感は全体に薄れてきている。都市部では，地域社会の空洞化が進んでいるところも少なくない。3章でも述べられたように，隣近所の人とのつきあいは，会ったときにあいさつする程度の「形式的つきあい」を求める人が増え，何かにつけて相談したり，助け合うような「全面的つきあい」を求める人が減少している。若い世代ほどこうした傾向が強く，濃密な関係は敬遠される。同じ地域やマンションで生活をしていても，あいさつや会話がまったくないという住民，住居者は少なくない。最近では，ゴミ処理や共同施設の利用，ピアノの音，犬の鳴き声や糞の始末などに関して住民同士の苦情やトラブルは後を絶たず，相互に助け合い，気遣う関係は減っている。近隣とトラブルを抱えたまま，地域住民とまったく交流を持たない人たちも少なくない。また，子どもたちはゲームに熱中したり，塾や稽古事に通ったりして，屋外や公園で友だちと遊ぶ姿が少なくなっている。こうした中，東日本大震災以降，地域とのつながりを意識するようになった人たちが一部増えているという報告もある。2012年6月，内閣府が実施した「国民生活に関する世論調査」によると，震災後に強く意識したこととして「地域とのつながりを大切にする」が33.5%と，3人に1人がこの項目をあげている。20代では低いが，中高年ではその傾向が強く，特に女性にその意識がより強いという。

2 インターネット社会と人間関係

　家庭や学校，職場，地域社会の人間関係が変貌している背景には，近年の都市化や核家族化，少子化，超高齢化，高度情報化，インターネットの普及，社会経済のグローバル化，成果主義など，社会経済構造と情報伝達様式の変化が強く影響していると考えられる。中でも，携帯やスマートフォン，タブレットなどの急速な普及，浸透に伴い，コミュニケーションと人間関係のありようが大きく変化してきていることがあげられる。現在（2012年），インターネットの利用者は世界で22億人を超え，今後さらに増えていくと予想されている。
　スマートフォンや携帯は，今や現代人の生活や仕事に必須のツールとなっており，人とのコミュニケーションにおいてそれらの果たす役割は大きくなって

きている。人と人が直接会って会話したり交流したりする機会は，相対的に減ってきている。相手の表情やしぐさ，会話する場の雰囲気や緊張感が捨象された，言語的情報を中心としたメッセージの交換が主なコミュニケーション様式になっており，そのことが人間関係のありようにさまざまな影響を与えている。

若い人たちがソーシャル・ネットワーキング・サービス（SNS）を使っていろいろな人と「友達」になる，1人暮らしの高齢者同士がインターネットで友人を作り，孤独感を癒すなど，インターネットの活用によって新しい人間関係が形成されたり，孤独感や不安を軽減したりすることができるという「恩恵」がもたらされている。距離や時間の制約を受けずに，いろいろな人たちと容易に交流ができるという利便性がある。

しかしその一方で，インターネットによるいじめ（ネットいじめ）や中傷が急増し，被害者のケアや利用者のモラル教育といった新しい問題を引き起こす事例が少なくない（5章参照）。また，スマートフォンや携帯から片時も離れることができず，勉強や仕事に支障が生じている人たちや，ゲームに熱中して多額の金銭をつぎ込んだりする若者たちが増えている。いわゆる，携帯・スマホ依存症（インターネット依存）の増加である。特に「ソーシャル世代」と呼ばれる新世代の若者たちにこうした問題が多い。厚生労働省研究班の発表（2013）によると，ネット依存の中高校生は推計で約51万人に上り，ネット依存によって睡眠や人間関係に悪影響の出ることが指摘されている。中高年に比べて，「ソーシャル世代」はネット上のソーシャルメディアで人とつながるのが得意である。しかし，その使い方を誤ると，関係の修復や改善の難しい問題へと発展していく可能性が強い。また，ソーシャルメディアによるつながりが増えるほど，そしてそうした関係に依存するほど，双方に誤解や食い違いも生じやすくなり，新たなストレスを生む。相互の理解や信頼を深めたり，良好な関係を維持するには，生のふれあいや対面的コミュニケーションを疎かにすることはできない。今後インターネットはさらに普及，進化していくであろうが，その功罪と利用方法をよく理解し，インターネットの海に溺れてしまわないようにすることも必要であろう。

3 よりよい関係を培う条件

　年齢や性別をはじめ，社会にはいろいろな性格や価値観，能力，生活歴などを持つ人が生活している。さまざまな個性を持つ人たちと良好な関係を保ちながら，学校や職場，地域社会でともに生活していくのは容易ではない。ここでは，他者とよりよい関係を構築するための基本的な条件やルールについていくつか述べてみたい。

1．基本的な条件

　まず，人間には多様な性格や価値観，能力などがあることを認め，それを尊重することであろう。人はそれぞれ長年かけて身につけた独自のものの見方や枠組み（スキーマ），価値観を有している。そして，自分のスキーマや価値観を通して他者や世界を理解しようとし，自分の都合のよいようにまわりを見がちである。人はそれぞれ独自のスキーマを介して主観的に他者を見ようとするため，相互にあるがままに理解し合うのは容易ではない。むしろわかり合えないことが多く，認識のズレやコミュニケーションギャップが生じることも少なくない。最近では，パーソナリティ障害など性格に極端な偏りが見られる人たちや，アスペルガー症候群などの発達障害を有する人たちが増え続けている（岡田，2004，2009）。また，若者世代を中心に仮想的有能感（速水，2006）を持つ人が多く，「自分は他人よりも有能だ」と他者を軽視する人や自己愛の強い人も増えている。このように，さまざまな「個性」を持つ人たち，自分の枠組みでは理解しがたい人たちと接する機会が多くなっている。人と接するとき，多様な個性や価値観の存在を認め，理解しようとする姿勢が求められる。そして，さまざまな人との相互理解の体験を積み重ねることが必要であろう。

　人と関わり，相手を理解するには，「自分」を知らしめることが大切である。他者を知るためには，「自分」を開示する必要がある。自分の気持ちや考えを伝えると，相手から反応や評価が返ってくるため，不安や葛藤を感じることも少なくない。しかし，自己を開示することで，自分の考えや価値観がどの程度妥当なのか何らかの反応が得られる。それによって自己イメージや自己概念は

安定化していく。また，自己開示することによって，それまで気づかなかった新たな自分を発見したり，相手の理解がより深まったりする。自己開示は自己理解と他者理解を深め合う過程でもある。そして，個人的な情報を互いに共有し合うことでより親密な関係へと発展し，相互の信頼感は高まっていく。

　より自然な形で自己開示をするには，一定のルールも必要である。たとえば，①初対面の人やよく知らない人にいきなり内面的，個人的な自己開示（進路の悩みや恋愛問題，家庭の不和など）をするのは好ましくない。②相手が自己開示をしてきたら，こちらもそれと同程度の自己開示をする（自己開示の返報性）。③内面的な自己開示をする場合は，「あなたにだけ」「あなただから」話すという態度が大切であろう。誰彼構わず，深く開示すると，相手が困惑したり，開示した本人の精神的健康に悪影響を及ぼすこともある。④一方的に自己開示するのは好ましくない。相手の話にも関心を示し，耳を傾ける，など。もちろん，「自分」をすべて開示することがよいとは限らない。自分にとって一番大切なところは心にしまっておくこと，「秘密」をもてることが，心のゆとりや健康を生むという側面もある。

　よい関係を作るには，相手の話に耳を傾けること（傾聴）が大切である。聴くという行為は，人と人との関係やその深まりに大きな影響を与える。自分の話に関心を持ち，共感的に理解してもらえると，人は安心してその相手に自分の心を開き，いろいろ話をすることができる。よく聴いてもらうことで，相手への安心感や信頼感が生まれ，好ましい関係が醸成される。また，話し手の承認欲求が満たされ，自尊心も高められる。共感的に聴いてもらえたことで，それまで抱いていた不安や悩みが軽減し，心が癒されることも少なくない。いわゆる，カタルシスである。家庭や学校，職場などさまざまな場で，共感的に自分を理解してもらえるという体験のある人は，自尊心や自己肯定感を高められ，心の健康を保つことができる。反対に，よく聴いてもらえない，理解してもらえないという体験の繰り返しは，自尊心を傷つけられ，人に対する不信感や孤立的態度を生むことになる。つまり，よく聴く人は，相手の自尊心を高め，自身も他者から好まれる。一方，よく聴かない人は相手の自尊心を傷つけ，敬遠されることになる（木戸，1998）。これまで，臨床心理学やカウンセリング心理学では人の話をよく聴くための技法や理論（例．福原ら，2004；平木，2004）

が数多く開発されており，それらは人間関係の構築や改善・向上に有用である。臨床場面における人間関係の特質や心理臨床面接の基本的態度については，6章で詳しくふれられた通りである。

　一度，形成された関係は永続的に続くとは限らない。崩壊したり，長続きしないことも少なくない。家族であれ，友人や知人であれ，職場の同僚，上司であれ，よい関係を保つには，一定の努力やルールが必要である。良好な関係を維持するためには，相手を尊重するとともに，相手の存在を気にかけること，心に留めておくという態度が欠かせない。人は自分のことを気にかけてもらっている，気遣ってもらっているという感覚が得られると，その相手に対し好意や信頼を寄せ，ポジティブな感情が生じやすくなる。良好な関係を長く維持するためには，相手のことを気にかけ，その気持ちを何らかの行動として表現する「努力」や「メインテナンス」（声かける，連絡をとるなど）が必要であろう。また，そうした努力が一方的であったり，相手の努力が感じられないと，その関係は長続きしない。良好な関係を維持するには，相手から受けた好意や利益に対してそれと同程度のものを相手に返すという返報性は大切であり，「give and take」も必要となる。公平な関係は維持しやすいが，不公平な関係が崩壊しやすいことは，公平（衡平）理論も示唆している。

　良好な関係を保つには，人間関係の上手な人を観察することも有用である。いわゆる「見よう見まね」であり，モデリングである。人づきあいのやコミュニケーションのとり方が上手な人の行動をよく観察することである。手本（モデル）になる人の話し方や表情，身振り，手振り，関わり方をよく観察して，そこから学ぶことである。自分の手本にできる人を探し，その人をモデルとして学ぶのである。これは人間関係の技術に限らず，スポーツや工芸，建築，医療などさまざまな領域に通じる。たとえば，スポーツ選手は，よりよいプレイをするために試合をしながら上手な相手を観察して技を盗む。若い職人は熟練者の技を目で見て学び，技能を高める。経験の浅い外科医は，ベテランの「神の手」を観察しながら手術の腕を上げる。つまり，自分が手本としたいモデルを探し，そのモデルに学ぶことは，よりよい人間関係のあり方や技術を学ぶのに大いに役立つであろう。他者との相互作用の中で行われる社会的学習，とりわけモデリングは人間関係や人づきあいの技術を高めるに有益な方法である。

Last Chapter よりよい人間関係を目指して

実際，モデリングはソーシャルスキル・トレーニング（7章参照）の技法の1つである。人間関係の技術に限らず，生き方のモデルを探し，そのモデルに学ぶことは，よりよい人生を送る上でも役立つであろう。なお，人づきあいの技術やトレーニングについては，相川（2009）が詳しく論じている。

2. 人間関係の基本ルール

良好な人間関係を保つには一定のルールや行動が求められる。アーガイルとヘンダーソン（Argyle & Henderson, 1985）は，人間関係を良好にするためのルールとスキルについて分析している。たとえば，表L-1は友人関係において重要と考えられるルールであり，表L-2は職務ストレスの生じやすい職場の同僚との関係におけるルールである。これらのルールをすべて実践するにはかなりの「努力」を要するが，いずれも円滑な関係を保持しようとする場合，心に留めるべき事柄であろう。

最近日本で行われた大規模な調査（20代から60代の男女約1000名；日本経済新聞社調査，2012）の結果は，良好な人間関係のあり方を考える上で示唆に

表L-1　友人関係のルール
（Argyle & Henderson, 1985より文言を一部改変）

1　必要に応じて自発的な援助をする
2　友人のプライバシーを尊重する
3　秘密を守る
4　お互いに信頼 する
5　相手がいないとき，相手を弁護する
6　人前でお互いに非難しない
7　情緒的支援をする
8　話をしているときは，相手の目を見る
9　一緒にいるときに相手を楽しませるように努力する
10　相手の人間関係に嫉妬したり，批判しない
11　お互いの友人を受け入れる
12　よい知らせを共有する
13　個人的な助言を求める
14　小言を言わない
15　冗談を言いあう
16　借りを返すように努める
17　個人的な感情や問題を開示する

表L-2　仕事の同僚のルール
（Argyle & Henderson, 1985より文言を一部改変）

1. 公平な仕事の負担を受け入れる
2. 相手のプライバシーを尊重する
3. 物理的作業条件(明かり，温度など)に関しては協力する
4. 求められたら，喜んで援助する
5. 秘密を守る
6. 嫌な人とも協力して働く
7. 上司に告げ口しない
8. 同僚は姓でなく名前で呼ぶ
9. 必要なときは援助を求め，援助を与える
10. 話すときは，相手の目を見る
11. お互いの個人的生活については質問しすぎない
12. どんな小さなことでも，借りや好意や賛辞にはお返しをする
13. 同僚と性的関係をもたない
14. 同僚がいない場では，彼を弁護する
15. 公然と同僚を批判しない

表L-3　一般的な人間関係 （日本経済新聞社，2012）

1. 「ありがとう」と「ごめんなさい」は必ず言う
2. 笑顔で明るくあいさつする
3. 了解した約束は守る，実行できない約束はしない
4. 嘘は言わない，ごまかさない
5. 自分がされて嫌なことはしない
6. 必要な情報はしっかり共有する
7. 相手の立場になって考え対応する
8. 話を聞くときは相手の顔を見る
9. 本人がいないところで悪口やうわさ話はしない
10. 親しき仲にも礼儀ありを徹底する

富む。まず，「一般的な人間関係」をよくするために大事なこととして上位にあげられたのが表L-3である（数値は順位）。また，「家族との関係」をよくするには，①「ありがとう」と「ごめんなさい」は必ず言う，②「いただきます」「おやすみなさい」などを忘れない，③最終的には家族を信用して味方になる，④嘘を言わない，ごまかさない，⑤なるべく食事を一緒にとる，ことが重視されていた。さらに「職場での関係」をよくするためには，①仕事に関する期日は必ず守る，②報告・連絡・相談を徹底する，③「ありがとう」と「ごめんなさい」は必ず言う，④笑顔で明るくあいさつする，⑤了解した約束は守る，実行できない約束はしない，ということが重要と見なされていた。

どのような関係であっても，感謝や謝罪の言葉を相手に伝える，笑顔であいさつする，了解した約束を守る，嘘を言わないなどが共通して最も重視されていることがわかる。特に感謝と謝罪の気持ちを伝えることの重要性は，日常生活においても実感している人は多いであろう。人に素直に「ありがとう」「ごめんなさい」と言えるには，相手に感謝する気持ちと，自分の行動を振り返り，率直に非を認める態度が必要である。「笑顔であいさつする」ことは，相手を認め，尊重するメッセージである。約束を破り，嘘をつけば，相手の信頼を失うことになる。日頃の気配りや基本ルールを守ることの大切さを示す結果である。日々，これらを実践するのはたやすくないかもしれないが，いずれも心に留めておくべき事柄であろう。

4 人間関係と困難に対処する力

社会生活をしていく中で，人は困難に遭遇したり，人間関係で悩んだりすることが少なくない。そしてその都度，それぞれの問題に対処しながら，日々の生活を営んでいる。生きるということは，直面する問題やストレスへの対処の連続ともいえよう。困難な問題やトラブルに直面したとき，まわりからどのような援助が得られるかは，その人が築いてきた人間関係に大きく依存する。また，人がそれまで身につけてきた対処スキルや能力にも依存する。困難に対処するスキルや人間関係の資源を有する人ほど，容易に問題を解決し，健康で充実した生活を送ることができるであろうが，そうしたスキルや資源が乏しいと，ストレス状況から容易に回復することは難しいであろう。

困難な問題やストレス状況に対処するには，人間関係の資源，すなわちソーシャルサポートを活用したり，困難に対処する力を高めたりすることが重要である。1人で解決することが困難な場合，まわりの人に援助を求めたり，相談したりすることは有用である。人に援助を求めることを躊躇したり，援助を求めるのは「恥ずかしいこと」で，「能力がないと見なされる」「ダメな人間だと思われる」という気持ちを抱く人も少なくない。しかし，苦しいときや困ったときに誰かに「ヘルプ」と言えるのは困難に対処する上で大切な「能力」である。人に「ヘルプ」と言えるのは，問題に対処しようとする意欲や能力がある

ということであり，人が生きていく上で重要な対人関係能力ともいえる。人に援助を求めると，「心が弱いと思われる」という見方は思い込みであり，一面的なとらえ方である。

　援助を求めるためには，自分の抱えている問題や状況をよく把握し，適切な援助者を捜し出したり，具体的な援助内容を伝えたりする，援助要請のスキルが必要となる。たとえば，適切な援助要請を行うポイントとして，島と佐藤（2007）は次のような点をあげている。①自分ができること，役割や責任のある部分を自覚していること，②他者に援助を求めてもよい部分があることを自覚していること，③自分の状況や気持ちを他者に説明すること，④依頼する，求めるということを自らの行動でできること，⑤欲しい情報や援助内容を明確にできること，⑥援助に対して，協力・協働的であること，⑦援助に対する謝意を適切に表明できること。こうした意識やスキルを高め，「ヘルプ」と言える能力を向上させるには，アサーション・トレーニング（平木，1993）は有効な方法であろう。アサーション・トレーニングは，自己表現のスキルを獲得，向上させ，対人ストレスを軽減し，よりよい関係を築くことを目指すものである。

　援助を求める相手は家族や友人，職場の同僚，上司に限らず，専門的なサポート資源として，学校や職場の心理相談室や保健室，地域のメンタルクリニックや保健所，精神保健福祉センター，いのちの電話，産業保健推進センターなどがある。さまざまなサポート資源を活用することで，困難や危機に対処することが可能となろう。誰かに自分の悩みを共感的に聞いてもらうだけで，不安や苦しみは半減する。1人で抱え込まず，まわりの誰かに相談することが大切なのである。なお，人がまわりに援助を求める行動は，「援助要請行動」（相川，1989；大畠，2008など）と呼ばれており，心理学の重要な研究テーマになっている。援助要請やアサーションは，ソーシャルスキルの一種である。

　困難な状況に対処する力については，首尾一貫感覚（Sense of Coherence：以下SOC）が示唆に富む。SOCはアントノフスキー（Antonovsky, 1983）の健康生成論で提唱された概念で，健康はいかにして生成されるのか，いかにして回復され増進されるのかという，従来の疾病生成論とは違う新しい発想の中から生まれたものである。若い頃にナチスドイツの強制収容所でユダヤ人虐殺という過酷な経験をし，強烈なトラウマを負ったイスラエルの更年期女性を調

査したアントノフスキー自身の研究に基づいている。生存を脅かされる過酷な体験をして生還した女性たちの中に，3割もの人たちが良好な健康状態を保ちながら生活していたという事実に着目し，そういう人々に共通する特性として考え出された概念である。すなわち，SOCとは，過酷なストレス状況を乗り越えて心身の健康を保持している人たちに共通する要因で，ストレスから身を守るだけでなく，それを成長や発達の糧，豊かな人生の糧にしてしまう健康保持能力であり，対処資源を駆使する能力である。SOCは，自分の生きている世界はコヒアレント（coherent），つまり首尾一貫している，筋道が通っている，訳がわかるという感覚であり，日常の生活や仕事，人生にやりがいや意味があると思えるかどうかという感覚である。SOCの高い人は低い人に比べ，自身や人間関係の資源などを活用して困難に対処し，健康的でより充実した生活を送ることができると考えられている。

　これまでの研究で，入社前のSOCの高い新卒社会人ほど，入社後に職場で友好的ネットワークや情報的ネットワークをうまく構築できることや，SOCの高い人は低い人に比べて，仕事の疲労感が少なく，身体的不調を起こしにくい，不安や抑うつ傾向が低い，欠勤が少ないことなどが報告されている（山崎ら，2008）。また，対人援助職のバーンアウト予防の研究（上野ら，2009，2010，2012）から，SOCの高い人は低い人よりも，抑うつやバーンアウトの傾向が低い，仕事を辞めたいという離職意図が少ない，自分の気持ちや意見を表現するアサーティブな態度を有している，さらに，相談できる上司などがいるといったことが示されている（アペンディクス4参照）。大学生の調査（上野，未発表）で，SOCの高い学生ほど，オプティミストの傾向が強く，不安や緊張，抑うつは低く，活力があり，身体的ストレス症状の少ないことが示されている。つまり，SOCの高い人は低い人よりも，安定した関係や対処資源を有し，より楽観的，健康的で，仕事に対する意欲が高いことが示唆されている。

　SOCは，乳幼児期から思春期，青年期，成人期に至るまで，子育てやさまざまな人生経験を通じて，後天的に形成されていく学習性の感覚である。良質な人生経験と人間関係，成功体験など，それらを提供する家庭や学校，職場がSOCの形成や発達に大きく影響を与えるとされている。それぞれの生活の場で，1人1人のSOCを向上させる環境を作り出すことにより，困難に対処する力や

心身の健康，生きがい感が高まっていくと考えられる。たとえば，ソーシャルスキル・トレーニング（7章参照）や各種のストレス対処法（4章参照）は，SOCを高める有用な方法になると考えられる。今後，SOCを向上させる効果的な介入法の開発などが求められる。

Appendix 4

首尾一貫感覚は燃え尽きを予防・緩和する

* * *

　首尾一貫感覚（Sense of Coherence：SOC）とは，ストレスに対処する力，困難を乗り越える力である。ストレスから身を守るだけでなく，ストレスや危機を自己の成長と発達の糧，豊かな人生の糧にする力であり，人間の持つポジティブな側面に注目した概念である。誰もが潜在的に有しており，人が日々の営みにやりがいや生きがいを感じ，健康的で実り豊かな人生を送るのに大切な特性である。レジリエンス（回復力，弾力性）と同様，SOCは人間の有するポジティブな特性に着目したものであり，ポジティブ心理学（Peterson, 2006）の1つのテーマでもある。

　SOCには，次の3つの側面が含まれている。すなわち，①把握可能感（自分の置かれている状況がある程度予測でき，説明できるという感覚），②処理可能感（何とか処理できる，やっていけるという感覚），③有意味感（日々の営みにやりがいや生きる意味が感じられるという感覚）。SOCを測定する尺度も開発されており，29項目版，13項目の短縮版，さらに一般住民向けの超短縮版（3項目）（東京大学健康社会学版）もある。

　ここでは，対人援助職のバーンアウトや離職を予防・緩和する要因としてSOCに注目した筆者らの研究（上野ら，2009）を紹介する。総合病院に勤務する看護師約230名（平均年齢30.24歳）を対象に13項目短縮版を用いて検討した調査である。相関分析の結果などから，SOCがバーンアウトの主症状である情緒的消耗感や脱人格化を軽減し，仕事の達成感を高めることや，抑うつや離職意図（離職したいという気持ち）を緩和し，医療ミス・事故への不安を和らげることなどが示された。つまり，SOCは燃え尽きを軽減する要因になりうる。したがって，SOCを高める研修（ストレス対処法，アサーション訓練など）や相談しやすい体制を充実することで，看護師の燃え尽きが軽減され，仕事の達成感ややりがいの高まることがうかがわれる。

　なお，情緒的消耗感（心身の疲労と感情の枯渇した状態）は脱人格化，離職意図，抑うつと強い相関がある。消耗感や疲労感を感じたら，早めにセルフケア（睡眠やバランスのとれた食事，リラクセーションなど）をしたり，休養・休暇をとったり，周囲にサポートを求めたりすることで，バーンアウトの進行や抑うつの強まりを防ぐことが可能となろう。

引用文献

Chapter 1

Beach, L., & Wertheimer, M. (1961). A free response approach to the study of person cognition. *The Journal of Abnormal and Social Psychology*, **62**, 367-374.

Bradley, G. W. (1978). Self-serving biases in the attribution process: A reexamination of the fact or fiction question. *Journal of Personality and Social Psychology*, **36**, 56-71.

Brewer, M. B. (1988). A dual process model of impression formation. In T. K. Srull, & R. S. Wyer Jr.(Eds.) *Advances in social cognition*, Vol. 1. Hillsdale, NJ: Lawrence Erlbaum Associates, Inc. pp. 1-36.

Cuddy, A. J., Fiske, S. T., & Glick, P. (2007). The BIAS map: behaviors from intergroup affect and stereotypes. *Journal of Personality and Social Psychology*, **92**, 631-648.

Darley, J. M., & Gross, P. H. (1983). A hypothesis-confirming bias in labeling effects. *Journal of Personality and Social Psychology*, **44**, 20-33.

Devine, P. (1989). Stereotypes and prejudice: Their automatic and controlled components. *Journal of Personality and Social Psychology*, **56**, 5-18.

Ekman, P., & Friesen, W. V. (1971). Constants across cultures in the face and emotion. *Journal of Personality and Social Psychology*, **17**, 124-129.

Fein, S., & Spencer, S. J. (1997). Prejudice as self-image maintenance: Affirming the self through derogating others. *Journal of Personality and Social Psychology*, **73**, 31-44.

Festinger, L. (1954). A theory of social comparison processes. *Human Relations*, **7**, 117-140.

Fiske, S. T., & Neuberg, S. L. (1990). A continuum of impression formation from category-based to individuating processes: Influences of information and motivation on attention and interpretation. In M. P. Zanna (Ed.) *Advances in experimental social psychology*, Vol. 23. San Diego, CA: Academic Press. pp. 1-74.

Fiske, S. T., & Taylor, S. E. (1991). *Social cognition*. 2nd ed. New York: Mcgraw-Hill Book Company.

Fiske, S. T., Cuddy, A. J., Glick, P., & Xu, J. (2002). A model of (often mixed) stereotype content: Competence and warmth respectively follow from perceived status and competition. *Journal of Personality and Social Psychology*, **82**, 878-902.

Gilbert, D. T., & Malone, P. S., (1995). The correspondence bias. *Psychological Bulletin*, **117**, 21-38.

林 文俊 (1978). 対人認知構造の基本次元についての一考察 名古屋大学教育学部紀要(教育心理学科), **25**, 233-247.

今川民雄 (1989). 対人関係の形成過程 大坊郁夫・安藤清志・池田謙一(編) 社会心理学パースペクティブ1 個人から他者へ 誠信書房 pp. 350-360.

James, W. (1890). *The principles of psychology*. New York: Henry Holt and Co.

Kunda, Z., & Sherman-Williams, B. (1993). Stereotypes and the construal of individuating information. *Personality and Social Psychology Bulletin*, **19**, 90-99.

Leary, M. R. (1999). The social and psychological importance of self-esteem. In R. M. Kowalski, & M. R. Leary (Eds.) *The social psychology of emotional and behavioral problems: Interfaces of social and clinical psychology*. Washington, DC: American Psychological Association. pp. 197-221. R. M.コワルスキ・M. R.リアリー(編著) 安藤清志・丹野義彦(監訳) (2001). 臨床社会心理学の進歩—実りあるインターフェイスをめざして— 北大路書房

Markus, H. R. (1977). Self-schemata and processing information about the self. *Journal of Personality and Social Psychology*, **35**, 63-78.

松井 豊 (1990). 恋ごころの科学 サイエンス社

Murnstein, B. J. (1977). The stimulus-value-role (SVR) theory of dynamic relationships. In S. Duck (Ed.) *Theory and practice in interpersonal attraction*. Academic Press.

内藤哲雄 (1987). 患者とかかわる 海保博之・次郎丸睦子(編) 患者を知るための心理学 福村出版 pp. 127-151.

小口孝司 (1989). 自己開示 大坊郁夫・安藤清志・池田謙一(編) 社会心理学パースペクティブ1 個人から他者へ 誠信書房 pp. 163-172.

Peplow, H. E. (1960). Interpersonal relations in nursing: a conceptual frame of reference for psychodynamic nursing. 稲田八重子他(訳) (1973). 人間関係の看護論 医学書院

Rosenberg, M. (1965). *Society and the adolescent self-image*. Princeton, NJ: Princeton University Press.

Ross, L. (1977). The intuitive psychologist and his shortcomings: Distortions in the attribution process. In L. Berkowitz (Ed.) *Advances in experimental social psychology*, Vol. 10. New York: Academic Press. pp. 173-220.

齋藤 勇 (1990). 対人感情の心理学 誠信書房 pp.3-46.

Schlosberg, H. (1952). The description of facial expressions if terms of two dimensions. *Journal of Experimental Psychology*, **44**, 124-129.

Sedikides, C., & Strube, M. J. (1997). Self-evaluation: To thine own self be good, to thine own self be sure, to thine own self be true, and to thine own self be better. In M. P. Zanna (Ed.) *Advances in experimental social psychology*, Vol. 29. San Diego, CA: Academic Press. pp. 209-269.

Snyder, M. & Cantor, N. (1979). Testing hypotheses about other people: The use of historical knowledge. *Journal of Experimental Social Psychology*, **15**, 330-342.

Taylor, S. E., & Brown, J. (1988). Illusion and well-being: A social psychological perspective on mental health. *Psychological Bulletin*, **103**, 193-210.

Tesser, A. (1988). Toward a self-evaluation maintenance model of social behavior. In L. Berkowitz (Ed.) *Advances in Experimental Social Psychology*, Vol. 21. San Diego, CA: Academic Press. pp. 181-227.

Trope, Y. (1975). Seeking information about one's own ability as a determinant of choice among tasks. *Journal of Personality and Social Psychology*, **32**, 1004-1013.

Trope, Y. (1983). Self-assessment in achievement behavior. In J. Suls, & A. G. Greenwald (Eds.) *Psychological perspectives on the self*, Vol. 2. Hillsdale, NJ: Erlbaum. pp. 93-121.

山本真理子・松井 豊・山成由紀子 (1982). 認知された自己の諸側面の構造 教育心理学研究, **30**, 64-68.

Chapter 2

Argyle, M. (1988). *Bodily communication*. 2nd ed. London: Methuen.

米国立がん研究所(編) 中山健夫(監修) 高橋吾郎・杉森裕樹・別府文隆(監訳) (2008). ヘルスコミュニケーション実践ガイド 日本評論社

Bull, P. (1983). *Body movement and interpersonal communication*. Chichester: Wiley. 高橋 超(編訳) 磯崎三喜年・上野徳美・田中宏二(訳) (1986). しぐさの社会心理学 北大路書房

Ekman, P. & Friesen, W. V. (1975). *Unmasking the face*. Englewood Cliffs, NJ: Prentice-Hall. 工藤 力(訳編) (1987). 表情分析入門 誠信書房

深田博己　(1998).　インターパーソナルコミュニケーション―対人コミュニケーションの心理学―　北大路書房

深田博己　(2002).　説得研究の基礎知識　深田博己(編著)　説得心理学ハンドブック―説得コミュニケーション研究の最前線―　北大路書房　pp. 2-44.

Hall, E. T. (1966). *The hidden dimension.* New York: Doubleday. 日高敏隆・佐藤信行(訳) (1970). かくれた次元　みすず書房

日野原重明　(2001).　生きかた上手　ユーリーグ

Hovland, C. I., Janis, I. L., & Kelley, H. H. (1953). *Communication and persuasion: psychological studies of opinion change.* New Haven: Yale University Press.

池田光穂　(2012).　ヘルスコミュニケーションをデザインする　*Communication-Design*, **6**, 1-16. (http://hdl.handle.net/11094/5841)

今井芳昭　(2006).　依頼と説得の心理学―人は他者にどう影響を与えるか―　サイエンス社

Kelman, H. C. (1961). Process of opinion change. *Public Opinion Quarterly*, **25**, 57-78.

木村堅一　(2002).　脅威認知・対処認知と説得―防護動機理論―　深田博己(編著)　説得心理学ハンドブック―説得コミュニケーション研究の最前線―　北大路書房　pp. 374-417.

Mehrabian, A. (1982). *Silent messages: Implicit communication of emotions and attitudes.* California: Wadsworth. アルバート・マレービアン(著)　西田　司・津田幸男・岡村輝人・山口常夫 (共訳) (1986). 非言語コミュニケーション　聖文社

Northouse, P. G., & Northouse, L. L. (1992). *Heath communication: strategies for heath professionals.* Appleton & Lange.

Rogers, W. R., & Mewborn, C. R. (1976). Fear appeals and attitude change: Effects of a threat's noxiousness, probability of occurrence, and the efficacy of coping responses. *Journal of Personality and Social Psychology*, **34**, 54-61.

玉瀬耕治　(2008).　カウンセリングの技法を学ぶ　有斐閣

山口　創　(2012).　手の治癒力　草思社

Chapter 3

Ackerman, N. W. (1958). *Psychodynamics of family life.* New York : Basic Book Inc. 小此木啓吾・石原　潔(訳)　家族生活の精神力学(上)　家族関係の理論と診断　岩崎学術出版社

天根哲治・浜名外喜男・川野　司　(1982).　教師期待効果に関する研究(4)―児童・生徒による教師期待の認知―　日本教育心理学会第24回大会発表論文集, 538-539.

安藤延男　(1985).　仲間づくりと心の健康　狩野素朗(編)　現代社会と人間関係　九州大学出版会　pp. 97-113.

Aries, P. (1960). *L'enfant et la vie familliale sous l'Ancien régime.* Paris: Editions du Seuil. 杉山光信(訳) (1980). 〈子供〉の誕生―アンシァン・レジーム期の子供と家族生活―　みすず書房

Babad, E. Y., Inber, J., & Rosenthal, R. (1982). Pygmalion, Galatea, and Golem: Investigations of biased and unbiased teachers. *Journal of Educational Psychology*, **74**, 459-474.

馬場禮子　(1990).　総論：家族の臨床　岡堂哲雄・鑪幹八郎・馬場禮子(編)　臨床心理学体系4 家族と社会　金子書房　pp. 2-39.

Blake, R. R., & Mouton, J. S. (1964). *Managerial grid.* Houston, TE: Gulf. 上野一郎(訳) (1965). 期待される管理者像　産業能率短期大学出版部

Bowlby, J. (1952). *Maternal care and mental health.* 2nd ed. Geneva: World Health Organization Monograph Series. 黒田実郎(訳) (1967). 乳幼児の精神衛生　岩崎学術出版社

Brophy, J. E., & Good, T. L. (1970). Teacher's communication of differential expectations for

引用文献

children's classroom performance: Some behavioral data. *Journal of Educational Psychology*, **61**, 365-374.

Brophy, J. E., & Good, T. L. (1974). *Teacher-student relationships: Causes and consequences.* New York: Holt, Rinehart and Winston. 浜名外喜男・蘭 千壽・天根哲治(訳) (1985). 教師と生徒の人間関係―新しい教育指導の原点― 北大路書房

Freud, S. (1905). *Bruchstuck einer hysterie analyse.* 細木照敏・飯田 真(訳) (1969). あるヒステリー患者の分析の断片 懸田克躬・高橋義孝他(訳) フロイト著作集5 人文書院 pp. 276-366.

古川久敬 (2010). 看護師長・主任のためのグループマネジメント入門 日本看護協会出版会

林 幹男 (1988). 地域生活 安藤延男(編) 人間関係入門―いきいきとした人生のために― ナカニシヤ出版 pp. 171-179.

久田 満・山本和郎 (1985). 近隣騒音の問題 山本和夫(編) 生活環境とストレス 垣内出版 pp. 157-189.

Homans, G. C. (1950). *The human group.* New York: Harcourt Brace Jovanovich. 馬場明男・早川浩一(訳) (1959). ヒューマン・グループ 誠信書房

今村晴彦・園田紫乃・金子郁容 (2010). コミュニティのちから 慶応義塾大学出版会

古城和敬 (1988). 教師の期待による影響 浜名外喜男(編) 教師が変われば子どもも変わる 北大路書房 pp. 37-90.

古城和敬 (1995). 学校の人間関係 高橋正臣(監) 人間関係の心理と臨床 北大路書房 pp. 48-53.

古城和敬・天根哲治・相川 充 (1982). 教師期待が学業成績の原因帰属に及ぼす影響 教育心理学研究, **30**, 91-99.

古城和敬・原野明子 (1988). 教師期待の伝達過程に関する研究(2)―授業における教師行動の分析― 日本心理学会第52回大会発表論文集, 390.

古城和敬・大塚登美子 (1984). 教師期待が児童のスクール・モラールに及ぼす影響 大分大学教育学部資料(未公刊)

Lewin, K. (1953). Studies in group decision. In D. Catrwright, & A. Zander(Eds.) *Group dynamics: research and theory.* Evanston, IL: Row, Peterson. pp. 287-301. 原岡一馬(訳) (1959). 集団決定の研究 三隅二不二(編訳) グループ・ダイナミックス 誠信書房 pp. 341-357.

Mahler, M. S., Pine, F. & Bergman, A. (1975). *The psychological birth of human infant: symbiosis and individuation.* New York: Basic Books. 高橋雅士・織田正美・浜畑 紀(訳) (2001). 乳幼児の心理的誕生―母子共生と個体化― 黎明書房

Mayo, E. (1933). *The human problems of industrial civilization.* New York: Macmillan. 村上栄一(訳) (1967). 産業文明における人間問題：ホーソン実験とその展開 日本能率協会

三隅二不二 (1984). リーダーシップ行動の科学(改訂版) 有斐閣

三隅二不二・篠原弘章 (1967). バス運転手の事故防止に関する集団決定の効果 教育・社会心理学研究, **6**, 125-133.

Murdock, G. P. (1949). *Social structure.* England: Macmillan. 内藤莞爾(監訳) (1978). 社会構造―核家族の社会人類学― 新泉社

内閣府 (2007). 平成19年版国民生活白書―つながりが築く豊かな国民生活― 時事画報社

NHK放送文化研究所(編) (2010). 現代日本人の意識構造(第7版) 日本放送出版協会

Olson, D. H. (2000). Circumplex model of marital and family systems. *Journal of Family Therapy*, **22**, 144-167.

大西勝二 (2002). 職場での対人葛藤発生時における解決目標と方略 産業・組織心理学研究, **16**, 23-33.

大坪靖直　（1994）．対人認知　藤原武弘・高橋　超（編）　チャートで知る社会心理学　福村出版　pp. 33-44.

Parsons, T. （1955）. Family structure and the socialization on the child. In T. Parsons & R. F. Bales（Ed.）*Family: socialization and interaction process.* New York: Free Press. pp. 35-131. 山村賢明・高木正太郎（訳）（1970）．家族構造と子供の社会化　橋爪定雄・溝口謙三・高木正太郎・武藤孝典・山村賢明　（訳）　核家族と子どもの社会化　黎明書房　pp. 61-184.

Rosenthal, R., & Jacobson, L. （1968）. *Pygmalion in the classroom.* New York: Holt, Rinehart & Winston.

佐々木　薫　（1994）．欠勤に関する職場規範の調査研究　関西学院大学社会学部紀要, **70**, 71-88.

Spitz, R. A. （1945）. Hospitalism: An inquiry into the genesis of psychiatric conditions in early childhood. *The psychoanalytic study of the child*, **1**, 53-74.

Stogdill, R. M. （1974）. *Handbook of leadership: A survey of theory and research.* New York: The Free Press.

末成道雄　（1988）．大人を中心とした近隣関係　島田一男（監修）　瀧本孝雄・鈴木乙史（編）　近隣社会の人間関係　講座　人間関係の心理　第5巻　プレーン出版　pp. 33-49.

杉万俊夫（編）（2006）．コミュニティのグループ・ダイナミックス　京都大学学術出版会

Thomas, K. （1976）. Conflict and conflict management. In M. D. Dunnette (Ed.) *Handbook of industrial and organizational psychology.* Chicago: Rand McNally. pp. 889-935.

山本和郎　（1982）．近隣騒音の心理社会的構造　公衆衛生, **46**, 470-474.

山本和郎　（1989）．コミュニティとストレス――地域環境システムの影響――　社会心理学研究, **4**, 68-77.

山崎　亮　（2012）．コミュニティデザインの時代　中央公論新社

吉田道雄　（2011）．実践的リーダーシップ・トレーニング　メヂカルフレンド社

吉山尚裕　（2009）．組織内研修によるチームワークの育成　山口裕幸（編）　コンピテンシーとチーム・マネジメントの心理学　朝倉実践心理学講座　第6巻　朝倉書店　pp. 146-164.

Appendix 1

Rosenthal, R. & Jacobson, L. （1968）. *Pygmalion in the classroom.* New York: Holt Rinehart & Winston.

Chapter 4

朝日新聞社　（2008）．子どものうつ――大人は兆候を見逃すな――　朝日新聞2008年4月17日朝刊

Baron, R. S., Cutrona, C. E., Hicklin, D., Russell, D. W., & Lubaroff, D. M. （1990）. Social support and immune function among spouses of cancer patients. *Journal of Personality and Social Psychology*, **59**, 344-352.

Barrera, M., Jr. （1986）. Distinction between social support concepts, measures, and models. *American Journal of Community Psychology*, **14**, 413-445.

Berkman, L. F., & Syme, S. L. （1979）. Social networks, host resistance, and mortality: A nine-year follow-up study of Alameda country residents. *American Journal of Epidemiology*, **109**, 186-204.

Cannon, W. B. （1935）. Stress and strains of homeostasis. *American Journal of Medical Science*, **189**, 1-14.

Caplan, G. （1974）. *Support systems and community mental health.* New York: Behavioral Publications. 近藤喬一・増野　肇・宮田洋三（訳）（1979）．地域ぐるみの精神衛生　星和書店

Cohen, S., Gottlieb, B., & Underwood, L. (2000). Social relationships and health. In S. Cohen, L. Underwood, & B. Gottlieb (Eds.) *Social support measurement and intervention: A guide for health and social scientists.* New York: Oxford University Press. pp. 3-25. 田中健吾（訳）（2005）．社会的関係と健康　小杉正太郎・島津美由紀・大塚泰正・鈴木綾子（監訳）　ソーシャルサポートの測定と介入　川島書店　pp. 3-36.

Cohen, S., & Wills, T. A. (1985). Stress, social support, and the buffering hypothesis. *Psychological. Bulltin.* **98**, 310-57.

福岡欣治（2001）．ソーシャル・サポート　堀　洋道（監修）　松井　豊（編）　心理尺度測定集Ⅲ　サイエンス社　pp. 40-67.

Hisata, M., Miguchi, M., Senda, S., & Niwa, I. (1990). Childcare stress and postpartum depression: An examination of the stress-buffering effect of marital intimacy as social support. *Research in Social Psychology,* **6**, 42-51.

Holmes, T. H., & Rahe, R. H. (1967). The social reajustment scale. *Journal of Psychosomatic Research,* **11**, 213-218.

House, J. S. (1981). *Work stress and social support.* Reading, Mass.: Addison-Wesley.

Kahn, R. L., & Antonucci, T. C. (1980). Convoys over the life course: Attachment, roles, and social support. In P. B. Baltes & O. G. Brim, Jr. (Eds.) *Life-span development and behavior,* Vol.3. New York: Academic Press. pp. 253-286.

加藤　司（2008）．対人ストレスコーピングハンドブック―人間関係のストレスにどう立ち向かうか―　ナカニシヤ出版

川上　澄（1981）．ストレスと消化器疾患　からだの科学，**101**，49-57.

厚生労働省（編）（2007）．平成19年労働者健康状況調査　厚生労働省

厚生労働省（2013）．平成23年患者調査（http://www.mhlw.go.jp/toukei/list/htlm.）

久保真人・田尾雅夫（1991）．バーンアウト―概念と症状，因果関係について―　心理学評論，**34**，412-431.

久保真人・田尾雅夫（1994）．看護婦におけるバーンアウト―ストレスとバーンアウトとの関係―　実験社会心理学研究，**34**，33-43.

栗原　久・田所作太郎（1992）．ストレスとは何か　日本化学会　ストレスを科学する　大日本図書

Lazarus, R. S., & Cohen, J. B. (1977). Environmental Stress, In I. Attman & J. F. Wohlwill (Eds.) *Human behavior and the environment: Current theory and research,* Vol. 2. New York: Plenum.

Lazarus, R. S., & Folkman, S. (1984). *Stress, appraisal, and coping.* New York: Springer. 本明　寛・春木　豊・織田正美（監訳）（1991）　ストレスの心理学　実務教育出版

Maslach, C., & Jackson, S. E. (1981). The measurement of experienced burnout. *Journal of Occupational Behaviour,* **2**, 99-113.

Maslach, C., & Schaufeli, W. B. (1993). Historical and conceptual development of burnout. In W. B. Schaufeli, C. Maslach, & T. Marek (Eds.) *Professional burnout: Recent developments in theory and research.* New York: Talor & Francis. pp. 1-16.

水島弘子（2004）．自分でできる対人関係療法　創元社

宗像恒次・稲岡文昭・高橋　徹・川野雅資（1988）．対人専門職のメンタルヘルス対策　土居健郎（監修）　燃えつき症候群　金剛出版　pp. 132-164.

日本経済新聞社（2012）．隣り合う1―「ご近助」が命守る―　日本経済新聞2012年12月30日朝刊

野村　忍（1994）．ストレスは計測できるか　からだの科学，**177**，59-61.

Peterson, C. (2006). *A primer in positive psychology.* New York: Oxford University Press. 宇

野カオリ(訳)　(2012)．ポジティブ心理学入門　春秋社
Pines, A.　(1981)．The burnout measure. Paper presented at the National Conference on Burnout with Human Services, Philadelphia.
坂部弘之　(1992)．ストレス研究の歴史的概観　労働基準調査　pp. 40-48.
Sarafino, E. P.　(1994)．*Health psychology: Biopsychosocial interactions.* 2nd ed. New York: Wiley & Sons.
Selye, H.　(1936)．A syndrome produced by diverse nocuous agents. *Nature*, **138**, 32.
嶋　信宏　(2000)．ソーシャル・サポート評価尺度　上里一郎・末松弘行・田畑　治・西村良二・丹羽真一(監修)　メンタルヘルス事典　同朋社　pp. 608-618.
田中宏二　(1994)．人間関係と健康　藤原武弘・高橋超編　チャートで知る社会心理学　福村出版　pp. 175-186.
田多井吉之助　(1980)．ストレス—その学説と健康設計への応用—　創元医学新書
上野徳美　(2002)．ソーシャルサポートとヘルスケアシステム　日本健康心理学会(編)　健康心理学概論　実務教育出版　pp. 133-148.
上野徳美・山本義史　(1996)．看護者のバーンアウトを予防するソーシャルサポートの効果　健康心理学研究, **9**, 9-20.
上野徳美・山本義史・林　智一・田中宏二　(2000)．看護者がサイコロジストに期待するサポートに関する研究　健康心理学研究, **13**, 31-39.
上野徳美・山本義史・町田トシエ・鶴田早苗　(1994a)．看護師のバーンアウトに及ぼす対人援助機能の研究(1)　日本健康心理学会第7回大会発表論文集, 110-111.
上野徳美・山本義史・町田トシエ・鶴田早苗・田中宏二・古城和敬・松崎　学　(1994b)．看護師のバーンアウトに及ぼす対人援助機能の研究(2)　九州心理学会第55回大会発表論文集, 52.
浦　光博　(1992)．支えあう人と人—ソーシャル・サポートの社会心理学—　サイエンス社
山本義史・上野徳美・町田トシエ・鶴田早苗・田中宏二・古城和敬・松崎　学　(1994)．看護師のバーンアウトに及ぼす対人援助機能の研究(3)　九州心理学会第55回大会発表論文集, 53.
山岡昌之　(1986)．ストレス病の医療　河野友信・田中正敏(編)　ストレスの科学と健康　朝倉書店　pp. 260.
読売新聞社　(2009)．「イライラする」若者60%超—国民性調査—　読売新聞 2009年7月17日朝刊
読売新聞社　(2011)．精神疾患加え「5大疾病」に　読売新聞 2011年7月7日朝刊

Chapter 5

American Psychiatric Association　(2000)．*Diagnostic and statistical manual of mental disorders.* 4th ed. Text Revision. Washington, DC: Author.　髙橋三郎・大野　裕・染矢俊幸(訳)　(2002)．DSM-Ⅳ-TR 精神疾患の診断・統計マニュアル　医学書院
浅井明子・杉山登志郎・梅野千畝子他　(2002)．育児支援外来を受診した児童79人の臨床的検討　小児の精神と神経, **42**, 293-299.
Bertolote, J. M.　(2007)．Suicide prevention: A feasible global and local need.　髙橋祥友・山本泰輔(訳)各国の実情にあった自殺予防対策を　精神医学, **49**, 547-552.
Bolger, N., DeLongis, A., Lessler, R. C., & Schilling, E. A.　(1989)．Effects of daily stress on negative mood. *Journal of Personality and Social Psychology*, **57**, 808-818.
Bowlby, J.　(1969/1982)．Attachment and loss, Vol.1: Attachment. New York: Basic Books.　黒田実郎・大羽　蓁・岡田洋子・黒田聖一(訳)　(1991)．新版 母子関係の理論Ⅰ：愛着行動　岩崎学術出版社．

引用文献

Bowlby, J. (1973). Attachment and loss, Vol.2: Separation. New York: Basic Books. 黒田実郎・岡田洋子・吉田恒子(訳) (1991). 新版 母子関係の理論Ⅱ:分離不安 岩崎学術出版社

Bowlby, J. (1980). Attachment and loss, Vol.3: Loss. New York: Basic Books. 黒田実郎・吉田恒子・横浜恵三子(訳) (1991). 新版 母子関係の理論Ⅲ:愛情喪失 岩崎学術出版社

藤岡孝志 (2008). 愛着臨床と子ども虐待 ミネルヴァ書房

深谷和子 (1996). 「いじめ世界」の子どもたち―教室の深淵― 金子書房

福田真也 (2007). 大学教職員のための大学生のこころのケア・ガイドブック 精神科と学生相談からの15章 金剛出版

Hammen, C., Marks, T., Mayol, A., & de Mayo, R. (1985). Depressive self-schemas, life stress, and vulnerability to depression. *Journal of Abnormal Psychology,* **94**, 308-319.

花沢成一 (1997). 育児不安と児童虐待 日本家族心理学会(編) 児童虐待―家族臨床の現場から― 金子書房 pp. 51-67.

橋本 剛 (1997). 大学生における対人ストレスイベント分類の試み 社会心理学研究, **13**, 64-75.

Hay, C., & Meldrum, R. (2010). Bullying victimization and adolescent self-harm: Testing hypotheses from general strain theory. *Journal of Youth and Adolescence,* **14**, 446-449.

Holahan, C. J., Moos, R. H., & Bonin, L. (1997). Social support, coping, and psychological adjustment: A resources model. In G. R. Pierce, B. Lakey, I. G. Sarason, & B. R. Sarason (Eds.) *Sourcebook of social support and personality.* New York: Plenum Press. pp. 169-186.

堀 匡・大塚泰正 (2010). 中・高等学校教員の抑うつと仕事の要求度,コントロール度,ソーシャルサポートとの関連 ストレス科学, **25**, 221-229.

伊藤亜矢子・松井 仁 (2001). スクールカウンセリングにおける学級風土アセスメントの利用―学級風土質問紙を用いたコンサルテーションの試み― 心理臨床学研究, **21**, 179-190.

加納寛子 (2011). ネットいじめを解決する鍵のありか―序にかえて― 現代のエスプリ, **526**, 5-15.

Kaufman, J., & Zigler, E. (1987). Do abused children become abusive parents? *American Journal of Orthpsychiatry,* **57**, 186-192.

河村茂夫 (2006). 学級づくりのためのQ-U入門―「楽しい学校生活を送るためのアンケート」活用ガイド― 図書文化社

数井みゆき (2005). 「母子関係」を越えた親子・家族関係研究 遠藤利彦(編著) 発達心理学の新しいかたち 誠信書房 pp. 189-214.

吉川武彦 (2010). 精神医学からみた「ひきこもり」―内閣府が実施した調査とこれまでのわが国における「ひきこもり」調査の差異に触れて― 内閣府, 若者の意識に関する調査(ひきこもりに関する実態調査)報告書(概要版), 29-32.

小松優紀・甲斐裕子・永松俊哉・志和忠志・須山靖男・杉本正子 (2010). 職業性ストレスと抑うつの関係における職場のソーシャルサポートの緩衝効果の検討 産業衛生学雑誌, **52**, 140-148.

近藤千加子 (2011). 児童虐待の心理療法―不適切な養育の影響からの回復接近モデルの提起― 風間書房

厚生労働省 (2010). ひきこもりの評価・支援に関するガイドライン

厚生労働省 (2012). 児童相談所での児童虐待相談対応件数 2012年7月26日(http://www.mhlw.go.jp/stf/houdou/2r9852000002fxos-att/2r9852000002fy23.pdf)(2013年3月15日)

椙本知子・山崎勝之 (2008). 大学生における敵意と抑うつの関係に意識的防衛性が及ぼす影響 パーソナリティ研究, **16**, 141-148.

黒田祐二（2011）．対人関係の抑うつスキーマ，主観的な対人ストレスの生成，抑うつの関係　心理学研究，**82**，257-264．
前田重治（1985）．図説　臨床精神分析学　誠信書房
丸山笑里佳（2007）．青年期の抑うつと対人関係に関する研究の概観　名古屋大学大学院教育発達科学研究科紀要（心理発達科学），**54**，103-110．
文部科学省（2008）．「ネット上のいじめ」に関する対応マニュアル・事例集（学校・教員向け）　初等中等教育局児童生徒課
文部科学省（2009）．「子どもの携帯電話等の利用に関する調査」の結果について　生涯学習政策局
文部科学省（2010）．生徒指導提要　初等中等教育局児童生徒課
文部科学省（2012）．平成23年度「児童生徒の問題行動等生徒指導上の諸問題に関する調査」結果について　初等中等教育局児童生徒課
森田洋司（1990）．家族における私事化現象と傍観者心理　現代のエスプリ，**271**，110-118．
森田洋司（2010）．いじめとは何か―教室の問題，社会の問題―　中公新書
森田洋司・清水賢二（1986）．いじめ―教室の病―　金子書房
村尾泰弘（2011）．いじめと児童虐待―その共通の課題とは―　現代のエスプリ，**525**，125-133．
永田雅子・永井幸代・村松幹司・横山岳彦・岸真司・田中太平・安藤恒三郎・側島久典（2005）．心理的支援をおこなった虐待ハイリスク例の検討―関係機関との連携を行った事例から―　日本未熟児新生児学会誌，**17**，467．
内閣府（2010）．若者の意識に関する調査（ひきこもりに関する実態調査）報告書（概要版）　内閣府政策統括官（共生社会政策担当）
内閣府（2011）．平成22年度青少年のインターネット利用環境実態調査報告書
内閣府（2013）．警察庁の自殺統計に基づく自殺者数の推移
中井久夫（1997）．いじめの政治学　アドリアネからの糸　みすず書房　pp. 3-23.
中村　純（2005）．「うつ状態」と自殺　臨床精神医学，**34**，677-680．
中谷奈美子・中谷素之（2006）．母親の被害の認知が虐待的行為に及ぼす影響　発達心理学研究，**17**，148-158．
西澤　哲（1994）．子どもの虐待―子どもと家族への治療的アプローチ―　誠信書房
西澤　哲（2010）．子ども虐待　講談社現代新書
西澤　哲（2013）．「ある障害児のヒストリー」のその後―虐待を受けた子どものプレイセラピー――　子どもの虐待防止センター（監修）　子ども虐待への挑戦―医療，福祉，心理，司法の連携を目指して―　誠信書房　pp. 233-253.
小此木啓吾（1979）．対象喪失―悲しむということ―　中央公論新社
小此木啓吾・中村留貴子（1998）．精神力動論　小此木啓吾・深津千賀子・大野　裕（編）　心の臨床家のための精神医学ハンドブック　創元社　pp. 105-117.
緒方康介（2011）．児童虐待は被虐待児の知能を低下させるのか？―メタ分析による研究結果の統合―　犯罪心理学研究，**48**，29-42．
尾木直樹（2011）．「ネットいじめ」の深層―思春期の危機を考える―　現代のエスプリ，**526**，32-41．
奥山眞紀子（2000）．不適切な養育（虐待）と行動障害　小児の精神と神経，**40**，279-285．
斎藤　環（2002）．ひきこもり救出マニュアル　PHP研究所
斎藤　環（2007）．ひきこもりはなぜ「治る」のか？―精神分析的アプローチ―　中央法規出版
斎藤　環（2011）．ひきこもりの理解と対応　内閣府子ども若者・子育て施策総合推進室，ひきこもり支援者読本　pp. 3-17.

引用文献

坂本真士・大野　裕　（2005）．抑うつとは　坂本真士・丹野義彦・大野　裕（編）抑うつの臨床心理学　東京大学出版　pp. 7-28.
嶋　信宏　（1992）．大学生におけるソーシャルサポートの日常生活ストレスに対する効果　社会心理学研究，**7**，45-53.
諏訪城三　（1995）．被虐待児117例の検討—臨床所見および虐待の背景について—　日本小児科学会雑誌，**99**，2069-2077.
田嶌誠一　（2005）．不登校の心理臨床の基本的視点—密室型心理援助からネットワーク活用型心理援助へ—　金剛出版，**5**，3-14.
高橋祥友　（1997）．自殺の心理学　講談社現代新書
高橋祥友　（2006）．自殺予防　岩波新書
高橋良臣　（2005）．不登校・ひきこもりのカウンセリング—子どもの心に寄り添う—　金子書房
髙比良美詠子　（1998）．対人・達成領域別ライフイベント尺度（大学生用）の作成と妥当性の検討　社会心理学研究，**14**，12-24.
豊田　充　（1994）．「葬式ごっこ」八年後の証言　風雅書房
内海しょか　（2010）．中学生のネットいじめ，いじめられ体験—親の統制に対する子どもの認知，および関係性攻撃との関連—　教育心理学研究，**58**，12-22.
渡辺久子　（2000）．母子臨床と世代間伝達　金剛出版
渡辺久子　（2008）．子育て支援と世代間伝達—母子相互作用と心のケア—　金剛出版
山脇由貴子　（2006）．教室の悪魔—見えない「いじめ」を解決するために—　ポプラ社

Appendix 2

田中千穂子　（2011）．発達障害　日本心理臨床学会（編）心理臨床学事典　丸善出版　pp. 150-151.

Chapter 6

安香　宏　（1989）．TATと家族　臨床描画研究，Annex 1，33-43.
Axline, V. M. （1972）. *Play therapy*. Ballantine Books.　小林治夫（訳）（1972）．遊戯療法　岩崎学術出版社
馬場禮子　（1989）．ロールシャッハ・テストと家族　臨床描画研究，Annex **1**，19-32.
馬場禮子　（1997）．心理療法と心理検査　日本評論社
馬場禮子　（1990）．総論：家族の臨床　岡堂哲雄・鑪幹八郎・馬場禮子（編）臨床心理学体系4　家族と社会　金子書房　pp. 2-39.
馬場禮子　（1999）．精神分析的心理療法の実践—クライエントに出会う前に—　岩崎学術出版社
Beck, A. T. （1976）. *Cognitive therapy and emotional disorders*. New York: International University Press.　大野　裕（訳）（1990）．認知療法—精神療法の新しい発展—　岩崎学術出版社
Burns, R. C. （1990）. *A guide to family-centered circle drawings with symbol probes and visual! free association*. New York: Brunner/Mazel.　加藤孝正・江口昇勇（訳）（1991）．円枠家族描画法入門　金剛出版
Burns, R. C. & Kaufman, S. H. （1972）. *Actions, styles and symbols in kinetic family drawings（K-F-D）. An interpretative manual*. New York : Brunner/Mazel.　加藤孝正・伊倉日出一・久保義和（訳）（1975）．子どもの家族画診断　黎明書房
土居健郎　（1992）．新訂方法としての面接—臨床家のために—　医学書院

Ellis, A. (1975). *How to live with a neurotic: At home at work.* New York: Crown. 國分康孝(監訳) (1984). 神経症者とつきあうには―家庭・学校・職場における論理療法― 川島書店

Freud, S. (1900). *The interpretation of dreams.* The Standard edition of the complete psychological works of Sigmund Freud v. 4, 5. Norton. 高橋義孝(訳) (1968). 夢判断 フロイト著作集2 人文書院

Freud, S. (1912). *Recommendations to physicians practicing psychoanalysis.* The Standard edition of the complete psychological works of Sigmund Freud v. 12. Norton. 小此木啓吾(訳) (1983). 分析医に対する分析治療上の注意 フロイト著作集9 人文書院 pp. 78-86.

深津千賀子 (2006). 投映法の力動的解釈―心理検査と精神療法の統合― 精神分析研究, **50**(1), pp. 1-2.

Furth, G. M. (1988). *The secret world of drawings: healing through art.* Boston: Sigo Press. 角野善宏・老松克博(訳) (2001). 絵が語る秘密―ユング派分析家による絵画療法の手引き― 日本評論社

橋本やよい (2000). 母親の心理療法―母と水子の物語― 日本評論社

日比裕泰 (1986). 動的家族描画法(K-F-D)―家族画による人格理解― ナカニシヤ出版

一丸藤太郎 (1998). 精神分析的心理療法の現在 鑪幹八郎(監) 精神分析的心理療法の手引き 誠信書房 pp. 1-15.

石川 元 (1986). 家族画(FDT, DAF)と合同動的家族画(CKFD) 臨床描画研究, **1**, 105-129.

伊藤絵美 (2005). 認知療法・認知行動療法カウンセリング―CBTカウンセリング初級ワークショップ― 星和書店

伊藤絵美 (2008). 事例で学ぶ認知行動療法 誠信書房

亀口憲治 (2006). 家族イメージ法(FIT) 氏原 寛・岡堂哲雄・亀口憲治・西村洲衞男・馬場禮子・松島恭子(編) 心理査定実践ハンドブック 創元社 pp. 785-787.

亀口憲治 (2010). 改訂新版 家族心理学特論 日本放送出版協会

小林哲郎 (2004). 文章完成法テスト(SCT) 皆藤 章(編) 臨床心理査定技法2 誠信書房 pp. 108-116.

Kohut, H. (1977). *The restoration of self.* New York: International University Press. 本城秀次・笠原 嘉 (1995). 自己の修復 みすず書房

熊倉伸宏 (2002). 追補版面接法 新興医学出版社

McWilliams, N. (1999). *Psychoanalytic case formulation.* Guilford Press. マックウィリアムズ, N.(著) 成田善弘(監訳) (2006). ケースの見方・考え方―精神分析的ケースフォーミュレーション― 創元社

森さち子 (2010). かかわり合いの心理臨床―体験すること・言葉にすることの精神分析― 誠信書房

村田豊久 (2009). 子ども臨床へのまなざし 日本評論社

Murray, H. A. (1943). *Thematic appercuption test manual.* Cambridge: Harvard University Press.

成田善弘 (2003). 精神療法家の仕事―面接と面接者― 金剛出版

成田善弘 (2007). 新訂増補精神療法の第一歩 金剛出版

西出隆紀 (2006). 家族関係査定法(FACES) Family Adaptability and Cohension Evaluation Scales 氏原 寛・岡堂哲雄・亀口憲治・西村洲衞男・馬場禮子・松島恭子(編) 心理査定実践ハンドブック 創元社 pp. 779-784.

布柴靖枝 (2008). 家族を理解するための鍵概念―家族をどう見立てるか― 中釜洋子・野末武義・布柴靖枝・無藤清子(編著) 家族心理学―家族システムの発達と臨床的援助― 有斐閣ブックス pp. 21-36.

引用文献

岡野憲一郎　（2008）．治療的柔構造―心理療法の諸理論と実践と架け橋―　岩崎学術出版
大熊保彦　（1988）．家族アセスメント　岡堂哲雄（編）　講座 家族心理学6　家族心理学の理論と実際　金子書房　pp. 173-193.
大山泰宏　（2004）．イメージを語る技法　皆藤　章（編）　臨床心理査定技法2　誠信書房　pp. 51-99.
Pavlov, I. P. (1927). Conditioned reflexes: An investigation of the physiological activity of cerebral cortex. London: Oxford University Press.
Rogers, C. R. (1942). Counseling and psychotherapy. Boston: Houghton Mifflin.
Rogers, C. R. (1951). Client-centered therapy. Boston: Houghton Mifflin.
坂野雄二　（1995）．認知行動療法　日本評論社
佐野勝男・槇田　仁　（1972）．精研式文章完成法テスト解説　改訂版　金子書房
下山晴彦　（2009）．よくわかる臨床心理学　改訂新版　ミネルヴァ書房
Skinner, B. F. (1953). Science and human behavior. New York: The Free Press.
Stolorow, R. D., Brandchaft, B., & Atwood, G. E. (1987). *Psychoanalytic treatment: An inetrsubjective approach*, Hillsdale, N. J.: Analytic Press.　丸田俊彦（訳）（1995）．間主観的アプローチ―コフートの自己心理学を越えて―　岩崎学術出版
Symonds, P. M. (1937). Some basic concepts in parent-child relationships. *American Journal of Psychology*, **50**, 195-206.
鈴木睦夫　（2006）．TAT（主題統覚検査）　氏原　寛・岡堂哲雄・亀口憲治・西村洲衞男・馬場禮子・松島恭子（編）　心理査定実践ハンドブック　創元社　pp. 236-245.
立木茂雄　（1999）．家族システムの理論的・実証的検証―オルソンの円環モデルの妥当性の検討―　川島書店
田嶌誠一　（2009）．現実に介入しつつ心に関わる―多面的援助アプローチと臨床の知恵　金剛出版
髙橋靖恵　（2006）．コンセンサス・ロールシャッハ法　氏原　寛・岡堂哲雄・亀口憲治・西村洲衞男・馬場禮子・松島恭子（編）　心理査定実践ハンドブック　創元社　pp. 269-293.
竹内健児　（2009）．心理検査の伝え方と活かし方　竹内健児（編）　事例でわかる心理検査の伝え方・活かし方　金剛出版　pp. 7-23.
田中千穂子　（2011）．プレイセラピーへの手びき―関係の綾をどう読みとるか―　日本評論社
鑪幹八郎・川畑直人　（2009）．臨床心理学―心の専門家の教育と心の支援―　培風館
鑪幹八郎・名島潤慈　（2010）．心理臨床家の手引　第3版　誠信書房
鳥居深雪　（2009）．脳からわかる発達障害―子どもたちの「生きづらさ」を理解するために―　中央法規出版
津川律子　（2009）．精神科臨床における心理アセスメント入門　金剛出版
山本和郎　（2001）．臨床心理学的地域援助とは何か―その定義・理念・独自性・方法について―　山本和郎（編）　臨床心理学的地域援助の展開―コミュニティ心理学の実践と今日的課題―　培風館　pp. 244-256.
Wolf, E. S. (1988). Treating the self: Elements of clinical self psychology. New York: The Guilford Press.　安村直己・角田　豊（訳）（2001）．自己心理学入門―コフート理論の実践―　金剛出版

Chapter 7

相川　充　（2000）．シャイネスの低減に及ぼす社会的スキル訓練の効果に関するケース研究　東京学芸大学紀要（第1部門教育科学），**51**, 49-59.
相川　充　（2009）．新版 人づきあいの技術―ソーシャルスキルの心理学―　サイエンス社

日本経済新聞社　（2012）．人間関係　よりよくするには　日本経済新聞2012年1月7日朝刊
大畠みどり　（2008）．医療に対する援助要請　上野徳美・久田　満（編）　医療現場のコミュニケーション―医療心理学的アプローチ―　あいり出版　pp. 100-110.
岡田尊司　（2004）．パーソナリティ障害―いかに接し，どう克服するか―　PHP研究所
岡田尊司　（2009）．アスペルガー症候群　幻冬舎
産業能率大学総合研究所　（2011）．第2回ビジネスパーソンのコミュニケーション感覚調査　産業能率大学調査・研究報告書，1-17.
島　悟・佐藤恵美　（2007）．ストレスマネジメント入門　日本経済新聞出版社
上野徳美・山本義史・増田真也・北岡和代　（2009）．バーンアウト介入プログラム作成のための予備的研究2―看護師のストレス対処能力(SOC)とバーンアウト―　日本心理学会第73回大会発表論文集，378.
上野徳美・山本義史・増田真也・北岡和代　（2010）．新人看護師のバーンアウト予防と介入に関する縦断的研究1―ストレス対処能力(SOC)とバーンアウト，抑うつの縦断的変化とその関係―　日本心理学会第74回大会発表論文集，303.
上野徳美・平野利治・山本義史・大戸朋子　（2012）．新人看護師のバーンアウト予防と介入の試み5―アサーティブ・マインドおよび首尾一貫感覚(SOC)とバーンアウトとの関連を中心に―　九州心理学会第73回大会発表論文集，49.
山崎喜比古・戸ヶ里泰典・坂野純子（編）　（2008）．ストレス対処能力SOC　有信堂

Appendix 4

Peterson, C.　（2006）．*A primer in positive psychology.* New York: Oxford University Press.　宇野カオリ(訳)　（2012）．ポジティブ心理学入門　春秋社
上野徳美・山本義史・増田真也・北岡和代　（2009）．バーンアウト介入プログラム作成のための予備的研究2―看護師のストレス対処能力(SOC)とバーンアウト―　日本心理学会第73回大会発表論文集，378.

事項索引

(50音順)

■ア行■

ア
- アイコンタクト ······················ 22
- 愛着 ····························· 119
- 愛着障害 ························· 119
- アクスラインの遊戯療法の基本原理 ······ 173
- アサーション・トレーニング ····· 113, 218
- アセスメント ············ 134, 135, 145, 158
- アルコール依存者のグループAA ······· 198

イ
- 家制度 ························· 39, 56
- いじめ ········· 97, 105, 106, 107, 110, 209
- いじめ加害者 ···················· 107, 109
- いじめの4層構造モデル ·············· 108
- いじめ被害 ························ 106
- いじめ被害者 ··············· 107, 108, 109
- 1次的予防 ·························· 200
- 一面提示 ··························· 30
- 一般的行動における期待効果 ············ 48
- いのちの電話 ······················ 197
- インターネット ··············· 99, 100, 107
- インターネット依存 ·················· 211
- インターネット社会 ·················· 210
- インターネットによるいじめ → ネットいじめ
- インテーク面接 ················· 137, 158

ウ
- ウェクスラー式知能検査 ·············· 143
- うつ病 ·················· 67, 124, 128, 130

エ
- S-HTP（統合型家・木・人物画法） ····· 142
- SST → ソーシャルスキル・トレーニング(SST)
- SCT（文章完成法テスト） ····· 142, 147, 153
- SDS 自己評価式抑うつ尺度 ············ 140
- SVR 理論 ··························· 16
- MMPI（ミネソタ多面人格目録） ··· 140, 154
- M行動 ····························· 52

- NPO ······························· 60
- 遠城寺式乳幼児分析的発達検査 ········ 143
- 援助要請 ·························· 218
- 援助要請行動 ······················ 218
- （オルソンの）円環モデル ········· 43, 44
- 円枠家族描画法(FCCD) ··············· 149

オ
- 親子関係 ··························· 41
- 親子関係診断テスト(diagnostic test of parent-child relation) ························· 154
- 親－乳幼児心理療法 ················· 122

■カ行■

カ
- 解読化 ···························· 20
- 回復力(resilience) ················· 200
- 核家族 ···························· 38
- 核家族化 ·························· 58
- 拡大家族 ·························· 38
- 学級風土尺度 ······················ 112
- 仮説確証バイアス ···················· 11
- 家族イメージ法(FTI) ················ 156
- 家族画 ······················· 147, 148
- 家族観 ···························· 40
- 家族関係査定法(FACES) ·············· 156
- 家族システム ······················ 146
- 家族システムの機能不全 ············· 101
- 家族システム理論 ··················· 43
- 家族像 ···························· 40
- 家族団らん ······················· 208
- 家族の絆 ························· 208
- 家族の機能 ························ 38
- 家族ロールシャッハ・テスト ········· 151
- 課題葛藤 ·························· 54
- 葛藤 ··························· 91, 93
- 家庭内暴力 ······················· 101
- 下方比較 ····························· 5
- 関係葛藤 ·························· 55
- 関係性トラウマ ···················· 119

間主観性理論 …… 168

キ
危機介入 …… 196
期待の形成 …… 46
期待の伝達 …… 46
気分障害 …… 73
虐待 …… 114, 117, 120
虐待の世代間伝達 …… 116
虐待のリスク …… 117
逆転移 …… 167
急性悲嘆反応の援助 …… 197
Q-U（Questionnaire-Utilities） …… 112
共感 …… 168
共感的理解 …… 14, 162, 163
教師期待効果 …… 44
教師期待の認知 …… 47
恐怖アピール …… 30
近所づきあい …… 58
近隣関係 …… 56
近隣紛争 …… 59

ク
クライエント中心療法 …… 162
クライエントの役割 …… 164
クリニックモデル …… 189, 190, 191

ケ
傾聴 …… 213
顕在性不安検査（MAS） …… 140

コ
攻撃者への同一化 …… 120
公式的集団 …… 49
構造化された面接 …… 136
行動観察法 …… 179
行動計画 …… 54
行動的不適応 …… 73
合同動的家族画テスト（CKFD） …… 149
行動療法 …… 169
合同ロールシャッハ・テスト（CRT） …… 150, 151
広汎性発達障害 …… 132
コーピング …… 76
心の危機相談（クライシスサポート・カウンセリング） …… 202

心の健康増進 …… 62
個人空間 …… 25
個人的達成感の低下 …… 81
5大疾病 …… 68
コミュニケーション …… 132
コミュニケーション能力 …… 101
コミュニティ …… 62
コミュニティ援助（臨床心理学的地域援助） …… 189, 190, 191, 192, 193, 194
コミュニティ作り …… 61
コラボレーション …… 200
コンサルテーション …… 159, 197, 198, 202, 204
根本的な帰属の誤り …… 11

━ サ 行 ━

サ
査定（アセスメント）面接 …… 158
サポートグループ …… 199
サポート資源 …… 85
サポートシステム …… 86
サポートネットワーク …… 199, 202
サポートネットワーク作り …… 200
産業化・都市化 …… 57
3次的予防 …… 200

シ
CMI（コーネル・メディカル・インデックス） …… 154
自我 …… 93
自己一致 …… 162, 163
自己開示 …… 15, 34, 213
自己開示の返報性 …… 15
自己監視（セルフモニタリング）法 …… 180
自己教示訓練 …… 184
自己高揚動機 …… 6
自己査定動機 …… 6
自己心理学 …… 168
自己スキーマ …… 3
仕事の同僚のルール …… 216
自己評価維持モデル …… 4
自己奉仕的バイアス …… 6
自殺 …… 128, 129, 130, 131, 209
自殺の危険度のピラミッド …… 129
システム間介入 …… 192
システムへの介入 …… 192
自尊心 …… 3

質問紙法	139, 140, 153
自動思考	170, 171
社会的コンボイ	84
社会的再適応尺度	74
社会的スキーマ	176
社会的ネットワーク	83
社会的比較	2
集団圧力	51
集団規範	50
集団決定法	51
修復的愛着療法	121
重要な他者	84
首尾一貫感覚	218, 221
寿命	86
準言語	20
状態自尊心	4
情緒的消耗感	80
情動中心対処	77
上方比較	5
初回面接	137, 158
職場集団	49
心身症	72
身体感覚	160
身体言語	23
身体的虐待	114
心的外傷	119
心的外傷後ストレス障害（PTSD）	119
新版K式発達検査	143
心理学へのサポート要請	82
心理検査	139
心理社会的ストレス	69
心理的虐待	114, 115
心理面接の基本ルール	160
心理療法	159
心理療法の3原則	162, 164
心理臨床面接	157, 158, 160

ス
垂直的関係	52
水平的関係	52
スキーマ	212
スクリーニング	178
ステレオタイプ	8
ステレオタイプ内容モデル	8
ストレス	66, 70
ストレス過多社会	66
ストレス緩衝効果	88
ストレス社会	66
ストレス性疾患	70
ストレス対処行動	77
ストレス度	74
ストレス反応	69
ストレスマネジメント教育	113
ストレッサ	68, 71

セ
生活の私事化	57
精研式文章完成法テスト	153
精神疾患	68
精神障害	102
精神神経免疫学	87
精神的ストレス	71
精神分析	166, 167, 168, 171
精神分析的心理療法	169
性的虐待	114
説得的コミュニケーション	26
セラピストの役割	164
セルフヘルプ（自助）グループ	198
全身（汎）適応症候群	71

ソ
ソーシャルサポート	79, 83, 127, 217
ソーシャルサポート・ネットワーク	62
ソーシャルスキル	175, 218
ソーシャルスキル教育	186
ソーシャルスキル・トレーニング（SST）	177, 180
ソシオメーター理論	4
村落共同体	56

= タ 行 =

タ
退行動的家族画（RKFD）	149
対象喪失	128
対人援助職	77
対人葛藤	54
対人感情	12
対人距離	25
対人ストレス	126, 128
代理の内省	168
田研式親子関係診断テスト	154
脱人格化	81

| 田中ビネー式知能検査 | 143 |
| 単純接触の効果 | 16 |

チ
地域作り	60
地域とのつながり	210
知覚サポート	83
知能検査	142, 143
知能指数（IQ）	143
町内会	60
治療構造	164, 165, 189

テ
抵抗	166, 168
TAT（主題統覚検査）	142, 147, 151
TK式診断的親子関係検査	154
ディストレス（有害ストレス）	69
適応	90, 93
適応機制	93
適応障害	94
テスト・バッテリー	139, 142, 147
転移	120, 167, 168

ト
同一視	14
投影	14
投映法	139, 141, 147
動機づけられた戦術家	8
同情	14
動的家族画テスト（KFD）	148
特性自尊心	4
ドライな人間関係	209

■ ナ 行 ■

ナ
| 仲間評定法 | 178 |

ニ
2次的予防	200
日常生活ストレス	75
乳幼児精神発達診断法（津守式）	143
人間関係の資源	217
人間関係の喪失体験	75
人間関係論	50
認知行動療法	166, 169, 170, 171
認知療法	169

ネ
ネグレクト	114
ネットいじめ	105, 109, 111, 112, 211
ネットワーク	105
ネットワーク介入	193

■ ハ 行 ■

ハ
パーソナリティ	90, 95, 125
パーソナル・スペース	25
バーンアウト	77
バーンアウト尺度	80
バーンアウトの対処法	81
バウムテスト	142
発達検査	142, 143
発達障害	132, 142
パブリック・ヘルスコミュニケーション	35
反映過程	5
般化	183
反社会的行動	93
反応歪曲	180

ヒ
悲哀の仕事（mourning work）	128
ピアサポート	202
ピア・サポート・トレーニング	113
P-Fスタディ（絵画欲求不満テスト）	142
PM理論	52
P行動	52
比較過程	5
ひきこもり	96, 97, 98, 99, 100, 101, 102, 103, 104
ピグマリオン効果	44
非言語的コミュニケーション	19, 160
被災者の支援	197
非指示的遊戯療法	172
非社会的行動	93
人づきあいの技術	214
ビネー式知能検査	143
ヒューマンサービス職	67
描画法	147

フ
| 不安障害 | 73 |
| フィードバック | 182 |

風景構成法	142
ブーメラン効果	27
符号化	20
父子関係	42
不適応のメカニズム	91
不登校	96, 97, 98, 100

ヘ

ヘルスコミュニケーション	32, 35
返報性	214

ホ

訪問支援（アウトリーチ）	202
ホーソン研究	50
母子関係	41
ポジティブ幻想	6
ポジティブ心理学	221
ポスト・トラウマティック・プレイセラピー	121
母性愛の剥奪	42
没交渉	59
ボディ・ランゲージ	23

== マ 行 ==

ム

向こう三軒両隣	209
無条件の肯定的関心	162

メ

面接構造	161
メンタルヘルスサポーター	203, 204
メンタルヘルス・ユーザー	201, 202

モ

モデリング	181, 214
問題解決療法	184
問題中心対処	77

== ヤ 行 ==

ヤ

役割ストレス	79

矢田部ギルフォード（YG）性格検査	140, 141, 154

ユ

遊戯療法	172
友人関係のルール	215
ユーストレス	69
抑うつ	123, 126, 127
抑うつ気分	123, 124, 130
抑うつ症状	124
UPI（学生精神的健康調査）	154

ヨ

欲求不満耐性	101
欲求－抑圧分析	152
予防教育	200, 203

== ラ 行 ==

ラ

ライフイベント	74
ライフスタイル	57

リ

リーダーシップ	52
リハーサル	182
両面提示	30

レ

レジリエンス	77, 200, 221

ロ

ロールシャッハ・テスト	141, 147, 150
ロールプレイ法	179
ロミオとジュリエット効果	16
論理療法	169

ボルガー（Bolger, N.） ････････････････････ 126

━ マ 行 ━

マーカス（Markus, H. R.）･･････････････････ 3
マードック（Murdock, G. P.）･･････････････ 38
マーンスタイン（Murnstein, B. J.）･･････････ 16
マイケンバウム（Meichenbaum, D.）････････ 185
前田　重治 ･･････････････････ 91, 92, 93, 94, 159
槇田　仁 ･････････････････････････････････ 153
マクウィリアムズ（McWilliams, N.）･･････ 136
マスラック（Maslach, C.）･･･････････････････ 78
松井　仁 ････････････････････････････････ 112
松井　豊 ･････････････････････････････････ 16
丸山　笑里佳 ･････････････････････････････ 127
マレー（Murray, H. A.）････････････････ 151, 152
マローン（Malone, P. S.）･･･････････････････ 11
箕口　雅博 ･･････････････････････････････ 189
ミューボーン（Mewborn, C. R.）･････････････ 31
ミューレル（Murrell, S. A.）････････････････ 192
宗像　恒次 ･････････････････････････････ 78, 81
村尾　泰弘 ･･････････････････････････････ 106
村田　豊久 ･･････････････････････････････ 144
メイヨー（Mayo, E.）････････････････････････ 50
メルドラム（Meldrum, R.）････････････････ 109
森　さち子 ･･････････････････････････････ 168

森田　洋司 ････････････････ 105, 106, 107, 108, 110
文部科学省 ･････････････ 97, 105, 106, 109, 111, 112

━ ヤ 行 ━

ヤコブソン（Jacobson, L.）･･････････････････ 44
山崎　勝之 ･･････････････････････････････ 126
山本　和郎 ･････････････ 60, 62, 144, 191, 193, 197
山本　真理子 ･････････････････････････････ 2
山本　義史 ･･････････････････････････････ 82, 87
山脇　由貴子 ････････････････････････････ 110

━ ラ 行 ━

ラザルス（Lazarus, R. S.）･････････････････ 75, 76
フォルクマン（Folkman, S.）･････････････････ 76
リアリー（Leary, M. R.）････････････････････ 4
レイ（Rahe, R. H.）････････････････････････ 74
ローゼンサール（Rosenthal, R.）････････････ 44
ローゼンバーグ（Rosenberg, M.）･･･････････ 3
ロジャーズ（Rogers, C. R.）･･････････ 162, 163, 164, 172
ロジャース（Rogers, W. R.）････････････････ 31

━ ワ 行 ━

渡辺　久子 ･･････････････････････････････ 119, 122

編者紹介

上野　徳美（うえの　とくみ）

　　佐賀県に生まれる
　　1981 年　広島大学大学院教育学研究科博士課程後期 中退
　　現　在　大分大学医学部 教授（博士（心理学），指導健康心理士）

　　［主著・論文］
　　　人間関係の心理と臨床（共編著）　北大路書房　1995 年
　　　ナースをサポートする―ケアのための心理学（共著）　北大路書房　1999 年
　　　臨床社会心理学―その実践的展開をめぐって―（共編著）　ナカニシヤ出版
　　　　2003 年
　　　医療現場のコミュニケーション―医療心理学的アプローチ―（共編著）　あいり
　　　　出版　2008 年
　　　職場の人間関係と職場環境・職務内容の評価が高齢者ケア専門職のバーンアウト
　　　　に及ぼす影響（共著）　臨床心理学，10，255-267．2010 年

岡本　祐子（おかもと　ゆうこ）

　　広島県に生まれる
　　1983 年　広島大学大学院教育学研究科博士課程後期 単位取得満了
　　現　在　広島大学大学院教育学研究科 教授（教育学博士・臨床心理士）

　　［主　著］
　　　成人期における自我同一性の発達過程とその要因に関する研究　風間書房　1994 年
　　　中年からのアイデンティティ発達の心理学　ナカニシヤ出版　1997 年
　　　アイデンティティ生涯発達論の射程　ミネルヴァ書房　2002 年
　　　アイデンティティ生涯発達論の展開　ミネルヴァ書房　2007 年
　　　成人発達臨床心理学ハンドブック―個と関係性からライフサイクルを見る―（編
　　　　著）　ナカニシヤ出版　2010 年

相川　充（あいかわ　あつし）

群馬県に生まれる
1983年　広島大学大学院教育学研究科博士課程後期 単位取得満了
現　在　筑波大学大学院人間総合科学研究科 教授（博士（心理学），学校心理士）

［主著・論文］
　先生のためのソーシャルスキル　サイエンス社　2008年
　新版 人づきあいの技術：ソーシャルスキルの心理学　サイエンス社　2009年
　展望 現代の社会心理学2 コミュニケーションと対人関係（共編著）誠信書房　2010年
　イラスト版子どものソーシャルスキル：友だち関係に勇気と自信がつく42のメソッド（共著）合同出版　2011年
　個人のチームワーク能力を測定する尺度の開発と妥当性の検討（共著）　社会心理学研究, 27, 139-150. 2012年

執筆者一覧
（執筆順）

笹山　郁生（福岡教育大学教育学部）　　　　　　1章1節・2節

大坪　靖直（福岡教育大学教育学部）　　　　　　1章3節・4節，3章2節，アペンディクス1

上野　徳美（大分大学医学部）　　　　　　　　　2章1節，4章1節・4節，終章，アペンディクス4

木村　堅一（名桜大学国際学群）　　　　　　　　2章2節・3節

奥田紗史美（大阪教育大学カウンセリングルーム）　3章1節，6章2節

吉山　尚裕（大分県立芸術文化短期大学）　　　　3章3節・4節

山本　義史（日本文理大学経営経済学部）　　　　4章2節・3節

岡本　祐子（広島大学大学院教育学研究科）　　　5章1節，6章3節，アペンディクス2

高田　純（広島大学保健管理センター）　　　　　5章2節・3節

前盛ひとみ（香川大学教育学部）　　　　　　　　5章4節

堀　匡（東北大学高等教育開発推進センター）　　5章5節

上手　由香（安田女子大学心理学部）　　　　　　6章1節・4節

相川　充（筑波大学大学院人間総合科学研究科）　7章，アペンディクス3

杉岡　正典（香川大学保健管理センター）　　　　8章

人間関係を支える心理学
―心の理解と援助―

2013年9月10日　初版第1刷印刷
2013年9月20日　初版第1刷発行

定価はカバーに表示してあります。

編　著　者　　上　野　徳　美
　　　　　　　岡　本　祐　子
　　　　　　　相　川　　　充

発　行　所　　㈱北大路書房

〒603-8303　京都市北区紫野十二坊町12-8
　　　　　　電　話　（075）431-0361㈹
　　　　　　FAX　（075）431-9393
　　　　　　振　替　01050-4-2083

© 2013　　　　　　　　　印刷・製本／創栄図書印刷㈱
検印省略　　落丁・乱丁本はお取り替えいたします。
ISBN978-4-7628-2817-1　　Printed in Japan

・ JCOPY 〈㈳出版者著作権管理機構 委託出版物〉
本書の無断複写は著作権法上での例外を除き禁じられています。
複写される場合は，そのつど事前に，㈳出版者著作権管理機構
（電話 03-3513-6969,FAX 03-3513-6979,e-mail: info@jcopy.or.jp）
の許諾を得てください。